대한민국 법령 시리즈 1

선원법

법령

시행령

시행규칙

해광출판사

머리말

이 책은 방대한 법전을 보지 않고 간편하게 해당되는 법령만 참고해서 볼 수 있도록 하였습니다. 공공기관이나 관련 종사자들이 쉽고 간편하게 해당 법령을 참조 할 수 있도록 하였습니다.

특히 해당법률은 물론 관련 시행령, 시행규칙을 함께 실어 관련법을 서로 참고할 수 있게 하였습니다.

법률이라는 것이 크든 작든 항상 변하는 관계로, 출간 이후의 정확하고 최신의 법률은 법제처 국가법령정보센터에서 확인이 가능하니 법률의 실제 적용 시 확인이 필요한 점 유의하기를 바랍니다.

편집부

* 수록 법률은 법제처 국가법령정보센터에서 확인 가능합니다.
* 발행일 기준 시행 법률이므로 최신 법령은 위 센터에서 볼 수 있습니다.
* 본 책자에 수록된 법률의 문구에 대하여 법적인 효력은 없으며,
  실제 적용 법률은 위 센터에서 최신의 법률로 확인하시기 바랍니다.
* 해당 법령과 함께 시행령, 시행규칙도 수록되어 있습니다.
* 발행일 기준으로 개정 예정 법률은 밑줄로 별도 표시되어 있으며,
  보다 정확한 것은 법제처에서 확인하기 바랍니다.

목차

선원법

[시행 2025. 11. 11.] [법률 제21134호, 2025. 11. 11., 타법개정]

**개정 예정 법률 밑줄 별도 표시.

선원법

[시행 2025. 11. 11.] [법률 제21134호, 2025. 11. 11., 타법개정]

제1장 총칙

제1조(목적) 이 법은 선원의 직무, 복무, 근로조건의 기준, 직업안정, 복지 및 교육훈련에 관한 사항 등을 정함으로써 선내(船內) 질서를 유지하고, 선원의 기본적 생활을 보장·향상시키며 선원의 자질 향상을 도모함을 목적으로 한다.

제2조(정의) 이 법에서 사용하는 용어의 뜻은 다음과 같다. 〈개정 2013. 3. 23., 2014. 3. 24., 2016. 12. 27., 2017. 4. 18., 2020. 2. 18.〉

1. "선원"이란 이 법이 적용되는 선박에서 근로를 제공하기 위하여 고용된 사람을 말한다. 다만, 대통령령으로 정하는 사람은 제외한다.

2. "선박소유자"란 선주, 선주로부터 선박의 운항에 대한 책임을 위탁받고 이 법에 따른 선박소유자의 권리 및 책임과 의무를 인수하기로 동의한 선박관리업자, 대리인, 선체용선자(船體傭船者) 등을 말한다.

3. "선장"이란 해원(海員)을 지휘·감독하며 선박의 운항관리에 관하여 책임을 지는 선원을 말한다.

4. "해원"이란 선박에서 근무하는 선장이 아닌 선원을 말한다.

5. "직원"이란 「선박직원법」 제2조제3호에 따른 항해사, 기관장, 기관사, 전자기관사, 통신장, 통신사, 운항장 및 운항사와 그 밖에 대통령령으로 정하는 해원을 말한다.

6. "부원"(部員)이란 직원이 아닌 해원을 말한다.

6의2. "유능부원"이란 갑판부 또는 기관부의 항해당직을 담당하는 부원 중 해양수산부령으로 정하는 자격요건을 갖춘 부원을 말한다.

7. “예비원”이란 선박에서 근무하는 선원으로서 현재 승무(乘務) 중이 아닌 선원을 말한다.

8. “항해선”이란 내해, 「항만법」 제2조제4호에 따른 항만구역 내의 수역 또는 이에 근접한 수역 등으로서 해양수산부령으로 정하는 수역만을 항해하는 선박 외의 선박을 말한다.

9. “선원근로계약”이란 선원은 승선(乘船)하여 선박소유자에게 근로를 제공하고 선박소유자는 근로에 대하여 임금을 지급하는 것을 목적으로 체결된 계약을 말한다.

10. “임금”이란 선박소유자가 근로의 대가로 선원에게 임금, 봉급, 그 밖에 어떠한 명칭으로든 지급하는 모든 금전을 말한다.

11. “통상임금”이란 선원에게 정기적·일률적으로 일정한 근로 또는 총근로에 대하여 지급하기로 정하여진 시간급금액, 일급금액, 주급금액, 월급금액 또는 도급금액(都給金額)을 말한다.

12. “승선평균임금”이란 산정하여야 할 사유가 발생한 날 이전 승선기간(3개월을 초과하는 경우에는 최근 3개월로 한다)에 그 선원에게 지급된 임금 총액을 그 승선기간의 총일수로 나눈 금액을 말한다. 다만, 이 금액이 통상임금보다 적은 경우에는 통상임금을 승선평균임금으로 본다.

13. “월 고정급”이란 어선소유자가 어선원에게 매월 일정한 금액을 임금으로 지급하는 것을 말한다.

14. “생산수당”이란 어선소유자가 어선원에게 지급하는 임금으로 월 고정급 외에 단체협약, 취업규칙 또는 선원근로계약에서 정하는 바에 따라 어획금액이나 어획량을 기준으로 지급하는 금액을 말한다.

15. “비율급”(比率給)이란 어선소유자가 어선원에게 지급하는 임금으로서, 어획금액에서 대통령령으로 정하는 공동경비를 뺀 나머지 금액을 단체협약, 취업규칙 또는 선원근로계약에서 정하는 분배방법에 따라 배정한 금액을 말한다.

16. “근로시간”이란 선박을 위하여 선원이 근로하도록 요구되는 시간을 말한다.

17. “휴식시간”이란 근로시간 외의 시간(근로 중 잠시 쉬는 시간은 제외한다)을 말한다.

18. “해양항만관청”이란 해양수산부장관 및 대통령령으로 정하는

해양수산부 소속 기관의 장을 말한다.

19. "선원신분증명서"란 국제노동기구의 「2003년 선원신분증명서에 관한 협약 제185호」에 따라 발급하는 선원의 신분을 증명하기 위한 문서를 말한다.

20. "선원수첩"이란 선원의 승무경력, 자격증명, 근로계약 등의 내용을 수록한 문서를 말한다.

21. "해사노동적합증서"란 선원의 근로기준 및 생활 기준에 대한 검사 결과 이 법과 「2006 해사노동협약」(이하 "해사노동협약"이라 한다)에 따른 인증기준에 적합하다는 것을 증명하는 문서를 말한다.

22. "해사노동적합선언서"란 해사노동협약을 이행하는 국내기준을 수록하고 그 기준을 준수하기 위하여 선박소유자가 채택한 조치사항이 이 법과 해사노동협약의 인증기준에 적합하다는 것을 승인하는 문서를 말한다.

23. "실습선원"이란 「선박직원법」 제2조제4호의2의 해기사 실습생을 포함하여 선원이 될 목적으로 선박에 승선하여 실습하는 사람을 말한다.

제3조(적용 범위) ① 이 법은 특별한 규정이 있는 경우를 제외하고는 「선박법」에 따른 대한민국 선박(「어선법」에 따른 어선을 포함한다), 대한민국 국적을 취득할 것을 조건으로 용선(傭船)한 외국선박 및 국내 항과 국내 항 사이만을 항해하는 외국선박에 승무하는 선원과 그 선박의 선박소유자에 대하여 적용한다. 다만, 다음 각 호의 어느 하나에 해당하는 선박에 승무하는 선원과 그 선박의 선박소유자에게는 이 법을 적용하지 아니한다. 〈개정 2012. 1. 17., 2013. 3. 23., 2015. 2. 3.〉

1. 총톤수 5톤 미만의 선박으로서 항해선이 아닌 선박

2. 호수, 강 또는 항내(港內)만을 항행하는 선박(「선박의 입항 및 출항 등에 관한 법률」 제24조에 따른 예선은 제외한다)

3. 총톤수 20톤 미만인 어선으로서 해양수산부령으로 정하는 선박

4. 「선박법」 제1조의2제1항제3호에 따른 부선(艀船). 다만, 「해운법」 제24조제1항 또는 제2항에 따라 해상화물운송사업을 하기 위하여 등록한 부선은 제외한다.

② 실습선원에 대하여도 해양수산부령으로 정하는 바에 따라 이 법 중 선원에 관한 규정을 적용한다. 〈개정 2013. 3. 23., 2020.

2. 18.〉
제4조(선원노동위원회) ①「노동위원회법」 제2조제3항에 따른 특별노동위원회로서 해양수산부장관 소속으로 선원노동위원회를 둔다. 〈개정 2013. 3. 23.〉
② 제1항에 따른 선원노동위원회(이하 "선원노동위원회"라 한다)의 설치와 그 명칭, 위치, 관할구역, 소관 사무, 위원의 위촉, 그 밖에 선원노동위원회의 운영에 필요한 사항은 이 법 및 「노동위원회법」에서 규정한 사항을 제외하고는 대통령령으로 정한다.
제4조의2(선원의 날) ① 선원 경제활동의 중요성을 국민에게 알리고, 선원의 긍지와 자부심을 고취하기 위하여 매년 6월 셋째 주 금요일을 선원의 날로 정한다.
② 국가와 지방자치단체는 선원의 날의 취지에 적합한 기념행사를 개최할 수 있다.
③ 제2항에 따른 선원의 날 기념행사에 관하여 필요한 사항은 해양수산부령으로 정한다.
[본조신설 2023. 6. 20.]
제5조(다른 법률과의 관계) ① 선원의 근로관계에 관하여는 「근로기준법」 제2조제1항제1호부터 제3호까지, 제3조부터 제6조까지, 제8조부터 제10조까지, 제40조, 제68조, 제74조, 제74조의2, 제107조(제8조 및 제9조 또는 제40조를 위반한 경우로 한정한다), 제110조(제10조와 제74조를 위반한 경우로 한정한다) 및 제114조(제6조를 위반한 경우로 한정한다)를 적용한다. 〈개정 2015. 1. 6., 2016. 12. 27., 2020. 2. 18., 2024. 10. 22.〉
② 선원의 교육훈련에 관하여는 「국민 평생 직업능력 개발법」을 적용하지 아니한다. 〈개정 2021. 8. 17.〉

제2장 선장의 직무와 권한

제6조(지휘명령권) 선장은 해원을 지휘·감독하며, 선내에 있는 사람에게 선장의 직무를 수행하기 위하여 필요한 명령을 할 수 있다.
제7조(출항 전의 검사·보고의무 등) ① 선장은 해양수산부령으로 정하는 바에 따라 출항 전에 다음 각 호의 사항에 대하여 검사 또는 점검(이하 "검사등"이라 한다)을 하여야 한다.
1. 선박이 항해에 견딜 수 있는지 여부

2. 선박에 화물이 실려 있는 상태
3. 항해에 적합한 장비, 인원, 식료품, 연료 등의 구비 및 상태
4. 그 밖에 선박의 안전운항을 위하여 해양수산부령으로 정하는 사항

② 선장은 제1항에 따른 검사등의 결과를 선박소유자 등에게 보고하여야 한다.

③ 선장은 제1항에 따른 검사등의 결과, 문제가 있다고 인정하는 경우 지체 없이 선박소유자에게 적절한 조치를 요청하여야 한다.

④ 제3항에 따른 조치를 요청받은 선박소유자는 선박과 선박의 안전운항에 필요한 조치를 하여야 한다.

[전문개정 2015. 1. 6.]

제8조(항로에 의한 항해) 선장은 항해의 준비가 끝나면 지체 없이 출항하여야 하며, 부득이한 사유가 있는 경우를 제외하고는 미리 정하여진 항로를 따라 도착항까지 항해하여야 한다.

제9조(선장의 직접 지휘) ①선장은 다음 각 호의 어느 하나에 해당하는 때에는 선박의 조종을 직접 지휘하여야 한다. 〈개정 2015. 1. 6.〉

1. 항구를 출입할 때
2. 좁은 수로를 지나갈 때
3. 선박의 충돌·침몰 등 해양사고가 빈발하는 해역을 통과할 때
4. 그 밖에 선박에 위험이 발생할 우려가 있는 때로서 해양수산부령으로 정하는 때

② 선장은 제1항에 해당하는 때를 제외하고는 제60조제3항에 따라 휴식을 취하는 시간에 1등항해사 등 대통령령으로 정하는 직원에게 선박의 조종을 지휘하게 할 수 있다. 〈신설 2015. 1. 6.〉

제10조(재선의무) 선장은 화물을 싣거나 여객이 타기 시작할 때부터 화물을 모두 부리거나 여객이 다 내릴 때까지 선박을 떠나서는 아니 된다. 다만, 기상 이상 등 특히 선박을 떠나서는 아니 되는 사유가 있는 경우를 제외하고는 선장이 자신의 직무를 대행할 사람을 직원 중에서 지정한 경우에는 그러하지 아니하다.

제11조(선박 위험 시의 조치) ①선장은 선박에 급박한 위험이 있을 때에는 인명, 선박 및 화물을 구조하는 데 필요한 조치를 다하여야 한다. 〈개정 2015. 1. 6.〉

② 선장은 제1항에 따른 인명구조 조치를 다하기 전에 선박을 떠나서는 아니 된다. 〈신설 2015. 1. 6.〉

③ 제1항 및 제2항은 해원에게도 준용한다. 〈신설 2015. 1. 6.〉

제12조(선박 충돌 시의 조치) 선박이 서로 충돌하였을 때에는 각 선박의 선장은 서로 인명과 선박을 구조하는 데 필요한 조치를 다하여야 하며 선박의 명칭·소유자·선적항·출항항 및 도착항을 상대방에게 통보하여야 한다. 다만, 자기가 지휘하는 선박에 급박한 위험이 있을 때에는 그러하지 아니하다.

제13조(조난 선박 등의 구조) 선장은 다른 선박 또는 항공기의 조난을 알았을 때에는 인명을 구조하는 데 필요한 조치를 다하여야 한다. 다만, 자기가 지휘하는 선박에 급박한 위험이 있는 경우 등 해양수산부령으로 정하는 경우에는 그러하지 아니하다. 〈개정 2013. 3. 23.〉

제14조(기상 이상 등의 통보) 해양수산부령으로 정하는 선박의 선장은 폭풍우 등 기상 이상이 있거나 떠돌아다니는 얼음덩이, 떠다니거나 가라앉은 물건 등 선박의 항해에 위험을 줄 우려가 있는 것과 마주쳤을 때에는 해양수산부령으로 정하는 바에 따라 그 사실을 가까이 있는 선박의 선장과 해양경찰관서의 장에게 통보하여야 한다. 다만, 폭풍우 등 기상 이상의 경우 기상기관 또는 해양경찰관서(대한민국 영해 밖에 있는 선박의 경우에는 가장 가까운 국가의 해상보안기관을 말한다)의 장이 예보(豫報)한 경우에는 그러하지 아니하다. 〈개정 2013. 3. 23., 2014. 11. 19., 2017. 7. 26.〉

제15조(비상배치표 및 훈련 등) ① 다음 각 호의 어느 하나에 해당하는 선박의 선장은 비상시에 조치하여야 할 해원의 임무를 정한 비상배치표를 선내의 보기 쉬운 곳에 걸어두고 선박에 있는 사람에게 소방훈련, 구명정훈련 등 비상시에 대비한 훈련을 실시하여야 한다. 이 경우 해원은 비상배치표에 명시된 임무대로 훈련에 임하여야 한다. 〈개정 2013. 3. 23., 2015. 1. 6.〉

1. 총톤수 500톤 이상의 선박. 다만, 평수구역을 항행구역으로 하는 선박을 제외한다.

2. 「선박안전법」 제2조제10호에 따른 여객선(이하 "여객선"이라 한다)

② 여객선의 선장은 탑승한 모든 여객에 대하여 비상시에 대비할

수 있도록 비상신호와 집합장소의 위치, 구명기구의 비치 장소를 선내에 명시하고, 피난요령 등을 선내의 보기 쉬운 곳에 걸어두며, 구명기구의 사용법, 피난절차, 그 밖에 비상시에 대비하기 위하여 여객이 알고 있어야 할 필요한 사항을 주지시켜야 한다. 〈신설 2015. 1. 6.〉

③ 선장은 제1항에 따라 비상시에 대비한 훈련을 실시할 경우에는 해원의 휴식시간에 지장이 없도록 하여야 한다. 〈개정 2015. 1. 6.〉

④ 제2항에 따른 비상신호의 방법, 비상시 여객주지사항의 안내시기 등에 관하여는 해양수산부령으로 정한다. 〈신설 2015. 1. 6.〉

[제목개정 2015. 1. 6.]

제16조(항해의 안전 확보) 제7조부터 제15조까지에서 규정한 사항 외에 항해당직, 선박의 화재 예방, 그 밖에 항해안전을 위하여 선장이 지켜야 할 사항은 해양수산부령으로 정한다. 〈개정 2013. 3. 23.〉

제17조(사망자 발생 시 인도의무 등) ① 선장은 항해 중 선박에 있는 사람이 사망한 경우에는 다음 기항 예정 항만 또는 가까운 항만으로 이동하여 시신이 유가족 등에게 인도될 수 있도록 조치하여야 한다. 다만, 다음 기항 예정 항만 또는 가까운 항만이 시신의 반입을 금지하는 경우 시신을 반입할 수 있는 항만으로 이동하여야 한다.

② 제1항에도 불구하고 선박에 있는 사람이 전염병으로 사망하여 선내 감염이 우려되거나, 기항 예정 항만에서 시신 인도가 지속적으로 거부되는 등 해양수산부령으로 정하는 사유가 있는 때에는 해양수산부령으로 정하는 바에 따라 시신에 대한 조치를 할 수 있다.

[전문개정 2021. 6. 15.]

제18조(유류품의 처리) 선장은 선박에 있는 사람이 사망하거나 행방불명된 경우에는 법령에 특별한 규정이 있는 경우를 제외하고는 해양수산부령으로 정하는 바에 따라 선박에 있는 유류품(遺留品)에 대하여 보관이나 그 밖에 필요한 조치를 하여야 한다. 〈개정 2013. 3. 23.〉

제19조(재외국민의 송환) ① 선장은 외국에 주재하는 대한민국의 영사가 법령에서 정하는 바에 따라 대한민국 국민의 송환을 명하였을

때에는 정당한 사유 없이 거부하지 못한다.

② 제1항에 따른 송환에 든 비용의 부담과 송환에 필요한 사항은 대통령령으로 정한다.

제20조(서류의 비치) ① 선장은 다음 각 호의 서류를 선내에 갖추어 두어야 한다. 〈개정 2013. 3. 23.〉

1. 선박국적증서
2. 선원명부
3. 항해일지
4. 화물에 관한 서류
5. 그 밖에 해양수산부령으로 정하는 서류

② 선장은 해양수산부령으로 정하는 서식에 따라 선원명부 및 항해일지 등을 기록·보관하여야 한다. 〈개정 2013. 3. 23.〉

제21조(선박 운항에 관한 보고) 선장은 다음 각 호의 어느 하나에 해당하는 경우에는 해양수산부령으로 정하는 바에 따라 지체 없이 그 사실을 해양항만관청에 보고하여야 한다. 〈개정 2013. 3. 23.〉

1. 선박의 충돌·침몰·멸실·화재·좌초, 기관의 손상 및 그 밖의 해양사고가 발생한 경우
2. 항해 중 다른 선박의 조난을 안 경우(무선통신으로 알게 된 경우는 제외한다)
3. 인명이나 선박의 구조에 종사한 경우
4. 선박에 있는 사람이 사망하거나 행방불명된 경우
5. 미리 정하여진 항로를 변경한 경우
6. 선박이 억류되거나 포획된 경우
7. 그 밖에 선박에서 중대한 사고가 일어난 경우

제3장 선내 질서의 유지

제22조(해원의 징계) ① 선장은 해원이 다음 각 호의 어느 하나에 해당할 경우에는 해원을 징계할 수 있다.

1. 상급자의 직무상 명령에 따르지 아니하였을 경우
2. 선장의 허가 없이 선박을 떠났을 경우
3. 선장의 허가 없이 흉기나 「마약류 불법거래 방지에 관한 특례법」 제2조제1항에 따른 마약류를 선박에 들여왔을 경우
4. 선내에서 싸움, 폭행, 음주, 소란행위를 하거나 고의로 시설물

을 파손하였을 경우
5. 직무를 게을리하거나 다른 해원의 직무수행을 방해하였을 경우
6. 정당한 사유 없이 선장이 지정한 시간까지 선박에 승선하지 아니하였을 경우
7. 그 밖에 선내 질서를 어지럽히는 행위로서 단체협약, 취업규칙 또는 선원근로계약에서 금지하는 행위를 하였을 경우
② 징계는 훈계, 상륙금지 및 하선으로 하며, 상륙금지는 정박 중에 10일 이내로 한다.
③ 제2항에 따른 하선의 징계는 해원이 폭력행위 등으로 선내 질서를 어지럽히거나 고의로 선박 운항에 현저한 지장을 준 행위가 명백한 경우에만 하여야 한다. 이 경우 선장은 지체 없이 선박소유자에게 하선의 징계를 한 사실을 알려야 한다.
④ 선장은 해원을 징계할 경우에는 미리 5명(해원 수가 10명 이내인 경우에는 3명) 이상의 해원으로 구성되는 징계위원회의 의결을 거쳐야 한다.
⑤ 제4항에 따른 징계위원회의 구성 및 운영 등에 필요한 사항은 해양수산부령으로 정한다. 〈개정 2013. 3. 23.〉

제23조(위험물 등에 대한 조치) ① 흉기, 폭발하거나 불붙기 쉬운 물건, 「화학물질관리법」에 따른 인체급성유해성물질, 인체만성유해성물질, 생태유해성물질과 그 밖의 위험한 물건을 가지고 승선한 사람은 즉시 선장에게 신고하여야 한다. 〈개정 2013. 6. 4., 2024. 2. 6.〉
② 선장은 제1항에 따른 물건에 대하여 보관·폐기 등 필요한 조치를 할 수 있다.
③ 선장은 해원이나 그 밖에 선박에 있는 사람이 인명이나 선박에 위해(危害)를 줄 우려가 있는 행위를 하려고 할 때에는 그 위해를 방지하는 데 필요한 조치를 할 수 있다.

제24조(행정기관에 대한 원조 요청) ① 선장은 해원이나 그 밖에 선박에 있는 사람의 행위가 인명이나 선박에 위해를 미치거나 선내 질서를 매우 어지럽게 할 때에는 관계 행정기관의 장에게 선내 질서의 유지 등을 위하여 필요한 원조를 요청할 수 있다.
② 선장으로부터 제1항에 따른 원조 요청을 받은 관계 행정기관의 장은 이에 협조하여야 한다.

제25조(쟁의행위의 제한) 선원은 다음 각 호의 어느 하나에 해당하는 경우에는 선원근로관계에 관한 쟁의행위를 하여서는 아니 된다. 〈개정 2013. 3. 23.〉

1. 선박이 외국 항에 있는 경우
2. 여객선이 승객을 태우고 항해 중인 경우
3. 위험물 운송을 전용으로 하는 선박이 항해 중인 경우로서 위험물의 종류별로 해양수산부령으로 정하는 경우
4. 제9조에 따라 선장 등이 선박의 조종을 지휘하여 항해 중인 경우
5. 어선이 어장에서 어구를 내릴 때부터 냉동처리 등을 마칠 때까지의 일련의 어획작업 중인 경우
6. 그 밖에 선원근로관계에 관한 쟁의행위로 인명이나 선박의 안전에 현저한 위해를 줄 우려가 있는 경우

제25조의2(강제 근로의 금지) 선박소유자 및 선원은 폭행, 협박, 감금, 그 밖의 정신상 또는 신체상의 자유를 부당하게 구속하는 수단으로써 선원의 자유의사에 어긋나는 근로를 강요하지 못한다.

[본조신설 2015. 1. 6.]

제25조의3(선내 괴롭힘의 금지) 선박소유자 또는 선원은 선내에서의 지위 또는 관계 등의 우위를 이용하여 업무상 적정범위를 넘어 다른 선원에게 신체적·정신적 고통을 주거나 근무환경을 악화시키는 행위(이하 "선내 괴롭힘"이라 한다)를 하여서는 아니 된다.

[본조신설 2023. 10. 24.]

제25조의4(선내 괴롭힘 발생 시 조치) ① 누구든지 선내 괴롭힘 발생 사실을 알게 된 경우 그 사실을 선박소유자에게 신고할 수 있다.

② 선박소유자는 제1항에 따른 신고를 접수하거나 선내 괴롭힘 발생 사실을 인지한 경우에는 지체 없이 당사자 등을 대상으로 그 사실 확인을 위하여 객관적으로 조사를 실시하여야 한다. 다만, 해당 선박이 조업 중, 항해 중 또는 외국 항만에 있는 경우에는 피해를 입은 선원 또는 피해를 입었다고 주장하는 선원(이하 "피해선원등"이라 한다)의 의견을 들어 다음 기항 예정 항만 또는 국내 항만 입항 시 조사를 실시할 수 있다.

③ 선박소유자는 제2항에 따른 조사 기간 동안 선내 괴롭힘과 관련하여 피해선원등을 보호하기 위하여 필요한 경우 해당 피해선원등

에 대하여 근무장소의 변경, 유급휴가 명령 등 적절한 조치를 하여야 한다. 이 경우 선박소유자는 피해선원등의 의사에 반하는 조치를 하여서는 아니 된다.

④ 선박소유자는 제2항에 따른 조사 결과 선내 괴롭힘 발생 사실이 확인된 때에는 피해선원이 요청하면 근무장소의 변경, 배치전환, 유급휴가 명령 등 적절한 조치를 하여야 한다.

⑤ 선박소유자는 제2항에 따른 조사 결과 선내 괴롭힘 발생 사실이 확인된 때에는 지체 없이 행위자에 대하여 징계, 근무장소의 변경 등 필요한 조치를 하여야 한다. 이 경우 선박소유자는 징계 등의 조치를 하기 전에 그 조치에 대하여 피해선원의 의견을 들어야 한다.

⑥ 선박소유자는 선내 괴롭힘 발생 사실을 신고한 선원 및 피해선원등에게 해고나 그 밖의 불리한 처우를 하여서는 아니 된다.

⑦ 제2항에 따라 선내 괴롭힘 발생 사실을 조사한 사람, 조사 내용을 보고받은 사람 및 그 밖에 조사 과정에 참여한 사람은 해당 조사 과정에서 알게 된 비밀을 피해선원등의 의사에 반하여 다른 사람에게 누설하여서는 아니 된다. 다만, 조사와 관련된 내용을 선박소유자에게 보고하거나 관계 기관의 요청에 따라 필요한 정보를 제공하는 경우는 제외한다.

[본조신설 2023. 10. 24.]

제4장 선원근로계약

제26조(이 법 위반의 계약) 이 법에서 정한 기준에 미치지 못하는 근로조건을 정한 선원근로계약은 그 부분만 무효로 한다. 이 경우 그 무효 부분은 이 법에서 정한 기준에 따른다.

제27조(근로조건의 명시 등) ① 선박소유자는 선원근로계약을 체결할 때 선원에 대하여 임금, 근로시간 및 그 밖의 근로조건을 구체적으로 밝혀야 한다. 선원근로계약을 변경하는 경우에도 또한 같다.

② 선박소유자는 선원근로계약을 체결할 때 선원이 원하는 경우에는 선원근로계약의 내용에 대하여 검토하고 자문을 받을 수 있는 기회를 주어야 한다. 선원근로계약을 변경하는 경우에도 또한 같다.

제28조(근로조건의 위반) ① 선원은 선원근로계약에 명시된 근로조건이 사실과 다른 경우에는 선원근로계약을 해지하고, 근로조건 위

반에 따른 손해배상을 선박소유자에게 청구할 수 있다.

② 제1항에 따라 손해배상을 청구하려는 선원은 선원노동위원회에 신청하여 근로조건 위반 여부에 대하여 선원노동위원회의 인정을 받을 수 있다.

제29조(위약금 등의 예정 금지) 선박소유자는 선원근로계약의 불이행에 대한 위약금이나 손해배상액을 미리 정하는 계약을 체결하지 못한다.

제30조(강제저축 등의 금지) 선박소유자는 선원근로계약에 부수하여 강제저축 또는 저축금 관리를 약정하는 계약을 체결하지 못한다.

제31조(전차금 상계의 금지) 선박소유자는 선원에 대한 전차금(前借金)이나 그 밖에 근로할 것을 조건으로 하는 전대(前貸)채권과 임금을 상계(相計)하지 못한다.

[전문개정 2019. 1. 15.]

제32조(선원근로계약의 해지 등의 제한) ① 선박소유자는 정당한 사유 없이 선원근로계약을 해지하거나 휴직, 정직, 감봉 및 그 밖의 징벌을 하지 못한다.

② 선박소유자는 다음 각 호의 어느 하나에 해당하는 기간 동안은 선원근로계약을 해지하지 못한다. 다만, 천재지변이나 그 밖의 부득이한 사유로 사업을 계속할 수 없는 경우로서 선원노동위원회의 인정을 받았을 때와 선박소유자가 제98조에 따른 일시보상을 하였을 때에는 그러하지 아니하다.

1. 선원이 직무상 부상의 치료 또는 질병의 요양을 위하여 직무에 종사하지 아니한 기간과 그 후 30일

2. 산전·산후의 여성선원이 「근로기준법」 제74조에 따라 작업에 종사하지 아니한 기간과 그 후 30일

제33조(선원근로계약 해지의 예고) ① 선박소유자는 선원근로계약을 해지하려면 30일 이상의 예고기간을 두고 서면으로 그 선원에게 알려야 하며, 알리지 아니하였을 때에는 30일분 이상의 통상임금을 지급하여야 한다. 다만, 다음 각 호의 어느 하나에 해당하는 경우에는 그러하지 아니하다.

1. 선박소유자가 천재지변, 선박의 침몰·멸실 또는 그 밖의 부득이한 사유로 사업을 계속할 수 없는 경우로서 선원노동위원회의 인정을 받은 경우

2. 선원이 정당한 사유 없이 하선한 경우
3. 선원이 제22조제3항에 따라 하선 징계를 받은 경우
② 선원은 선원근로계약을 해지하려면 30일의 범위에서 단체협약, 취업규칙 또는 선원근로계약에서 정한 예고기간을 두고 선박소유자에게 알려야 한다.

제34조(정당한 사유 없는 해지 등의 구제신청) ① 선박소유자가 제32조제1항을 위반하여 선원에 대하여 정당한 사유 없이 선원근로계약을 해지하거나 휴직, 정직, 감봉 또는 그 밖의 징벌을 하였을 경우에는 그 선원은 선원노동위원회에 그 구제를 신청할 수 있다.
② 제1항에 따른 구제신청, 심사절차 등에 관하여는 「노동조합 및 노동관계조정법」 제82조부터 제86조(제85조제5항은 제외한다)까지의 규정을 준용한다.

제35조(선원근로계약의 존속) ① 선원근로계약이 선박의 항해 중에 종료할 경우에는 그 계약은 선박이 다음 항구에 입항하여 그 항구에서 부릴 화물을 모두 부리거나 내릴 여객이 다 내릴 때까지 존속하는 것으로 본다.
② 선박소유자는 승선·하선 교대에 적당하지 아니한 항구에서 선원근로계약이 종료할 경우에는 30일을 넘지 아니하는 범위에서 승선·하선 교대에 적당한 항구에 도착하여 그 항구에서 부릴 화물을 모두 부리거나 내릴 여객이 다 내릴 때까지 선원근로계약을 존속시킬 수 있다.

제36조(선원근로계약 종료의 특례) 상속 등 포괄승계에 의한 경우를 제외하고 선박소유자가 변경된 경우에는 옛 선박소유자와 체결한 선원근로계약은 종료하며, 그때부터 새로운 선박소유자와 선원 간에 종전의 선원근로계약과 같은 조건의 새로운 선원근로계약이 체결된 것으로 본다. 다만, 새로운 선박소유자나 선원은 72시간 이상의 예고기간을 두고 서면으로 알림으로써 선원근로계약을 해지할 수 있다.

제37조(실업수당) 선박소유자는 다음 각 호의 어느 하나에 해당하는 경우에는 선원에게 제55조에 따른 퇴직금 외에 통상임금의 2개월분에 상당하는 금액을 실업수당으로 지급하여야 한다.
1. 선박소유자가 선원에게 책임을 돌릴 사유가 없음에도 불구하고 선원근로계약을 해지한 경우

2. 선원근로계약에서 정한 근로조건이 사실과 달라 선원이 선원근로계약을 해지한 경우

3. 선박의 침몰, 멸실 또는 그 밖의 부득이한 사유로 사업을 계속할 수 없어 선원근로계약을 해지한 경우

제38조(송환) ① 선박소유자는 선원이 거주지 또는 선원근로계약의 체결지가 아닌 항구에서 하선하는 경우에는 선박소유자의 비용과 책임으로 선원의 거주지 또는 선원근로계약의 체결지 중 선원이 원하는 곳까지 지체 없이 송환하여야 한다. 다만, 선원의 요청에 의하여 송환에 필요한 비용을 선원에게 지급할 경우에는 그러하지 아니하다.

② 선박소유자는 제1항에도 불구하고 다음 각 호의 어느 하나에 해당하는 경우에는 송환에 든 비용을 선원에게 청구할 수 있다. 다만, 선박소유자는 6개월 이상 승무하고 송환된 선원에게는 송환에 든 비용의 100분의 50에 상당하는 금액 이상을 청구할 수 없다.

1. 선원이 정당한 사유 없이 임의로 하선한 경우

2. 선원이 제22조제3항에 따라 하선 징계를 받고 하선한 경우

3. 단체협약, 취업규칙 또는 선원근로계약으로 정하는 사유에 해당하는 경우

③ 제1항에 따라 선박소유자가 부담할 비용은 송환 중의 교통비, 숙박비, 식비 및 그 밖에 해양수산부령으로 정하는 비용을 말한다. 〈개정 2013. 3. 23.〉

④ 선박소유자는 선원근로계약을 체결할 때 선원에게 송환비용을 미리 내도록 요구하여서는 아니 된다.

제39조(송환수당) 선박소유자는 제38조제2항 각 호의 어느 하나에 해당하는 경우를 제외하고는 하선한 선원에게 송환에 걸린 일수(日數)에 따라 그 선원의 통상임금에 상당하는 금액을 송환수당으로 지급하여야 한다. 송환을 갈음하여 그 비용을 지급하는 경우에도 또한 같다.

제40조 삭제 〈2016. 12. 27.〉

제41조 삭제 〈2016. 12. 27.〉

제42조(선원 송환을 위한 조치 등) ① 해양수산부장관은 선박소유자가 제38조에 따른 송환 의무를 이행하지 아니하여 선원이 송환을 요청하는 경우에는 그 선원을 송환하여야 한다. 이 경우 송환에 든 비용은 그 선박소유자에게 구상(求償)할 수 있다. 〈개정 2013. 3. 23.〉

② 해양수산부장관은 외국선박에 승선하는 외국인 선원이 국내에

유기(遺棄)되어 해당 선원이 송환을 요청하는 경우에는 해당 선원을 자기나라로 송환할 수 있다. 이 경우 송환에 든 비용은 해당 외국선박의 기국(旗國)에 구상할 수 있다. 〈개정 2013. 3. 23.〉

③ 해양수산부장관은 제1항 또는 제2항에 따른 송환조치에 든 비용을 선원에게 부담시켜서는 아니 된다. 〈개정 2013. 3. 23.〉

④ 해양수산부장관은 제1항 또는 제2항에 따른 송환조치에 든 비용이 변제(辨濟)될 때까지 해당 선박의 출항정지를 명하거나 출항을 정지시킬 수 있다. 〈개정 2013. 3. 23.〉

제42조의2(유기구제보험 등의 가입 등) ① 대통령령으로 정하는 선박소유자는 다음 각 호의 어느 하나에 해당하는 사유로 유기된 선원을 구제하기 위하여 대통령령으로 정하는 보험 또는 공제(이하 "유기구제보험등"이라 한다)에 가입하여야 한다.

1. 선박소유자가 제38조제1항 본문에 따라 선원을 송환하지 아니하거나 같은 항 단서에 따라 송환에 필요한 비용을 선원에게 지급하지 아니한 경우

2. 선박소유자가 제52조에 따른 임금을 2개월 이상 지급하지 아니하고 선원과의 연락을 두절하는 등 근로관계를 일방적으로 단절한 경우

3. 선박소유자가 이 법 또는 선원근로계약에 따라 선원에게 제공하여야 하는 식료품, 물, 생존을 위하여 필요한 연료 및 의료지원 등 선상생활에 필요한 재화나 서비스를 제공하지 아니한 경우

② 유기구제보험등은 다음 각 호의 비용(이하 "유기 구제비용"이라 한다)의 지급을 보장하여야 한다.

1. 제38조에 따른 송환비용

2. 제39조에 따른 송환수당

3. 제1항제3호에 따른 식료품, 물, 생존을 위하여 필요한 연료 및 의료지원 등 선상생활에 필요한 재화나 서비스를 제공하는 데 드는 비용

③ 유기구제보험등에 가입하는 선박소유자는 선원이 유기구제보험등을 운영하는 사업자(이하 "유기구제보험사업자등"이라 한다)에게 보험금을 직접 청구할 수 있도록 선원을 피보험자로 지정하여야 한다.

④ 유기구제보험사업자등은 선원 또는 선원이 지정한 대통령령으로 정하는 대리인(이하 "지정대리인"이라 한다)이 유기 구제비용을

청구하는 경우에는 「민법」 제469조에도 불구하고 선박소유자를 대신하여 대통령령으로 정하는 기간 내에 유기 구제비용을 지급하여야 한다.

⑤ 제3항 및 제4항에서 규정한 사항 외에 유기 구제비용의 청구와 지급에 필요한 사항은 대통령령으로 정한다.

[본조신설 2016. 12. 27.]

제42조의3(다른 급여와의 관계) 선박소유자는 선원이 「민법」이나 그 밖의 법령에 따라 유기 구제비용에 대한 보상을 받으면 보상받은 금액의 범위에서 선원에 대하여 유기 구제비용의 보상에 대한 책임을 지지 아니한다.

[본조신설 2016. 12. 27.]

제42조의4(유기구제보험등의 해지 제한 등) ① 유기구제보험사업자등은 법률 또는 보험계약에 따라 유기구제보험등의 계약기간이 끝나기 전에 보험계약을 해지하려는 경우에는 해양수산부장관에게 유기구제보험등의 해지예정일의 30일 전까지 계약이 해지된다는 사실을 통지하지 아니하면 해당 유기구제보험등을 해지할 수 없다.

② 유기구제보험사업자등은 선박소유자가 다음 각 호의 어느 하나에 해당하면 그 사실을 해양수산부령으로 정하는 기간 내에 해양수산부장관에게 알려야 한다.

1. 자기와 유기구제보험등의 계약을 체결한 경우

2. 자기와 유기구제보험등의 계약을 체결한 후 계약기간이 끝나기 전에 제1항의 사전통지절차를 거친 후 그 계약을 해지한 경우

3. 자기와 유기구제보험등의 계약을 체결한 자가 그 계약기간이 끝난 후 자기와 다시 계약을 체결하지 아니한 경우

③ 해양수산부장관은 제1항 또는 제2항에 따른 통지를 받으면 그 사실을 지체 없이 해당 유기구제보험등의 피보험자인 선원에게 알려야 한다.

[본조신설 2016. 12. 27.]

제43조(선원근로계약서의 작성 및 신고) ① 선원과 선원근로계약을 체결한 선박소유자는 해양수산부령으로 정하는 사항을 적은 선원근로계약서 2부를 작성하여 1부는 보관하고 1부는 선원에게 주어야 하며, 그 선원이 승선하기 전 또는 승선을 위하여 출국하기 전에 해양항만관청에 신고하여야 한다. 〈개정 2013. 3. 23.〉

② 제1항의 경우 같은 내용의 선원근로계약이 여러 번 반복하여 체결되는 경우에 미리 선원근로계약의 내용에 대하여 신고하였을 때에는 계약체결을 증명하는 서류를 제출함으로써 신고를 갈음할 수 있다.

③ 선박소유자가 제119조에 따라 취업규칙을 작성하여 신고한 경우에는 그 취업규칙에 따라 작성한 선원근로계약은 제1항에 따라 신고한 것으로 본다.

제44조(선원명부의 공인) ① 선박소유자는 해양수산부령으로 정하는 바에 따라 선박별로 선원명부를 작성하여 선박과 육상사무소에 갖추어 두어야 한다. 〈개정 2013. 3. 23.〉

② 선박소유자는 선원의 근로조건 또는 선박의 운항 형태에 따라서 해양수산부령으로 정하는 바에 따라 선원의 승선·하선 교대가 있을 때마다 선박에 갖추어 둔 선원명부에 그 사실과 승선 선원의 성명을 적어야 한다. 다만, 선박소유자가 선원명부에 교대 관련 사항을 적을 수 없을 때에는 선장이 선박소유자를 갈음하여 적어야 한다. 〈개정 2013. 3. 23.〉

③ 선박소유자는 제2항에 따른 승선·하선 교대가 있을 때에는 선원 중 항해구역이 「선박안전법」 제8조제3항에 따라 정하여진 근해구역 안인 선박의 선원으로서 대통령령으로 정하는 사람을 제외한 선원의 선원명부에 대하여 해양항만관청의 공인(인터넷을 통한 공인을 포함한다. 이하 같다)을 받아야 한다. 이 경우 선박소유자는 선장에게 자신을 갈음하여 공인을 신청하게 할 수 있다. 〈개정 2015. 1. 6.〉

제44조의2(해외취업 신고) 제3조에도 불구하고 대한민국 국민으로서 외국 국적 선박소유자와 선원근로계약을 체결한 선원은 해양수산부령으로 정하는 바에 따라 해양수산부장관에게 해외취업을 신고하여야 한다. 다만, 제112조제3항에 따른 선원관리사업자를 통해 외국 국적 선박에 취업하는 경우에는 선원관리사업자가 해당 선원의 해외취업을 신고하여야 한다.

[본조신설 2021. 6. 15.]

제45조(선원수첩) ① 선원이 되려는 사람은 대통령령으로 정하는 바에 따라 해양항만관청으로부터 선원수첩을 발급받아야 한다. 다만, 대통령령으로 정하는 선원의 경우에는 해양수산부령으로 정하는 바

에 따라 선박소유자로부터 신원보증서를 받음으로써 선원수첩의 발급을 갈음할 수 있다. 〈개정 2013. 3. 23.〉

② 선원은 승선하고 있는 동안에는 제1항에 따른 선원수첩이나 신원보증서를 선장에게 제출하여 선장이 보관하게 하여야 하고, 승선을 위하여 여행하거나 선박을 떠날 때에는 선원 자신이 지녀야 한다.

③ 선박소유자나 선장은 제44조제3항에 따라 선원명부의 공인을 받을 때에는 해양수산부령으로 정하는 바에 따라 승선하거나 하선하는 선원의 선원수첩이나 신원보증서를 선원명부와 함께 해양항만관청에 제출하여 선원수첩이나 신원보증서에 승선·하선 공인을 받아야 한다. 다만, 선박소유자나 선장이 고의로 선원명부의 공인을 받지 아니하거나 행방불명 등 해양수산부령으로 정하는 사유로 선원명부의 공인을 받을 수 없을 때에는 하선하려는 선원이 직접 선원수첩이나 신원보증서에 하선 공인을 받을 수 있다. 〈개정 2013. 3. 23.〉

④ 제3항에도 불구하고 인터넷을 통하여 승선·하선 공인을 받은 경우 해양항만관청은 선원수첩이나 신원보증서에 대한 공인을 면제할 수 있다. 〈신설 2015. 1. 6.〉

⑤ 해양수산부장관은 선원의 취업실태나 선원수첩 소지 여부를 파악하거나 그 밖에 필요하다고 인정하는 경우에는 선원수첩을 검사할 수 있다. 〈개정 2013. 3. 23., 2015. 1. 6.〉

⑥ 선원수첩의 발급 절차 등에 필요한 사항은 대통령령으로 정한다. 〈개정 2015. 1. 6.〉

제46조(선원수첩의 발급 제한) ① 해양항만관청은 다음 각 호의 어느 하나에 해당하는 사람에게 선원수첩을 발급하지 아니할 수 있다.

1. 신원이 분명하지 아니한 사람
2. 「병역법」 제76조제1항 각 호의 어느 하나에 해당하는 사람
3. 삭제 〈2021. 6. 15.〉

② 해양항만관청은 선원수첩을 발급할 때 필요하다고 인정하면 해양수산부령으로 정하는 바에 따라 승선선박 또는 승선구역을 한정하거나 유효기간을 정하여 발급할 수 있다. 〈개정 2013. 3. 23.〉

제47조(선원수첩의 실효) 다음 각 호의 어느 하나에 해당하는 선원수첩은 그 효력을 상실한다. 〈개정 2013. 3. 23.〉

1. 선원수첩을 발급한 날 또는 하선한 날부터 5년(군 복무기간 등 해양수산부장관이 인정하는 기간은 제외한다) 이내에 승선하지 아니한 선원의 선원수첩

2. 사망한 선원의 선원수첩

3. 선원수첩을 재발급한 경우 종전의 선원수첩

제48조(선원신분증명서) ① 외국 항을 출입하는 선박에 승선할 선원(대한민국 국민인 선원만 해당한다)은 대통령령으로 정하는 바에 따라 해양항만관청으로부터 선원신분증명서를 발급받아야 한다.

② 제1항에도 불구하고 제3조제1항 본문에 따른 선박에 승선하는 외국인으로서 대통령령으로 정하는 사람과 외국선박에 승선하는 대한민국 국민인 선원은 대통령령으로 정하는 바에 따라 선원신분증명서를 발급받을 수 있다.

③ 선원신분증명서의 유효기간은 발급일부터 10년으로 한다.

④ 선원신분증명서의 발급 제한 및 실효에 관하여는 제46조제1항 및 제47조를 준용한다. 이 경우 "선원수첩"은 "선원신분증명서"로 본다.

⑤ 선원은 선장이 안전유지에 필요하여 선원의 서면 동의를 받아 보관하는 경우 외에는 선원신분증명서를 지녀야 한다.

⑥ 해양수산부장관은 선원신분증명서의 제작·보관·발급과정, 데이터베이스 및 정보화시스템 등과 관련하여 개인정보의 보호수준 및 보안장비의 상태 등에 관한 평가기준을 마련하여 5년마다 평가하여야 한다. 〈개정 2013. 3. 23.〉

⑦ 선원신분증명서의 규격, 수록내용 및 발급 절차 등에 필요한 사항은 대통령령으로 정한다.

제49조(선원수첩 등의 재발급) 선원수첩이나 선원신분증명서를 발급받은 사람은 선원수첩이나 선원신분증명서를 잃어버린 경우, 헐어서 못 쓰게 된 경우, 그 밖에 해양수산부령으로 정하는 경우에는 재발급 받을 수 있다. 〈개정 2013. 3. 23.〉

제50조(선원수첩 등의 대여 및 부당사용 금지) 선원은 선원수첩 또는 선원신분증명서를 부당하게 사용하거나 다른 사람에게 빌려 주어서는 아니 된다.

제50조의2(여권 등 대리보관 금지) 선박소유자는 선원의 여권 등 신분증을 대리하여 보관해서는 아니 된다.

[본조신설 2021. 6. 15.]

제51조(승무경력증명서의 발급) 선박소유자나 선장은 선원으로부터 승무경력에 관한 증명서의 발급 요청을 받으면 즉시 발급하여야 한다.

제5장 임금

제52조(임금의 지급) ① 임금은 통화(通貨)로 직접 선원에게 그 전액을 지급하여야 한다. 다만, 법령이나 단체협약에 특별한 규정이 있는 경우에는 임금의 일부를 공제하거나 통화 외의 것으로 지급할 수 있다.

② 임금은 매월 1회 이상 일정한 날짜를 정하여 지급하여야 한다. 다만, 임시로 지급하는 임금, 수당, 그 밖에 이에 준하는 것 등 대통령령으로 정하는 것에 대하여는 그러하지 아니하다.

③ 선박소유자는 제1항에도 불구하고 선원이 청구하거나 법령이나 단체협약에 특별한 규정이 있는 경우에는 임금의 전부 또는 일부를 그가 지정하는 가족이나 그 밖의 사람에게 통화로 지급하거나 금융회사 등에 예금하는 등의 방법으로 지급하여야 한다.

④ 선박소유자는 승무 중인 선원이 청구하면 제1항에도 불구하고 선장에게 임금의 일부를 상륙하는 기항지(寄港地)에서 통용되는 통화로 직접 선원에게 지급하게 하여야 한다.

⑤ 임금을 일할계산(日割計算)하는 경우에는 30일을 1개월로 본다.

제53조(기일 전 지급) 선박소유자는 선원이나 그 가족의 출산, 질병, 재해, 그 밖에 대통령령으로 정하는 비상(非常)한 경우의 비용에 충당하기 위하여 선원이 임금 지급을 청구하는 경우에는 임금 지급일 전이라도 이미 제공한 근로에 대한 임금을 지급하여야 한다.

제54조(승무 선원의 부상 또는 질병 중의 임금) 선박소유자는 승무 중인 선원이 부상이나 질병으로 직무에 종사하지 못하는 경우에도 선원이 승무하고 있는 기간에는 어선원 외의 선원에게는 직무에 종사하는 경우의 임금을, 어선원에게는 통상임금을 지급하여야 한다. 다만, 선원노동위원회가 그 부상이나 질병이 선원의 고의로 인한 것으로 인정한 경우에는 그러하지 아니하다.

제55조(퇴직금제도) ① 선박소유자는 계속근로기간이 1년 이상인 선원이 퇴직하는 경우에는 계속근로기간 1년에 대하여 승선평균임금의 30일분에 상당하는 금액을 퇴직금으로 지급하는 제도를 마련하여야 한다. 다만, 이와 같은 수준을 밑돌지 아니하는 범위에서 선원

노동위원회의 승인을 받아 단체협약이나 선원근로계약에 의하여 퇴직금제도를 갈음하는 제도를 시행하는 경우에는 그러하지 아니하다.

② 선박소유자는 제1항에 따른 퇴직금제도를 시행할 때 선원이 요구하면 선원이 퇴직하기 전에 그 선원의 계속근로기간에 대한 퇴직금을 미리 정산하여 지급할 수 있다. 이 경우 미리 정산한 후의 퇴직금 산정을 위한 계속근로기간은 정산시점부터 새로 계산한다.

③ 퇴직금을 산정할 경우 계속근로기간이 1년 이상인 선원의 계속근로기간을 계산할 때 1년 미만의 기간에 대하여는 6개월 미만은 6개월로 보고, 6개월 이상은 1년으로 본다. 다만, 제2항에 따라 퇴직금을 미리 정산하기 위한 계속근로기간을 계산할 때 1년 미만의 기간은 제외한다.

④ 제3항에도 불구하고 계속근로기간의 계산에 관하여 단체협약이나 취업규칙에서 달리 정한 경우에는 그에 따른다.

⑤ 선박소유자는 계속근로기간이 6개월 이상 1년 미만인 선원으로서 선원근로계약의 기간이 끝나거나 선원에게 책임이 없는 사유로 선원근로계약이 해지되어 퇴직하는 선원에게 승선평균임금의 20일분에 상당하는 금액을 퇴직금으로 지급하여야 한다.

제55조의2(금품 청산) 선박소유자는 선원이 사망 또는 퇴직한 경우에는 그 지급 사유가 발생한 때부터 14일 이내에 임금, 보상금, 수당, 그 밖에 일체의 금품을 지급하여야 한다. 다만, 특별한 사정이 있을 경우에는 당사자 사이의 합의에 의하여 기일을 연장할 수 있다.

[본조신설 2020. 2. 18.]

제55조의3(미지급 임금에 대한 지연이자) ① 선박소유자는 제55조의2에 따라 지급하여야 하는 임금 및 제55조에 따른 퇴직금의 전부 또는 일부를 그 지급 사유가 발생한 날부터 14일 이내에 지급하지 아니한 경우 그 다음 날부터 지급하는 날까지의 지연 일수에 대하여 연 100분의 40 이내의 범위에서 「은행법」에 따른 은행이 적용하는 연체금리 등 경제 여건을 고려하여 대통령령으로 정하는 이율에 따른 지연이자를 지급하여야 한다.

② 제1항은 선박소유자가 천재·사변, 그 밖에 대통령령으로 정하는 사유에 따라 임금 및 퇴직금의 지급을 지연하는 경우 그 사유가 존속하는 기간에 대해서는 적용하지 아니한다.

[본조신설 2020. 2. 18.]

제55조의4(체불선박소유자 명단 공개) ① 해양수산부장관은 제52조, 제55조의2 및 제62조에 따른 임금, 보상금, 수당, 그 밖에 일체의 금품(이하 "임금등"이라 한다)을 지급하지 아니한 선박소유자(법인인 경우에는 그 대표자를 포함한다. 이하 "체불선박소유자"라 한다)가 명단 공개 기준일 이전 3년 이내 임금등을 체불하여 2회 이상 유죄가 확정된 자로서 명단 공개 기준일 이전 1년 이내 임금등의 체불 총액이 3천만원 이상인 경우에는 그 인적사항 등을 공개할 수 있다. 다만, 체불선박소유자의 사망·폐업으로 명단 공개의 실효성이 없는 경우 등 대통령령으로 정하는 사유가 있는 경우에는 그러하지 아니하다.

② 해양수산부장관은 제1항에 따라 명단 공개를 할 경우 체불선박소유자에게 3개월 이상의 기간을 정하여 소명 기회를 주어야 한다.

③ 제1항에 따른 체불선박소유자의 인적사항 등에 대한 공개 여부를 심의하기 위하여 해양수산부에 임금체불정보심의위원회(이하 이 조에서 "위원회"라 한다)를 둔다. 이 경우 위원회의 구성·운영 등에 필요한 사항은 해양수산부령으로 정한다.

④ 제1항에 따른 명단 공개의 구체적인 내용, 기간 및 방법 등 명단 공개에 필요한 사항은 대통령령으로 정한다.

[본조신설 2020. 2. 18.]

제55조의5(임금등 체불자료의 제공) ① 해양수산부장관은 「신용정보의 이용 및 보호에 관한 법률」 제25조제2항제1호에 따른 종합신용정보집중기관이 체불선박소유자(자료제공 요구일 이전 3년 이내 임금 등을 체불하여 2회 이상 유죄가 확정된 자로서 자료제공 요구일 이전 1년 이내 임금등의 체불 총액이 2천만원 이상인 체불선박소유자의 경우에 한정한다)의 인적사항과 체불액 규모 등에 관한 자료(이하 "임금등 체불자료"라 한다)를 요구할 때에는 임금등의 체불을 예방하기 위하여 필요하다고 인정하는 경우 그 자료를 제공할 수 있다. 다만, 체불선박소유자의 사망·폐업으로 임금등 체불자료 제공의 실효성이 없는 경우 등 대통령령으로 정하는 사유가 있는 경우에는 그러하지 아니하다.

② 제1항에 따라 임금등 체불자료를 받은 자는 이를 체불선박소유자의 신용도·신용거래능력 판단과 관련한 업무 외의 목적으로 이용하거나 누설해서는 아니 된다.

③ 제1항에 따른 임금등 체불자료의 제공 절차 및 방법 등 임금

등 체불자료의 제공에 필요한 사항은 대통령령으로 정한다.

[본조신설 2020. 2. 18.]

제56조(임금채권보장보험 등의 가입) ① 선박소유자(선박소유자 단체를 포함한다. 이하 이 조에서 같다)는 선박소유자의 파산 등 대통령령으로 정하는 사유로 퇴직한 선원이 받지 못할 임금 및 퇴직금(이하 "체불임금"이라 한다)의 지급을 보장하기 위하여 대통령령으로 정하는 보험 또는 공제에 가입하거나 기금을 조성하여야 한다. 다만, 다른 법률에 따라 선원의 체불임금 지급을 보장하기 위한 기금의 적용을 받는 선박소유자는 그러하지 아니하다.

② 제1항에 따른 보험, 공제 또는 기금은 적어도 다음 각 호의 모두에 해당하는 체불임금의 지급을 보장하여야 한다. 〈개정 2016. 12. 27.〉

1. 제52조에 따른 임금의 최종 4개월분
2. 제55조에 따른 퇴직금의 최종 4년분

③ 제1항에 따른 보험업자, 공제업자 또는 기금운영자는 그 퇴직한 선원 또는 지정대리인이 체불임금을 청구하는 경우에는 「민법」 제469조에도 불구하고 선박소유자를 대신하여 체불임금을 지급한다. 〈개정 2016. 12. 27.〉

④ 제3항에 따라 선원 또는 지정대리인에게 체불임금을 대신 지급한 보험업자, 공제업자 또는 기금운영자는 그 지급한 금액의 한도에서 해당 선박소유자에 대한 선원의 체불임금 청구권을 대위(代位)한다. 〈개정 2016. 12. 27.〉

⑤ 제152조의2제2항에 따른 우선변제권은 제4항에 따라 대위되는 권리에 존속한다. 〈개정 2016. 12. 27.〉

⑥ 그 밖에 체불임금의 지급을 보장하기 위한 기금의 운영 및 관리, 체불임금의 청구와 지급 등에 관하여 필요한 사항은 대통령령으로 정한다. 〈개정 2021. 6. 15.〉

<u>제56조(임금채권보장보험 등의 가입) ① 선박소유자(선박소유자 단체를 포함한다. 이하 이 조에서 같다)는 선박소유자의 파산 등 대통령령으로 정하는 사유로 퇴직한 선원이 받지 못할 임금 및 퇴직금(이하 "체불임금"이라 한다)의 지급을 보장하기 위하여 대통령령으로 정하는 보험 또는 공제에 가입하거나 기금을 조성하여야 한다. 다만, 다른 법률에 따라 선원의 체불임금 지급을 보장하기 위한 기금</u>

의 적용을 받는 선박소유자는 그러하지 아니하다.

② 제1항에 따른 보험, 공제 또는 기금은 적어도 다음 각 호의 모두에 해당하는 체불임금의 지급을 보장하여야 한다. 〈개정 2016. 12. 27.〉

1. 제52조에 따른 임금의 최종 4개월분
2. 제55조에 따른 퇴직금의 최종 4년분

③ 제1항에 따른 보험업자, 공제업자 또는 기금운영자는 그 퇴직한 선원 또는 지정대리인이 체불임금을 청구하는 경우에는 「민법」 제469조에도 불구하고 선박소유자를 대신하여 체불임금을 지급한다. 〈개정 2016. 12. 27.〉

④ 제3항에 따라 선원 또는 지정대리인에게 체불임금을 대신 지급한 보험업자, 공제업자 또는 기금운영자는 그 지급한 금액의 한도에서 해당 선박소유자에 대한 선원의 체불임금 청구권을 대위(代位)한다. 〈개정 2016. 12. 27.〉

⑤ 제152조의3제2항에 따른 우선변제권은 제4항에 따라 대위되는 권리에 존속한다. 〈개정 2016. 12. 27., 2025. 9. 16.〉

⑥ 그 밖에 체불임금의 지급을 보장하기 위한 기금의 운영 및 관리, 체불임금의 청구와 지급 등에 관하여 필요한 사항은 대통령령으로 정한다. 〈개정 2021. 6. 15.〉

[시행일: 2026. 3. 17.] 제56조

제56조의2(보고 및 서류의 제출 요구 등) ① 해양수산부장관은 제56조에 따른 임금채권보장기금의 건전한 운영 및 임금등을 체불당한 피해 선원의 보호 등을 위하여 필요하다고 인정되는 경우에는 기금운영자, 선박소유자 등에게 필요한 보고나 관계 서류의 제출을 요구할 수 있다.

② 해양수산부장관은 기금의 관리·감독을 위하여 필요하다고 인정하면 관계 공무원으로 하여금 이 법을 적용받는 기금운영자, 선박소유자 등의 사업장에 출입하여 관계 서류를 검사하거나 관계인에게 질문하게 할 수 있다.

③ 해양수산부장관은 제1항 및 제2항에 따른 보고 또는 검사 결과 필요한 경우에는 시정명령을 할 수 있다.

④ 제2항에 따라 출입 검사를 하는 공무원은 그 권한을 표시하는 증표를 지니고 이를 관계인에게 내보여야 한다.

⑤ 제1항부터 제3항까지의 규정에 따른 보고, 서류 제출 요구, 출입 검사 및 시정명령 등 그 밖에 필요한 사항은 해양수산부령으로 정한다.

[본조신설 2021. 6. 15.]

제57조(어선원의 임금에 대한 특례) ① 어선원의 임금은 월 고정급 및 생산수당으로 하거나 비율급으로 할 수 있다.

② 제1항에 따라 임금을 받는 어선원에 대하여 제37조, 제39조, 제54조, 제55조, 제96조, 제97조 및 제99조부터 제102조까지의 규정에 따른 실업수당 등을 산정할 때 적용할 통상임금 및 승선평균임금은 월 고정급에 대통령령으로 정하는 비율을 곱한 금액으로 한다.

③ 제1항에 따라 어선원의 임금을 비율급으로 하는 경우에 어선소유자는 어선원에게 월 고정급에 해당하는 금액을 미리 지급하여야 한다. 이 경우 비율급의 월액이 월 고정급보다 적을 때에는 미리 지급한 월 고정급에 해당하는 금액을 비율급의 월액으로 본다.

제58조(임금대장) 선박소유자는 임금대장을 갖추어 두고, 임금을 지급할 때마다 임금 계산의 기초가 되는 사항 등 대통령령으로 정하는 사항을 적어야 한다.

제59조(최저임금) 해양수산부장관은 필요하다고 인정하면 선원의 임금 최저액을 정할 수 있다. 이 경우 해양수산부장관은 해양수산부령으로 정하는 자문을 하여야 한다. 〈개정 2013. 3. 23.〉

제6장 근로시간 및 승무정원

제60조(근로시간 및 휴식시간) ① 근로시간은 1일 8시간, 1주간 40시간으로 한다. 다만, 선박소유자와 선원 간에 합의하여 1주간 16시간을 한도로 근로시간을 연장(이하 "시간외근로"라 한다)할 수 있다.

② 선박소유자는 제1항에도 불구하고 항해당직근무를 하는 선원에게 1주간에 16시간의 범위에서, 그 밖의 선원에게는 1주간에 4시간의 범위에서 시간외근로를 명할 수 있다.

③ 선박소유자는 제1항 및 제2항에도 불구하고 선원에게 임의의 24시간에 10시간 이상의 휴식시간과 임의의 1주간에 77시간 이상의 휴식시간을 주어야 한다. 이 경우 임의의 24시간에 대한 10시간 이상의 휴식시간은 한 차례만 분할할 수 있으며, 분할된 휴식시간

중 하나는 최소 6시간 이상 연속되어야 하고 연속적인 휴식시간 사이의 간격은 14시간을 초과하여서는 아니 된다.

④ 제2항 및 제3항에도 불구하고 해양항만관청은 입항·출항 빈도, 선원의 업무특성 등을 고려하여 불가피하다고 인정할 경우에는 당직선원이나 단기 항해에 종사하는 선박에 승무하는 선원에 대하여 근로시간의 기준, 휴식시간의 분할과 부여간격에 관한 기준을 달리 정하는 단체협약을 승인할 수 있다. 이 경우 해양항만청장은 해당 단체협약이 해양수산부령으로 정하는 휴식시간의 완화에 관한 기준에 적합한 것에 한하여 승인하여야 한다. 〈개정 2013. 3. 23.〉

⑤ 제4항의 단체협약에는 제69조제1항에 따른 유급휴가의 부여간격보다 더 빈번하거나 제70조제1항에 따른 유급휴가일수보다 더 긴 기간의 유급휴가를 부여하는 내용이 포함되어야 한다.

⑥ 선박소유자는 인명, 선박 또는 화물의 안전을 도모하거나, 해양 오염 또는 해상보안을 확보하거나, 인명이나 다른 선박을 구조하기 위하여 긴급한 경우 등 부득이한 사유가 있을 때에는 제1항 및 제2항에 따른 근로시간을 초과하여 선원에게 시간외근로를 명하거나 제3항에 따른 휴식시간에도 불구하고 필요한 작업을 하게 할 수 있다.

⑦ 선박소유자는 제6항에 따라 휴식시간에도 불구하고 필요한 작업을 한 선원 또는 휴식시간 중에 작업에 호출되어 정상적인 휴식을 취하지 못한 선원에게 작업시간에 상응한 보상휴식을 주어야 한다.

⑧ 선박소유자는 선박이 정박 중일 때에는 선원에게 1주간에 1일 이상의 휴일을 주어야 한다.

제61조(소년선원의 근로시간 등) 선박소유자는 18세 미만의 소년선원의 보호를 위하여 해양수산부령으로 정하는 근로시간, 휴식시간 등에 관한 규정을 지켜야 한다. 〈개정 2013. 3. 23.〉

제61조의2(실습선원의 실습시간 및 휴식시간 등) ① 실습시간은 1일 8시간, 1주간 40시간 이내로 한다. 다만, 항해당직훈련을 목적으로 하는 경우에는 1주간에 16시간 이내에서 연장할 수 있다.

② 선박소유자는 제1항에 따른 실습시간을 제외한 모든 시간을 휴식시간으로 주어야 한다. 이 경우 임의의 24시간 중 한 차례의 휴식시간은 8시간 이상 연속되어야 한다.

③ 선박소유자는 실습선원에게 1주간에 최소 1일 이상의 휴일을

주어야 한다.

④ 선박소유자는 실습선원에게 인명, 선박 또는 화물의 안전을 도모하거나, 해양오염 또는 해상보안을 확보하거나, 인명 또는 다른 선박을 구조하기 위하여 긴급한 경우 등 부득이한 사유가 있을 때에는 제1항에 따른 실습시간을 초과하는 훈련 또는 작업을 명하거나 제2항에도 불구하고 필요한 훈련 또는 작업을 하게 할 수 있다.

[본조신설 2020. 2. 18.]

제62조(시간외근로수당 등) ① 선박소유자는 다음 각 호의 어느 하나에 해당하는 선원에게 시간외근로나 휴일근로에 대하여 통상임금의 100분의 150에 상당하는 금액 이상을 시간외근로수당으로 지급하여야 한다.

1. 제60조제1항ㆍ제2항 및 제6항에 따라 시간외근로를 한 선원(같은 조 제7항에 따라 보상휴식을 받은 선원은 제외한다)

2. 휴일에 근로를 한 선원

② 선박소유자는 제1항에도 불구하고 단체협약, 취업규칙 또는 선원근로계약에서 정하는 바에 따라 선종(船種), 선박의 크기, 항해 구역에 따른 근로의 정도ㆍ실적 등을 고려하여 일정액을 시간외근로수당으로 지급하는 제도를 마련할 수 있다.

③ 선박소유자는 해양수산부령으로 정하는 바에 따라 선원의 1일 근로시간, 휴식시간 및 시간외근로를 기록할 서류를 선박에 갖추어 두고 선장에게 근로시간, 휴식시간, 시간외근로 및 그 수당의 지급에 관한 사항을 적도록 하여야 한다. 〈개정 2013. 3. 23.〉

④ 선원은 선박소유자 또는 선장에게 본인의 기록이 적혀 있는 제3항에 따른 서류의 사본을 요청할 수 있다.

⑤ 선박소유자는 제1항에도 불구하고 제60조제1항ㆍ제2항 및 제6항에 따른 시간외근로 중 1주간에 4시간의 시간외근로에 대하여는 시간외근로수당을 지급하는 것을 갈음하여 제70조에 따른 유급휴가일수에 1개월의 승무기간마다 1일을 추가하여 유급휴가를 주어야 한다.

제63조(안전운항을 위한 선박소유자의 의무) ① 「선원의 훈련ㆍ자격증명 및 당직근무의 기준에 관한 국제협약」(이하 "선원당직국제협약"이라 한다)을 적용받는 선박소유자는 선박 운항의 안전을 위하여 다음 각 호의 사항을 이행하여야 한다. 〈개정 2015. 1. 6.〉

1. 해기(海技) 능력의 향상을 위한 선원의 선상훈련 및 평가계획의 수립 · 실시

1의2. 해양사고에 대비하기 위한 선상 비상훈련의 실시

2. 항해당직에 관한 상세한 기준의 작성 · 시행

3. 선박 운항의 안전을 위하여 대통령령으로 정하는 사항

② 제1항제1호에 따른 선상훈련 · 평가계획의 수립 및 같은 항 제2호에 따른 항해당직 기준의 작성에 필요한 사항은 해양수산부령으로 정한다. 〈개정 2013. 3. 23.〉

제64조(자격요건을 갖춘 선원의 승무) ① 대통령령으로 정하는 선박의 선박소유자는 해양수산부령으로 정하는 자격요건을 갖춘 선원을 갑판부나 기관부의 항해당직 부원으로 승무시켜야 한다. 〈개정 2013. 3. 23.〉

② 총톤수 500톤 이상으로 1일 항해시간이 16시간 이상인 선박의 선박소유자는 제1항의 자격요건을 갖춘 선원 3명 이상을 갑판부의 항해당직 부원으로 승무시켜야 한다.

③ 대통령령으로 정하는 위험화물적재선박[산적액체화물(散積液體貨物)을 수송하기 위하여 사용되는 선박만 해당한다]의 선박소유자는 해양수산부령으로 정하는 자격요건을 갖춘 선원을 승무시켜야 한다. 〈개정 2013. 3. 23.〉

④ 대통령령으로 정하는 선박의 선박소유자는 해양수산부령으로 정하는 구명정 조종사 자격증을 가진 선원을 승무시켜야 한다. 〈개정 2013. 3. 23.〉

⑤ 대통령령으로 정하는 선박의 소유자는 해양수산부령으로 정하는 여객의 안전관리에 필요한 자격요건을 갖춘 선원을 승무시켜야 한다. 〈신설 2015. 1. 6.〉

⑥ 가스 또는 저인화점 연료(인화점이 섭씨 60도 미만인 연료를 말한다)를 사용하는 선박으로서 대통령령으로 정하는 선박(이하 "가스연료 등 추진선박"이라 한다)의 선박소유자는 해양수산부령으로 정하는 자격요건을 갖춘 선원을 승무시켜야 한다. 〈신설 2020. 2. 18.〉

제65조(승무정원) ① 선박소유자는 제60조, 제64조 및 제76조를 지킬 수 있도록 필요한 선원의 정원[이하 "승무정원"(乘務定員)이라 한다]을 정하여 해양항만관청의 인정을 받아야 한다.

② 선박제원, 항해시간 변경 등으로 인하여 제1항에 따라 인정받은 승무정원에 변동이 발생한 경우 선박소유자는 지체 없이 승무정원을 다시 정하여 해양항만관청의 인정을 받아야 한다. 〈신설 2021. 6. 15.〉

③ 해양항만관청은 제1항 및 제2항에 따라 선박의 승무정원을 인정할 때에는 해양수산부령으로 정하는 바에 따라 승무정원 증서를 발급하여야 한다. 〈개정 2013. 3. 23., 2021. 6. 15.〉

④ 선박소유자는 운항 중인 선박에는 항상 승무정원 증서에 적힌 수의 선원을 승무시켜야 하며, 결원이 생기면 지체 없이 인원을 채워야 한다. 다만, 해당 선박이 외국 항에 있는 등 지체 없이 인원을 채우는 것이 곤란하다고 인정되어 해양수산부장관의 허가를 받은 경우에는 그러하지 아니하다. 〈개정 2013. 3. 23., 2021. 6. 15.〉

제66조(선원의 자격요건 등에 대한 특례) 선박의 설비가 해양수산부령으로 정하는 기준에 맞는 경우 그 선박에 적용할 선원의 자격요건 및 정원에 관한 사항은 제64조와 제65조에도 불구하고 해양수산부령으로 정하는 바에 따른다. 〈개정 2013. 3. 23.〉

제66조의2(여객선선장에 대한 적성심사 기준) ① 여객선선장은 해양수산부령으로 정하는 적성심사 기준(이하 "적성심사기준"이라 한다)에 적합한 사람이어야 한다.

② 여객선 소유자는 적성심사기준을 충족하지 못한 사람을 선장으로 승무시켜서는 아니 된다.

③ 적성심사기준의 충족확인절차 등에 필요한 사항은 해양수산부령으로 정한다.

[본조신설 2015. 1. 6.]

제67조(예비원) ① 선박소유자는 그가 고용하고 있는 총승선 선원 수의 10퍼센트 이상의 예비원을 확보하여야 한다. 다만, 항해선이 아닌 선박의 경우에는 선박의 종류·용도 등을 고려하여 대통령령으로 다르게 정할 수 있다. 〈개정 2015. 1. 6.〉

② 선박소유자는 유급휴가자 등 대통령령으로 정하는 사람 외의 예비원에게 통상임금의 70퍼센트를 임금으로 지급하여야 한다.

제68조(적용범위) ① 다음 각 호의 어느 하나에 해당하는 선박(「선박의 입항 및 출항 등에 관한 법률」 제24조에 따른 예선은 제외한다)에 대하여는 이 장의 규정을 적용하지 아니한다. 〈개정 2012. 1.

17., 2013. 3. 23., 2015. 2. 3.〉

1. 범선으로서 항해선이 아닌 것
2. 어획물 운반선을 제외한 어선
3. 총톤수 500톤 미만의 선박으로서 항해선이 아닌 것
4. 그 밖에 해양수산부령으로 정하는 선박

② 해양수산부장관은 필요하다고 인정하면 제1항 각 호의 어느 하나에 해당하는 선박에 대하여 적용할 선원의 근로시간 및 승무정원에 관한 기준을 따로 정할 수 있다. 〈개정 2013. 3. 23.〉

제7장 유급휴가

제69조(유급휴가) ① 선박소유자(제74조에 따른 어선의 선박소유자는 제외한다. 이하 이 조, 제72조 및 제73조에서 같다)는 선원이 8개월간 계속하여 승무(수리 중이거나 계류 중인 선박에 승무하는 것을 포함한다. 이하 이 장에서 같다)한 경우에는 그때부터 4개월 이내에 선원에게 유급휴가를 주어야 한다. 다만, 선박이 항해 중일 때에는 항해를 마칠 때까지 유급휴가를 연기할 수 있다.

② 제1항의 경우 선원이 같은 선박소유자의 다른 선박에 옮겨 타기 위하여 여행하는 기간은 계속하여 승무한 기간으로 본다.

③ 산전·산후의 여성선원이 「근로기준법」 제74조에 따른 휴가로 휴업한 기간은 계속하여 승무한 기간으로 본다. 〈개정 2012. 2. 1.〉

④ 선원이 8개월간 계속하여 승무하지 못한 경우에도 이미 승무한 기간에 대하여 유급휴가를 주어야 한다.

⑤ 선박소유자는 18세 미만의 소년선원 보호를 위하여 해양수산부령으로 정하는 바에 따라 유급휴가를 주어야 한다. 〈개정 2013. 3. 23.〉

제70조(유급휴가의 일수) ① 제69조제1항·제2항·제4항 및 제5항에 따른 유급휴가의 일수는 계속하여 승무한 기간 1개월에 대하여 6일로 한다.

② 제1항에도 불구하고 「선박안전법」 제8조제3항에 따라 정하여진 연해구역(이하 "연해구역"이라 한다)을 항해구역으로 하는 선박 또는 15일 이내의 기간마다 국내 항에 기항하는 선박에 승무하는 선원의 유급휴가 일수는 계속하여 승무한 기간 1개월에 대하여 5일

로 한다.

③ 2년 이상 계속 근로한 선원에게는 1년을 초과하는 계속근로기간 1년에 대하여 제1항 또는 제2항에 따른 휴가 일수에 1일의 유급휴가를 더한다.

④ 제69조제3항에 따른 휴가로 휴업한 기간에 대한 유급휴가 일수는 「근로기준법」 제60조제1항의 유급휴가 일수 계산방법을 고려하여 해양수산부령으로 정한다. 〈개정 2012. 2. 1., 2013. 3. 23.〉

⑤ 유급휴가 일수를 계산할 때 1개월 미만의 승무기간에 대하여는 비율로 계산하되, 1일 미만은 1일로 계산한다.

제71조(유급휴가 사용일수의 계산) 선원이 실제 사용한 유급휴가 일수의 계산은 선원이 유급휴가를 목적으로 하선하고 자기나라에 도착한 날(제38조제1항에 따라 통상적으로 송환에 걸리는 기간이 도래하는 날을 말한다)의 다음 날부터 계산하여 승선일(외국에서 승선하는 경우에는 출국일을 말한다) 전날까지의 일수로 하되, 다음 각 호의 어느 하나에 해당하는 기간은 유급휴가 사용일수에 포함하지 아니한다. 〈개정 2013. 3. 23., 2025. 11. 11.〉

1. 관공서의 공휴일 또는 노동절
2. 선원이 제116조 또는 다른 법령에 따라 받은 교육훈련 기간
3. 그 밖에 해양수산부령으로 정하는 기간

제72조(유급휴가의 부여방법) ① 유급휴가를 줄 시기와 항구에 대하여는 선박소유자와 선원의 협의에 따른다.

② 유급휴가는 단체협약에서 정하는 바에 따라 기간을 나누어 줄 수 있다.

제73조(유급휴가급) ① 선박소유자는 유급휴가 중인 선원에게 통상임금을 유급휴가급으로 지급하여야 한다.

② 선박소유자는 선원이 제69조부터 제71조까지의 규정에 따른 유급휴가의 전부 또는 일부를 사용하지 아니하였을 때에는 사용하지 아니한 유급휴가 일수에 대하여 통상임금에 상당하는 금액을 임금 외에 따로 지급하여야 한다.

제74조(어선원의 유급휴가에 대한 특례) ① 해양수산부령으로 정하는 어업에 종사하는 어선(어획물 운반선은 제외한다. 이하 이 조에서 같다)의 선박소유자는 어선원이 같은 사업체에 속하는 어선에서 1년 이상 계속 승무한 경우에는 유급휴가를 주어야 한다. 〈개정

2013. 3. 23.〉

② 어선원이 고의나 중대한 과실 없이 어선에서의 승무를 중지한 경우 그 중지한 기간이 30일을 초과하지 아니할 때에는 계속하여 승무한 것으로 본다.

③ 제1항에 따른 어선원의 유급휴가 일수, 부여방법, 유급휴가급 등 어선원의 유급휴가에 관하여 필요한 사항은 해양수산부령으로 정한다. 〈개정 2013. 3. 23.〉

제75조(적용 범위) 다음 각 호의 어느 하나에 해당하는 선박에 대하여는 이 장의 규정을 적용하지 아니한다.

1. 어선(어획물 운반선과 제74조에 따른 어선은 제외한다)
2. 범선으로서 항해선이 아닌 것
3. 가족만 승무하여 운항하는 선박으로서 항해선이 아닌 것

제8장 선내 급식과 안전 및 보건

제76조(선내 급식) ① 선박소유자는 승무 중인 선원을 위하여 해양수산부령으로 정하는 바에 따라 적당한 양과 질의 식료품과 물을 선박에 공급하고, 조리와 급식에 필요한 설비를 갖추어 선내급식을 하여야 한다. 이 경우 승무 중인 선원의 다양한 문화와 종교적 배경을 고려하여야 한다. 〈개정 2013. 3. 23.〉

② 선박소유자는 제1항에 따른 선내 급식을 위하여 대통령령으로 정하는 자격을 갖춘 선박조리사(이하 "선박조리사"라 한다)를 선박에 승무시켜야 한다. 다만, 대통령령으로 정하는 선박에 대하여는 이를 면제하거나 선박조리사를 갈음하여 선상 조리와 급식에 관한 지식과 경험을 가진 사람을 승무하게 할 수 있다.

③ 해양수산부장관은 대통령령으로 정하는 바에 따라 선박조리사의 자격을 위한 교육과 시험을 실시한다. 〈개정 2013. 3. 23.〉

제77조(선내 급식비) ① 선박소유자는 해양수산부장관의 승인을 받아 제76조제1항에 따른 식료품 공급을 갈음하여 선내 급식을 위한 식료품의 구입비용(이하 "선내 급식비"라 한다)을 선장에게 지급하고, 선장에게 선내 급식을 관리하게 할 수 있다. 이 경우 선장은 선원 모두에게 차별 없이 선내 급식이 이루어지도록 하여야 한다. 〈개정 2013. 3. 23.〉

② 선박소유자는 선내 급식비를 지급할 때에는 선원 1인당 1일

기준액을 밝혀야 한다.

③ 선내 급식비는 선내 급식을 위한 식료품 구입과 운반을 위한 비용 외의 용도로 지출하여서는 아니 된다.

④ 해양수산부장관은 대통령령으로 정하는 바에 따라 선내 급식비의 최저기준액을 정할 수 있다. 이 경우 선박소유자는 최저기준액 이상의 선내 급식비를 지급하여야 한다. 〈개정 2013. 3. 23.〉

제78조(선내 안전·보건 등을 위한 국가의 책임과 의무) ① 해양수산부장관은 승무 중인 선원의 건강을 보호하고 안전하고 위생적인 환경에서 생활, 근로 및 훈련을 할 수 있도록 다음 각 호의 사항을 성실히 이행할 책임과 의무를 진다. 〈개정 2013. 3. 23.〉

1. 선내 안전·보건정책의 수립·집행·조정 및 통제
2. 선내 안전·보건 및 사고예방 기준의 작성
3. 선내 안전·보건의 증진을 위한 국내 지침의 개발과 보급
4. 선내 안전·보건을 위한 기술의 연구·개발 및 그 시설의 설치·운영
5. 선내 안전·보건 의식을 북돋우기 위한 홍보·교육 및 무재해운동 등 안전문화 추진
6. 선내 재해에 관한 조사 및 그 통계의 유지·관리
7. 그 밖에 선원의 안전 및 건강의 보호·증진

② 해양수산부장관은 제1항 각 호의 사항을 효율적으로 수행하기 위하여 필요한 경우 선박소유자 단체 및 선원 단체의 대표자와 협의하여야 한다. 〈개정 2013. 3. 23.〉

③ 해양수산부장관은 선내 안전·보건과 선내 사고예방을 위한 활동이 통일적으로 이루어지고 증진될 수 있도록 국제노동기구 등 관계 국제기구 및 그 회원국과의 협력을 모색하여야 한다. 〈개정 2013. 3. 23.〉

제79조(선내 안전·보건 및 사고예방 기준) ① 제78조제1항제2호에 따른 선내 안전·보건 및 사고예방 기준(이하 "선내안전보건기준"이라 한다)에는 다음 각 호의 사항이 포함되어야 한다. 〈개정 2013. 3. 23.〉

1. 선원의 안전·건강 관련 교육훈련 및 위험성 평가 정책
2. 선원의 직무상 사고·상해 및 질병(이하 "직무상 사고등"이라 한다)의 예방 조치

3. 선원의 안전과 건강 보호를 증진시키기 위한 선내 프로그램
4. 선내 안전저해요인의 검사·보고와 시정
5. 선내 직무상 사고등의 조사 및 보고
6. 선장과 선내 안전·건강담당자의 직무
7. 선내안전위원회의 설치 및 운영
8. 그 밖에 해양수산부령으로 정하는 사항

② 선내안전보건기준의 구체적인 사항은 해양수산부장관이 정하여 고시한다. 〈개정 2013. 3. 23.〉

제80조(선내안전보건기준의 개정) 해양수산부장관은 선박소유자 단체 및 선원 단체의 대표자와 협의하여 선내안전보건기준을 정기적으로 검토하여야 하며, 필요한 경우 검토 결과를 고려하여 선내안전보건기준을 개정할 수 있다. 〈개정 2013. 3. 23.〉

제81조(직무상 사고등의 조사) ① 해양수산부장관은 제82조제4항에 따라 직무상 사고등의 발생 사실을 보고받은 경우에는 그 사실과 원인을 조사하여야 한다. 〈개정 2013. 3. 23.〉

② 해양수산부장관은 직무상 사고등을 예방하기 위하여 제1항에 따라 조사한 직무상 사고등에 관한 통계를 유지·관리하여야 하고, 그 통계를 분석하여 자료집을 발간할 수 있다. 〈개정 2013. 3. 23.〉

③ 제1항에 따른 조사의 절차 및 내용이나 조사 결과의 조치 등에 필요한 사항은 해양수산부령으로 정한다. 〈개정 2013. 3. 23.〉

제82조(선박소유자 등의 의무) ① 선박소유자는 선원에게 보호장구와 방호장치 등을 제공하여야 하며, 방호장치가 없는 기계의 사용을 금지하여야 한다.

② 선박소유자는 해양수산부령으로 정하는 바에 따라 위험한 선내 작업에는 일정한 경험이나 기능을 가진 선원을 종사시켜야 한다. 〈개정 2013. 3. 23.〉

③ 선박소유자는 감염병, 정신질환, 그 밖의 질병을 가진 사람 중에서 승무가 곤란하다고 해양수산부령으로 정하는 선원을 승무시켜서는 아니 된다. 〈개정 2013. 3. 23.〉

④ 선박소유자는 선원의 직무상 사고등이 발생하였을 때에는 즉시 해양항만관청에 보고하여야 한다.

⑤ 선박소유자는 선내 작업 시의 위험 방지, 의약품의 비치와 선

내위생의 유지 및 이에 관한 교육의 시행 등에 관하여 해양수산부령으로 정하는 사항을 지켜야 한다. 〈개정 2013. 3. 23.〉

⑥ 선장은 특별한 사유가 없으면 선박이 기항하고 있는 항구에서 선원이 의료기관에서 부상이나 질병의 치료를 받기를 요구하는 경우 거절하여서는 아니 된다.

⑦ 대통령령으로 정하는 선박소유자는 선박에 승선하는 선원에게 제복을 제공하여야 한다. 이 경우 제복의 제공시기, 복제 등에 관하여는 해양수산부령으로 정한다. 〈신설 2015. 1. 6.〉

제83조(선원의 의무 등) ① 선원은 선내 작업 시의 위험 방지와 선내 위생의 유지에 관하여 해양수산부령으로 정하는 사항을 지켜야 한다. 〈개정 2013. 3. 23.〉

② 선원은 방호시설이 없거나 제대로 작동하지 아니하는 기계의 사용을 거부할 수 있다.

③ 선원은 제82조제7항에 따라 선박소유자가 제공한 제복을 입고 근무하여야 한다. 〈신설 2015. 1. 6.〉

제84조(의사의 승무) 다음 각 호의 어느 하나에 해당하는 선박의 선박소유자는 그 선박에 의사를 승무시켜야 한다. 다만, 해양수산부령으로 정하는 바에 따라 해양항만관청의 승인을 받은 경우에는 그러하지 아니하다. 〈개정 2013. 3. 23.〉

1. 3일 이상의 국제항해에 종사하는 선박으로서 최대 승선인원이 100명 이상인 선박(어선은 제외한다)

2. 해양수산부령으로 정하는 모선식(母船式) 어업에 종사하는 어선

제85조(의료관리자) ① 의사를 승무시키지 아니할 수 있는 선박 중 다음 각 호의 어느 하나에 해당하는 선박의 선박소유자는 선박에 의료관리자를 두어야 한다. 다만, 해양수산부령으로 정하는 경우에는 그러하지 아니하다. 〈개정 2013. 3. 23.〉

1. 「선박안전법」 제8조제3항에 따라 정하여진 원양구역을 항해구역으로 하는 총톤수 5천톤 이상의 선박

2. 해양수산부령으로 정하는 어선

② 제1항에 따른 의료관리자(이하 "의료관리자"라 한다)는 제3항에 따라 발급된 의료관리자 자격증을 가진 선원(18세 미만인 사람은 제외한다) 중에서 선임하여야 한다. 다만, 부득이한 사유로 해양항만관청의 승인을 받은 경우에는 그러하지 아니하다.

③ 제2항에 따른 의료관리자 자격증은 해양수산부령으로 정하는 바에 따라 해양수산부장관이 실시하는 시험에 합격하거나 시험에 합격한 사람과 같은 수준 이상의 지식과 경험을 가졌다고 해양수산부장관이 인정하는 사람에게 해양수산부장관이 발급한다. 〈개정 2013. 3. 23.〉

④ 의료관리자는 해양수산부령으로 정하는 바에 따라 선박 내의 의료관리에 필요한 업무에 종사하여야 한다. 〈개정 2013. 3. 23.〉

⑤ 선박소유자는 의료관리자가 질병이나 그 밖의 사유로 그 직무를 수행할 수 없거나 하선하는 경우에는 지체 없이 다른 의료관리자를 선임하거나 승무시켜야 한다. 〈신설 2018. 12. 11.〉

제86조(응급처치 담당자) ① 제84조 또는 제85조제1항에 따른 의사나 의료관리자를 승무시키지 아니할 수 있는 선박 중 다음 각 호의 어느 하나에 해당하는 선박의 선박소유자는 선박에 응급처치를 담당하는 선원(이하 "응급처치 담당자"라 한다)을 두어야 한다.

1. 연해구역 이상을 항해구역으로 하는 선박(어선은 제외한다)
2. 여객정원이 13명 이상인 여객선

② 선박소유자는 응급처치 담당자를 해양수산부령으로 정하는 응급처치에 관한 교육을 이수한 선원 중에서 선임하여야 한다. 〈개정 2013. 3. 23.〉

제87조(건강진단서) ① 선박소유자는 「의료법」에 따른 병원급 이상의 의료기관 또는 해양수산부령으로 정하는 기준에 맞는 의원의 의사가 승무에 적당하다는 것을 증명한 건강진단서를 가진 사람만을 선원으로 승무시켜야 한다. 〈개정 2013. 3. 23.〉

② 건강진단서의 발급 및 그 밖에 건강진단에 관한 사항은 해양수산부령으로 정한다. 〈개정 2013. 3. 23.〉

제88조(무선 등에 의한 의료조언) ① 해양수산부장관은 대한민국 주변을 항해 중인 선박(외국국적 선박을 포함한다)의 선장이 부상을 당하거나 질병에 걸린 선원(이하 "상병선원"이라 한다)에 대한 의료조언을 요청할 경우에는 무선 또는 위성통신으로 의료조언을 무료로 제공하여야 한다. 〈개정 2013. 3. 23.〉

② 해양수산부장관은 제1항에 따른 의료조언을 제공하기 위하여 「응급의료에 관한 법률」 제27조에 따라 응급의료정보센터를 설치·운영하는 보건복지부장관에게 협조를 요청하여야 하고, 보건복지부장

관은 특별한 사유가 없으면 협조하여야 한다. 〈개정 2013. 3. 23.〉

제89조(외국인 선원에 대한 진료 등) 해양수산부장관은 국내 항에 입항한 선박의 외국인 상병선원이 진료받기를 요청할 때에는 필요한 조치를 하여야 한다. 〈개정 2013. 3. 23.〉

제9장 소년선원과 여성선원

제90조(미성년자의 능력) ① 미성년자가 선원이 되려면 법정대리인의 동의를 받아야 한다.

② 제1항에 따라 법정대리인의 동의를 받은 미성년자는 선원근로계약에 관하여 성년자와 같은 능력을 가진다.

제91조(사용제한) ① 선박소유자는 16세 미만인 사람을 선원으로 사용하지 못한다. 다만, 그 가족만 승무하는 선박의 경우에는 그러하지 아니하다.

② 선박소유자는 18세 미만인 사람을 선원으로 사용하려면 해양수산부령으로 정하는 바에 따라 해양항만관청의 승인을 받아야 한다. 〈개정 2013. 3. 23.〉

③ 선박소유자는 18세 미만의 선원을 해양수산부령으로 정하는 위험한 선내 작업과 위생상 해로운 작업에 종사시켜서는 아니 된다. 〈개정 2013. 3. 23.〉

④ 선박소유자는 여성선원을 해양수산부령으로 정하는 임신·출산에 해롭거나 위험한 작업에 종사시켜서는 아니 된다. 〈개정 2013. 3. 23.〉

⑤ 선박소유자는 임신 중인 여성선원을 선내 작업에 종사시켜서는 아니 된다. 다만, 다음 각 호의 어느 하나에 해당하는 경우에는 그러하지 아니하다. 〈개정 2013. 3. 23.〉

1. 해양수산부령으로 정하는 범위의 항해에 대하여 임신 중인 여성선원이 선내 작업을 신청하고, 임신이나 출산에 해롭거나 위험하지 아니하다고 의사가 인정한 경우
2. 임신 중인 사실을 항해 중 알게 된 경우로서 해당 선박의 안전을 위하여 필요한 작업에 종사하는 경우

⑥ 선박소유자는 산후 1년이 지나지 아니한 여성선원을 해양수산부령으로 정하는 위험한 선내 작업과 위생상 해로운 작업에 종사시켜서는 아니 된다. 〈개정 2013. 3. 23.〉

⑦ 가족만 승무하는 선박의 경우에는 제4항부터 제6항까지의 규정을 적용하지 아니한다.

제92조(야간작업의 금지) ① 선박소유자는 18세 미만의 선원을 자정부터 오전 5시까지를 포함하는 최소 9시간 동안은 작업에 종사시키지 못한다. 다만, 가벼운 일로서 그 선원의 동의와 해양수산부장관의 승인을 받은 경우에는 그러하지 아니하다. 〈개정 2013. 3. 23.〉

② 제60조제6항에 따른 작업에 종사시키는 경우나 가족만 승무하는 선박에 대하여는 제1항 본문을 적용하지 아니한다.

제93조(생리휴식) 선박소유자는 여성선원이 청구하면 월 1일의 생리휴식을 주어야 한다. 〈개정 2021. 6. 15.〉

제10장 재해보상

제94조(요양보상) ① 선박소유자는 선원이 직무상 부상을 당하거나 질병에 걸린 경우에는 그 부상이나 질병이 치유될 때까지 선박소유자의 비용으로 요양을 시키거나 요양에 필요한 비용을 지급하여야 한다.

② 선박소유자는 선원이 승무(기항지에서의 상륙기간, 승선·하선에 수반되는 여행기간을 포함한다. 이하 이 장에서 같다) 중 직무외의 원인에 의하여 부상이나 질병이 발생한 경우 다음 각 호에 따라 요양에 필요한 3개월 범위의 비용을 지급하여야 한다. 〈개정 2011. 12. 31.〉

1. 선원이 「국민건강보험법」에 따른 요양급여의 대상이 되는 부상을 당하거나 질병에 걸린 경우에는 같은 법 제44조에 따라 요양을 받는 선원의 본인 부담액에 해당하는 비용을 지급하여야 하고, 같은 법에 따른 요양급여의 대상이 되지 아니하는 부상을 당하거나 질병에 걸린 경우에는 그 선원의 요양에 필요한 비용을 지급하여야 한다.

2. 국제항해에 종사하는 선박에 승무하는 선원이 부상이나 질병에 걸려서 승무 중 치료받는 경우에는 제1호에도 불구하고 그 선원의 요양에 필요한 비용을 지급하여야 한다.

③ 선박소유자는 제2항에도 불구하고 선원의 고의에 의한 부상이나 질병에 대하여는 선원노동위원회의 인정을 받아 제2항에 따라

부담하는 비용을 부담하지 아니할 수 있다.

제95조(요양의 범위) 제94조에 따른 요양의 범위는 다음과 같다.

1. 진찰
2. 약제나 치료재료와 의지(義肢) 및 그 밖의 보철구 지급
3. 수술 및 그 밖의 치료
4. 병원, 진료소 및 그 밖에 치료에 필요한 자택 외의 장소에 수용(식사 제공을 포함한다)
5. 간병(看病)
6. 이송
7. 통원치료에 필요한 교통비

제96조(상병보상) ① 선박소유자는 제94조제1항에 따라 요양 중인 선원에게 4개월의 범위에서 그 부상이나 질병이 치유될 때까지 매월 1회 통상임금에 상당하는 금액의 상병보상(傷病補償)을 하여야 하며, 4개월이 지나도 치유되지 아니하는 경우에는 치유될 때까지 매월 1회 통상임금의 100분의 70에 상당하는 금액의 상병보상을 하여야 한다.

② 선박소유자는 제94조제2항에 따라 요양 중인 선원에게 요양기간(3개월의 범위로 한정한다) 중 매월 1회 통상임금의 100분의 70에 상당하는 금액의 상병보상을 하여야 한다.

③ 제1항 및 제2항에 따른 상병보상 지급액이 제59조에 따른 선원 최저임금액보다 적으면 선원 최저임금액을 상병보상의 지급액으로 한다. 〈신설 2021. 6. 15.〉

제97조(장해보상) 선원이 직무상 부상이나 질병이 치유된 후에도 신체에 장해가 남는 경우에는 선박소유자는 지체 없이 「산업재해보상보험법」에서 정하는 장해등급에 따른 일수에 승선평균임금을 곱한 금액의 장해보상을 하여야 한다.

제98조(일시보상) 선박소유자는 제94조제1항 및 제96조제1항에 따라 보상을 받고 있는 선원이 2년이 지나도 그 부상이나 질병이 치유되지 아니하는 경우에는 「산업재해보상보험법」에 따른 제1급의 장해보상에 상당하는 금액을 선원에게 한꺼번에 지급함으로써 제94조제1항, 제96조제1항 또는 제97조에 따른 보상책임을 면할 수 있다.

제99조(유족보상) ① 선박소유자는 선원이 직무상 사망(직무상 부상 또는 질병으로 인한 요양 중의 사망을 포함한다)하였을 때에는 지체

없이 대통령령으로 정하는 유족에게 승선평균임금의 1천300일분에 상당하는 금액의 유족보상을 하여야 한다.

② 선박소유자는 선원이 승무 중 직무 외의 원인으로 사망(제94조제2항에 따른 요양 중의 사망을 포함한다)하였을 때에는 지체 없이 대통령령으로 정하는 유족에게 승선평균임금의 1천일분에 상당하는 금액의 유족보상을 하여야 한다. 다만, 사망 원인이 선원의 고의에 의한 경우로서 선박소유자가 선원노동위원회의 인정을 받은 경우에는 그러하지 아니하다.

제100조(장례비) ① 선박소유자는 선원이 사망하였을 때에는 지체 없이 대통령령으로 정하는 유족 중 장례를 지낸 유족에게 승선평균임금의 120일분에 상당하는 금액을 장례비(葬禮費)로 지급하여야 한다. 〈개정 2024. 10. 22.〉

② 제1항에 따른 장례비를 지급하여야 할 유족이 없는 경우에는 실제로 장례를 지낸 자에게 장례비를 지급하여야 한다. 〈개정 2024. 10. 22.〉

[제목개정 2024. 10. 22.]

제101조(행방불명보상) ① 선박소유자는 선원이 해상에서 행방불명된 경우에는 대통령령으로 정하는 피부양자에게 1개월분의 통상임금과 승선평균임금의 3개월분에 상당하는 금액의 행방불명보상을 하여야 한다.

② 선원의 행방불명기간이 1개월을 지났을 때에는 제99조 및 제100조를 적용한다.

제102조(소지품 유실보상) 선박소유자는 선원이 승선하고 있는 동안 해양사고로 소지품을 잃어버린 경우에는 통상임금의 2개월분의 범위에서 그 잃어버린 소지품의 가액(價額)에 상당하는 금액을 보상하여야 한다.

제103조(다른 급여와의 관계) ① 제94조부터 제102조까지의 규정에 따라 요양비용, 보상 또는 장례비의 지급(이하 "재해보상"이라 한다)을 받을 권리가 있는 자가 그 재해보상을 받을 수 있는 같은 사유로 「민법」이나 그 밖의 법령에 따라 이 법에 따른 재해보상에 상당하는 급여를 받았을 때에는 선박소유자는 그 가액의 범위에서 이 법에 따른 재해보상의 책임을 면한다. 〈개정 2016. 12. 27., 2024. 10. 22.〉

② 선박소유자는 재해보상을 하는 경우 선원의 직무상 부상 또는 질병으로 인하여 「민법」이나 그 밖의 법령에 따라 선원이 가지는 권리 또는 이익을 침해해서는 아니 된다. 〈신설 2016. 12. 27.〉

제103조의2(재해보상 지급의 제한) ① 제99조에 따른 유족보상 또는 제101조에 따른 행방불명보상을 받을 수 있는 사람 중 선원에 대하여 양육책임이 있었던 사람이 이를 이행하지 아니하였던 경우에는 양육책임 이행과 관련한 해양항만관청의 심의를 거쳐 양육책임을 이행하지 아니한 기간, 정도 등을 고려하여 대통령령으로 정하는 바에 따라 해당 보상금의 전부 또는 일부를 지급하지 아니할 수 있다.

② 선박소유자는 제1항에 따른 재해보상 지급의 제한 사유에 해당하는 경우에는 해양항만관청에 양육책임 이행과 관련한 심의를 청구하여야 한다.

③ 선박소유자는 제1항에 따라 보상금의 전부 또는 일부를 지급하지 아니하기로 결정하면 지체 없이 이를 재해보상을 청구한 자에게 알려야 한다.

[본조신설 2024. 1. 23.]

제104조(해양항만관청의 심사·조정) ① 선원의 직무상 부상·질병 또는 사망의 인정, 요양의 방법, 재해보상금액의 결정 및 그 밖에 재해보상에 관하여 이의가 있는 자는 해양항만관청에 심사나 조정을 청구할 수 있다.

② 해양항만관청은 제1항에 따른 심사 또는 조정의 청구를 받으면 1개월 이내에 심사나 조정을 하여야 한다.

③ 해양항만관청은 제1항에 따른 심사 또는 조정의 청구가 없어도 필요하다고 인정하면 직권으로 심사 또는 조정을 할 수 있다.

④ 해양항만관청이 제2항 및 제3항에 따라 심사나 조정을 할 경우에는 선장이나 그 밖의 이해관계인의 의견을 들어야 한다.

⑤ 해양항만관청은 제2항 및 제3항에 따라 심사나 조정을 할 경우 필요하다고 인정하면 의사에게 진단이나 검안(檢案)을 시킬 수 있다.

⑥ 제1항에 따른 심사나 조정의 청구는 시효의 중단에 관하여 재판상의 청구로 본다.

제105조(선원노동위원회의 심사와 중재) ① 해양항만관청이 제104조제2항에 따른 기간에 심사나 조정을 하지 아니하거나 심사나 조

정의 결과에 이의가 있는 자는 선원노동위원회에 심사나 중재를 청구할 수 있다.

② 선원노동위원회는 제1항에 따라 심사나 중재의 청구를 받으면 1개월 이내에 심사나 중재를 하여야 한다.

제106조(재해보상보험 등의 가입 등) ①선박소유자는 해당 선박에 승무하는 모든 선원에 대하여 재해보상을 완전히 이행할 수 있도록 대통령령으로 정하는 보험 또는 공제(이하 "재해보상보험등"이라 한다)에 가입하여야 한다. 〈개정 2015. 1. 6., 2016. 12. 27.〉

② 선박소유자는 재해보상보험등에 가입할 경우 보험가입 금액은 승선평균임금 이상으로 하여야 한다. 〈신설 2015. 1. 6., 2016. 12. 27.〉

③ 재해보상보험등에 가입하는 선박소유자는 선원이 재해보상보험등을 운영하는 사업자(이하 "재해보험사업자등"이라 한다)에게 보험금을 직접 청구할 수 있도록 선원을 피보험자로 지정하여야 한다. 〈신설 2016. 12. 27.〉

④ 재해보험사업자등은 선원·유족 또는 지정대리인이 재해보상을 청구하는 경우에는 「민법」 제469조에도 불구하고 선박소유자를 대신하여 대통령령으로 정하는 기간 내에 재해보상을 하여야 한다. 〈신설 2016. 12. 27.〉

⑤ 제2항부터 제4항까지에서 규정한 사항 외에 재해보상의 청구와 지급에 필요한 사항은 대통령령으로 정한다. 〈신설 2016. 12. 27.〉

[제목개정 2016. 12. 27.]

제106조의2(재해보상보험등의 해지 제한 등) ① 재해보험사업자등은 법률 또는 보험계약에 따라 재해보상보험등의 계약기간이 끝나기 전에 보험계약을 해지하려는 경우에는 해양수산부장관에게 재해보상보험등의 해지예정일의 30일 전까지 계약이 해지된다는 사실을 통지하지 아니하면 해당 재해보상보험등을 해지할 수 없다.

② 재해보험사업자등은 선박소유자가 다음 각 호의 어느 하나에 해당하면 그 사실을 해양수산부령으로 정하는 기간 내에 해양수산부장관에게 알려야 한다.

1. 자기와 재해보상보험등의 계약을 체결한 경우

2. 자기와 재해보상보험등의 계약을 체결한 후 계약기간이 끝나기 전에 제1항의 사전통지절차를 거친 후 그 계약을 해지한 경우

3. 자기와 재해보상보험등의 계약을 체결한 자가 그 계약기간이 끝난 후 자기와 다시 계약을 체결하지 아니한 경우

③ 해양수산부장관은 제1항 또는 제2항에 따른 통지를 받으면 그 사실을 지체 없이 해당 재해보상보험등의 피보험자인 선원에게 알려야 한다.

[본조신설 2016. 12. 27.]

제11장 복지와 직업안정 및 교육훈련

제107조(선원정책기본계획의 수립 등) ① 해양수산부장관은 선원정책의 효율적·체계적 추진을 위하여 제5항에 따른 선원정책위원회의 심의를 거쳐 5년마다 선원정책에 관한 기본계획(이하 "선원정책기본계획"이라 한다)을 수립·시행하여야 한다. 〈개정 2019. 1. 15.〉

② 선원정책기본계획에는 다음 각 호의 사항이 포함되어야 한다. 〈개정 2018. 12. 11., 2022. 1. 4.〉

1. 선원복지에 관한 사항

가. 선원복지 수요의 측정과 전망

나. 선원복지시설에 대한 장기·단기 공급대책

다. 인력·조직과 재정 등 선원복지자원의 조달, 관리 및 지원

라. 선원의 직업안정 및 직업재활

마. 복지와 관련된 통계의 수집과 정리

바. 선원복지시설 설치 항구의 선정

사. 선내 식품영양의 향상

아. 선원복지와 사회복지서비스 및 보건의료서비스의 연계

자. 선원의 건강증진에 관한 사항

차. 그 밖에 해양수산부장관이 선원 복지를 위하여 필요하다고 인정하는 사항

2. 선원인력 수급에 관한 사항

가. 선원인력의 수요 전망 및 양성

나. 선원의 구직·구인 및 직업소개 기관의 운영

다. 외국인 선원의 고용

라. 그 밖에 해양수산부장관이 선원인력의 수급관리에 필요하다고 인정하는 사항

3. 선원인력의 교육훈련에 관한 사항

가. 선원 교육훈련의 중장기 목표

나. 선원 교육훈련의 장기 · 중기 · 단기 추진계획

다. 선원 교육훈련 기관 및 운영방식

라. 선원의 노동권 및 인권 보호에 관한 교육에 관한 사항(교육기관의 운영, 인력의 양성 및 관련 프로그램의 연구 · 개발 지원 등을 포함한다)

마. 그 밖에 해양수산부장관이 선원의 교육훈련을 위하여 필요하다고 인정하는 사항

③ 해양수산부장관은 선원정책기본계획에 따라 매년 선원정책에 관한 시행계획(이하 "시행계획"이라 한다)을 수립 · 시행하고 이에 필요한 재원을 확보하기 위하여 노력하여야 한다. 〈신설 2019. 1. 15.〉

④ 해양수산부장관은 제1항 및 제3항에 따라 선원정책기본계획 및 시행계획을 수립한 때에는 국회 소관 상임위원회에 제출하고 해양수산부령으로 정하는 바에 따라 공표하여야 한다. 〈신설 2019. 1. 15.〉

⑤ 선원에 관한 다음 각 호의 사항을 심의하기 위하여 해양수산부에 선원정책위원회를 둔다. 〈개정 2019. 1. 15.〉

1. 선원정책기본계획의 수립 · 변경에 관한 사항
2. 선원정책의 성과평가 및 개선에 관한 사항
3. 국제기구 등으로부터 요청된 선원정책에 관한 사항
4. 그 밖에 선원복지 · 선원인력의 수급 및 교육훈련에 관한 사항으로서 해양수산부장관이 필요하다고 인정하는 사항

⑥ 선원정책위원회는 위원장 1명을 포함한 20명 이내의 위원으로 구성하되, 위원장은 해양수산부장관이 된다. 이 경우 위원 중 3분의 1 이상은 선원 관련 단체의 대표자나 전문가로 한다. 〈개정 2019. 1. 15.〉

⑦ 그 밖에 선원정책위원회의 구성 · 운영 등에 필요한 사항은 대통령령으로 정한다. 〈개정 2019. 1. 15.〉

[전문개정 2015. 1. 6.]

제108조(선원의 인력확보 및 직업안정업무) ① 해양수산부장관은 필요한 선원인력을 확보하고 선원의 직업안정을 도모하기 위하여 다음 각 호의 업무를 수행한다. 〈개정 2013. 3. 23., 2024. 10. 22.〉

1. 선원의 효과적인 취업 알선·모집 및 지원에 관한 업무
2. 선원인력 수요·공급의 실태 파악을 위한 선원의 등록과 실업 대책에 관한 업무
2의2. 소득 증대 등 선원의 처우 개선에 관한 업무
3. 제112조에 따른 선원관리사업에 대한 지도·감독에 관한 업무
4. 선원의 적성검사에 관한 업무

② 해양수산부장관은 국제노동기구 등 관련 국제기구·단체 및 그 회원국과의 협력과 관련된 업무로서 해양수산부령으로 정하는 업무를 수행한다. 〈개정 2013. 3. 23.〉

[제목개정 2024. 10. 22.]

제109조(선원의 구직 및 구인등록) ① 선박에 승무하려는 사람은 해양수산부장관이 정하는 바에 따라 제142조에 따른 한국선원복지고용센터 또는 구직·구인 관계 기관으로서 대통령령으로 정하는 기관(이하 "구직·구인등록기관"이라 한다)에 구직등록을 하여야 한다. 〈개정 2013. 3. 23.〉

② 선원을 고용하려는 자는 구직·구인등록기관에 해양수산부장관이 정하는 바에 따라 구인등록을 하여야 한다. 〈개정 2013. 3. 23.〉

③ 구직·구인등록기관은 선원의 직업소개사업을 할 때에는 선박소유자 단체나 제112조에 따른 선원관리사업을 운영하는 자의 단체에 협조를 요청할 수 있다.

제110조(선원공급사업의 금지) 구직·구인등록기관, 제112조제3항에 따른 선원관리사업자, 해양수산부령으로 정하는 해양수산 관련 단체 또는 기관 외에는 선원의 직업소개사업을 할 수 없다. 〈개정 2013. 3. 23.〉

제111조(금품 등의 수령 금지) 선원을 고용하려는 자, 선원의 직업소개·모집·채용·관리에 종사하는 자 또는 그 밖에 선원의 노무·인사 관리업무에 종사하는 자는 어떠한 명목으로든 선원 또는 선원이 되려는 사람으로부터 그 직업소개·모집·채용 등과 관련하여 금품이나 그 밖의 이익을 받아서는 아니 된다.

제112조(선원관리사업) ① 해양수산부장관은 선원관리사업제도를 수립 또는 변경하려면 관련 선박소유자 단체 및 선원 단체와 협의하여야 한다. 〈개정 2013. 3. 23.〉

②「해운법」 제33조에 따라 선박관리업을 등록한 자가 아니면 선원의 인력관리업무를 수탁(受託)하여 대행하는 사업(이하 “선원관리사업”이라 한다)을 하지 못한다.

③ 선원관리사업을 운영하는 자(이하 “선원관리사업자”라 한다)는 선박소유자의 인력관리업무 담당자로서 수탁한 업무를 성실하게 수행하여야 하며, 수탁한 업무 중 대통령령으로 정하는 업무에 관하여는 이 법을 적용할 때 선박소유자로 본다.

④ 선원관리사업자는 선원관리업무를 위탁받거나 그 내용에 변경이 있을 때에는 해양항만관청에 신고하여야 한다.

⑤ 해양항만관청은 제4항에 따른 신고를 받은 경우 그 내용을 검토하여 이 법에 적합하면 신고를 수리하여야 한다. 〈신설 2021. 6. 15.〉

⑥ 선원관리사업자는 수탁한 업무의 내용을 선원근로계약을 체결하기 전에 승부하려는 선원에게 알려주어야 한다. 〈개정 2021. 6. 15.〉

⑦ 선원관리사업자는 선박소유자(외국인을 포함한다)로부터 선원의 인력관리업무를 수탁한 경우에는 다음 각 호의 사항을 그 업무에 포함시켜야 한다. 〈개정 2021. 6. 15.〉

1. 근로조건에 관한 사항
2. 재해보상에 관한 사항

⑧「국민건강보험법」,「국민연금법」 및「고용보험법」에 따른 보험료 또는 부담금의 의무에 관하여는 선원관리사업자를 사용자로 본다. 〈개정 2021. 6. 15.〉

⑨ 선원관리사업자는 선원의 권익보호를 위하여 선원관리사업을 수행할 때 다음 각 호의 사항을 준수하여야 한다. 〈신설 2021. 6. 15.〉

1. 선원 인력관리 수탁 계약서에 따라 선주로부터 선원관리사업자가 지급받아 선원에게 지급하기로 한 임금, 퇴직금, 유급휴가급 및 재해보상비 등의 지급 시기 및 금액
2. 16세 미만인 사람을 계약상대자가 고용할 선원으로 알선하는 행위의 금지

⑩ 해양수산부장관은 선원관리사업자가 제9항 각 호의 사항을 준수하였는지 여부를 점검하기 위하여 선원관리사업자, 그 밖의 관계

인에 대하여 출석, 서류의 제출을 요구할 수 있으며 소속 공무원으로 하여금 사업장에 출입하여 실태를 조사하게 할 수 있다. 〈신설 2021. 6. 15.〉

⑪ 해양수산부장관은 제10항에 따른 점검 결과 선원관리사업자가 제9항제1호의 사항을 위반한 때에는 시정명령을 할 수 있다. 〈신설 2021. 6. 15.〉

제113조(국제협약의 준수 등) ① 구직·구인등록기관, 선원관리사업자 또는 해양수산부장관의 허가를 받아 공적 업무를 수행하는 해양수산 관련 단체나 기관은 선원의 노동권을 보호하고 증진하는 방식으로 선원의 직업소개사업을 운영하여야 하고, 선원의 직업소개와 관련하여 이 법, 「해운법」 및 해사노동협약으로 정하는 사항을 준수하여야 한다. 〈개정 2013. 3. 23.〉

② 선박소유자는 해사노동협약이 적용되지 아니하는 국가의 선원직업소개소를 통하여 선원을 고용하려는 경우에는 해양수산부령으로 정하는 바에 따라 해사노동협약의 기준을 충족하는지를 확인한 후 해사노동협약의 기준을 충족하는 선원직업소개소로부터 소개받은 선원을 고용하여야 한다. 〈개정 2013. 3. 23.〉

제114조(불만 제기와 조사) 해양수산부장관은 구직·구인등록기관, 선원관리사업자, 해양수산부령으로 정하는 해양수산 관련 단체 또는 기관의 직업소개 활동과 관련하여 선원으로부터 불만이 제기되면 이를 즉시 조사하여야 하고 필요한 경우에는 해당 선박소유자와 선원대표를 조사에 참여시킬 수 있다. 〈개정 2013. 3. 23.〉

제115조(선원인력수급관리) ① 해양수산부장관은 선원의 자질향상 및 선원인력 수급(需給)의 균형을 도모할 수 있도록 선원인력 수급관리에 관한 제도(이하 "선원인력수급관리제도"라 한다)를 마련할 수 있다. 〈개정 2013. 3. 23.〉

② 해양수산부장관은 선원인력의 수급이 균형을 잃어 수급의 조정(調整)이 불가피하다고 인정하는 경우에는 제107조제5항에 따른 선원정책위원회의 심의를 거쳐 선원인력 공급의 우선순위를 정하는 등 필요한 조치를 할 수 있다. 〈개정 2013. 3. 23., 2015. 1. 6., 2019. 1. 15.〉

③ 선원인력수급관리제도를 시행하기 위하여 필요한 사항은 대통령령으로 정한다.

제116조(선원 등의 교육훈련) ① 선원과 선원이 되려는 사람은 대통령령으로 정하는 바에 따라 해양수산부장관이 시행하는 교육훈련을 받아야 한다. 〈개정 2013. 3. 23.〉

② 해양수산부장관은 제1항에 따른 교육훈련을 이수하지 아니한 선원에 대하여는 특별한 사유가 없으면 승무를 제한하여야 한다. 〈개정 2013. 3. 23., 2015. 1. 6.〉

③ 선원, 선원이 되려는 사람, 선박소유자 및 선원관리사업자의 사업장에서 선원과 관련된 노무·인사 업무를 담당하는 자는 선원의 노동권 및 인권 보호에 관한 교육을 받아야 한다. 〈신설 2022. 1. 4.〉

④ 제3항에 따른 교육의 내용, 시기 및 절차 등 그 밖에 필요한 사항은 해양수산부령으로 정한다. 〈신설 2022. 1. 4.〉

[제목개정 2022. 1. 4.]

제117조(선원의 교육훈련 위탁) ① 해양수산부장관은 대통령령으로 정하는 바에 따라 제116조에 따른 교육훈련 업무를 「한국해양수산연수원법」에 따라 설립된 한국해양수산연수원(이하 "한국해양수산연수원"이라 한다)이나 그 밖의 선원교육기관에 위탁할 수 있다. 〈개정 2013. 3. 23.〉

② 선원을 고용하고 있는 선박소유자 또는 제116조에 따른 교육훈련을 받는 사람은 대통령령으로 정하는 바에 따라 교육훈련에 필요한 경비를 부담한다. 다만, 선박 승선을 위한 안전교육 등 해양수산부령으로 정하는 교육에 관하여는 그 경비의 일부를 감면받을 수 있다. 〈개정 2013. 3. 23.〉

③ 제1항에 따라 해양수산부장관으로부터 교육훈련 업무를 위탁받은 자의 감독에 필요한 사항은 대통령령으로 정한다. 〈개정 2013. 3. 23.〉

제118조(정부의 보조) ① 해양수산부장관은 제117조제1항 및 제158조제1항에 따라 업무를 위탁받은 한국해양수산연수원 및 한국선원복지고용센터에 대통령령으로 정하는 바에 따라 필요한 경비를 보조하거나 국유재산 또는 항만시설을 무상으로 대부할 수 있다. 〈개정 2013. 3. 23.〉

② 해양수산부장관은 선원의 복지 증진과 기술 향상을 위하여 필요하다고 인정하면 해당 사업을 수행하는 자에게 그 사업비를 보조

하거나 국유재산 또는 항만시설을 무상으로 대부할 수 있다. 〈개정 2013. 3. 23.〉

제12장 취업규칙

제119조(취업규칙의 작성 및 신고) ① 선박소유자는 해양수산부령으로 정하는 바에 따라 다음 각 호의 사항이 포함된 취업규칙을 작성하여 해양항만관청에 신고하여야 한다. 취업규칙을 변경한 경우에도 또한 같다. 〈개정 2013. 3. 23., 2023. 10. 24.〉

1. 임금의 결정 · 계산 · 지급 방법, 마감 및 지급시기와 승급에 관한 사항
2. 근로시간, 휴일, 선내 복무 및 승무정원에 관한 사항
3. 유급휴가 부여의 조건, 승선 · 하선 교대 및 여비에 관한 사항
4. 선내 급식과 선원의 후생 · 안전 · 의료 및 보건에 관한 사항
5. 퇴직에 관한 사항
6. 실업수당, 퇴직금, 재해보상, 재해보상보험 가입 등에 관한 사항
7. 인사관리, 상벌 및 징계에 관한 사항
8. 교육훈련에 관한 사항
9. 단체협약이 있는 경우 단체협약의 내용 중 선원의 근로조건에 해당되는 사항
10. 산전 · 산후 휴가, 육아휴직 등 여성선원의 모성 보호 및 직장과 가정생활의 양립 지원에 관한 사항
11. 선내 괴롭힘의 예방 및 발생 시 조치 등에 관한 사항

② 선박소유자는 제1항에 따라 취업규칙을 신고할 때에는 「노동조합 및 노동관계조정법」 제31조에 따른 단체협약(단체협약이 제출되어 있는 경우는 제외한다)의 내용을 적은 서류를 함께 제출하여야 한다.

제120조(취업규칙의 작성 절차) ① 제119조제1항에 따라 취업규칙을 작성하거나 변경하려는 선박소유자는 그 취업규칙이 적용되는 선박소유자가 사용하는 선원의 과반수로써 조직되는 노동조합이 있는 경우에는 그 노동조합의 의견을 들어야 하며, 선원의 과반수로써 조직되는 노동조합이 없는 경우에는 선원 과반수의 의견을 들어야 한다. 다만, 취업규칙을 선원에게 불리하게 변경하는 경우에는 그 동의를 받아야 한다.

② 제119조제1항에 따라 취업규칙을 신고할 때에는 제1항에 따

른 의견 또는 동의의 내용을 적은 서류를 붙여야 한다.

제120조의2(제재 규정의 제한) 취업규칙에서 선원에 대하여 감급(減給)의 제재를 정할 경우에 그 감액은 1회의 금액이 승선평균임금의 1일분의 2분의 1을, 총액이 1임금지급기의 임금 총액의 10분의 1을 초과하지 못한다.

[본조신설 2019. 1. 15.]

제121조(취업규칙의 감독) 해양항만관청은 법령이나 단체협약을 위반한 취업규칙에 대하여는 그 변경을 명할 수 있다.

제122조(취업규칙의 효력) 취업규칙에서 정한 기준에 미치지 못하는 근로조건을 정한 선원근로계약은 그 부분만 무효로 한다. 이 경우 그 무효 부분은 취업규칙에서 정한 기준에 따른다.

제13장 감독 등

제123조(선원의 근로기준 등에 대한 검사) ① 해양수산부장관은 선원의 근로기준 및 생활기준이 이 법이나 관계 법령에서 정하는 기준에 맞는지를 확인하기 위하여 3년마다 선박과 그 밖의 사업장에 대하여 검사를 하여야 한다. 다만, 해양수산부장관은 제136조제1항에 따라 해사노동적합증서 등을 선내에 갖추어 둔 선박에 대하여는 검사를 면제할 수 있다. 〈개정 2013. 3. 23.〉

② 「어선법」에 따른 어선에 대하여는 대통령령으로 정하는 바에 따라 제1항에 따른 검사주기를 늘릴 수 있다.

제124조(행정처분) ① 해양수산부장관은 선박소유자나 선원이 이 법, 「근로기준법」(제5조제1항에 따라 선원의 근로관계에 관하여 적용하는 부분만 해당한다. 이하 같다) 또는 이 법에 따른 명령을 위반하였을 때에는 그 선박소유자나 선원에 대하여 시정에 필요한 조치를 명할 수 있다. 〈개정 2013. 3. 23.〉

② 해양수산부장관은 선박소유자나 선원이 제1항에 따른 명령에 따르지 아니하는 경우로서 항해를 계속하는 것이 해당 선박과 승선자에게 현저한 위험을 불러일으킬 우려가 있는 경우 그 선박의 항해정지를 명하거나 항해를 정지시킬 수 있다. 이 경우 선박이 항해 중일 때에는 해양수산부장관은 그 선박이 입항하여야 할 항구를 지정하여야 한다. 〈개정 2013. 3. 23.〉

③ 해양수산부장관은 제2항에 따라 처분을 한 선박에 대하여 그

처분을 계속할 필요가 없다고 인정하면 지체 없이 그 처분을 취소하여야 한다. 〈개정 2013. 3. 23.〉

④ 해양수산부장관은 제64조제4항에 따른 구명정 조종사 또는 제85조제3항에 따른 의료관리자가 그 자격증을 다른 사람에게 대여한 경우 그 자격을 취소할 수 있다. 〈신설 2020. 2. 18.〉

제125조(선원근로감독관) ① 제123조에 따른 검사와 선원의 근로감독을 위하여 해양수산부에 선원근로감독관을 둔다. 〈개정 2013. 3. 23.〉

② 선원근로감독관의 자격·임면 및 직무 등에 필요한 사항은 대통령령으로 정한다.

제126조(선원근로감독관의 권한) ① 선원근로감독관은 이 법에 따른 선원근로감독을 위하여 선박소유자, 선원 또는 그 밖의 관계인에게 출석을 요구하거나 장부나 서류의 제출을 명할 수 있으며, 선박이나 그 밖의 사업장을 출입하여 검사하거나 질문할 수 있다.

② 제1항에 따라 출입·검사를 하는 경우에는 검사 개시 7일 전까지 검사 일시, 검사 이유 및 검사 내용 등에 대한 검사계획을 조사대상자에게 알려야 한다. 다만, 긴급히 검사하여야 하거나 사전에 통지하면 증거인멸 등으로 검사 목적을 달성할 수 없다고 인정하는 경우에는 그러하지 아니할 수 있다.

③ 제1항에 따라 출입·검사를 하는 선원근로감독관은 그 권한을 표시하는 증표를 지니고 이를 관계인에게 보여주어야 하며, 출입 시 성명·출입 시간·출입 목적 등이 표시된 문서를 관계인에게 내주어야 한다.

④ 선원근로감독관은 승무를 금지하여야 할 질병에 걸렸다고 인정하는 선원의 진찰을 의사에게 위촉할 수 있다.

⑤ 제4항에 따라 위촉받은 의사는 해양수산부장관의 진찰명령서를 선원에게 보여주어야 한다. 〈개정 2013. 3. 23.〉

제127조(사법경찰권) ① 선원근로감독관은 「사법경찰관리의 직무를 수행할 자와 그 직무범위에 관한 법률」에서 정하는 바에 따라 사법경찰관의 직무를 수행한다.

② 이 법, 「근로기준법」 및 그 밖의 선원근로관계 법령에 따른 서류의 제출, 심문이나 신문(訊問) 등 수사는 오로지 검사(檢事)와 선원근로감독관이 수행한다. 다만, 선원근로감독관의 직무에 관한 범죄

의 수사에 대하여는 그러하지 아니하다.

제128조(비밀유지 의무 등) ① 선원근로감독관이거나 선원근로감독관이었던 사람은 직무상 알게 된 비밀을 누설하여서는 아니 된다.

② 선원근로감독관은 직무를 공정하고 독립적으로 수행하여야 한다.

③ 선원근로감독관은 선원근로감독과 관련하여 직접적 또는 간접적인 이해관계가 있는 업무를 수행하여서는 아니 된다.

제129조(감독기관 등에 대한 신고 등) ① 선원은 선박소유자나 선장이 이 법, 「근로기준법」 또는 이 법에 따른 명령을 위반한 사실이 있다고 판단하는 경우에는 선박소유자나 선장에게 그 불만을 제기하거나, 대통령령으로 정하는 바에 따라 해양항만관청, 선원근로감독관 또는 선원노동위원회에 그 사실을 신고할 수 있다.

② 선박소유자는 선원이 제1항에 따라 불만을 제기하거나 신고한 것을 이유로 그 선원과의 선원근로계약을 해지하거나 불리한 처우를 하여서는 아니 된다.

③ 제1항에 따라 신고된 사항에 대한 처리 절차는 해양수산부령으로 정한다. 〈개정 2013. 3. 23.〉

④ 선박소유자는 제1항에 따라 제기되는 선원의 불만사항을 처리하기 위하여 다음 각 호의 사항을 포함한 선내 불만 처리절차를 마련하여 선박 내의 보기 쉬운 곳에 게시하여야 한다. 〈개정 2017. 11. 28.〉

1. 선원의 선내 불만 제기 방법
2. 선내 불만 처리절차도
3. 선내 고충처리 담당자
4. 제3호에 따른 선내 고충처리 담당자의 임무와 권한에 관한 사항
5. 해양항만관청, 선원노동위원회 등 선원의 근로·인권 관련 기관의 담당자 연락처

⑤ 외국인 선원이 승선하는 선박의 선박소유자는 제4항에 따른 선내 불만 처리절차를 승선하는 모든 외국인 선원의 국적국 언어 또는 영어로 작성하여 함께 게시하여야 한다. 〈신설 2017. 11. 28.〉

제129조의2(선원실습 운영 지도 및 점검 등) ① 해양수산부장관은 제61조의2에 따른 실습시간 및 휴식시간 준수 등과 「선박직원법」 제21조의2에 따른 현장승선실습 계약의 체결 등 선원실습 운영에 대하여 선박소유자에게 필요한 경우 보고 또는 자료의 제출을 하게

하거나 관계 공무원으로 하여금 현장조사를 실시하게 하는 등의 지도·점검을 할 수 있다.

② 해양수산부장관은 제1항에 따른 현장조사를 하는 경우에는 현장조사를 받는 자에게 미리 조사 일시, 조사 내용 등 필요한 사항을 알려야 한다. 다만, 긴급하거나 미리 알릴 경우 그 목적을 달성할 수 없다고 인정되는 경우에는 그러하지 아니하다.

③ 제1항 및 제2항에 따라 현장조사를 하는 사람은 그 권한을 표시하는 증표를 지니고 이를 관계인에게 내보여야 한다.

[본조신설 2020. 2. 18.]

제130조(해양항만관청의 주선) 해양항만관청은 선박소유자와 선원 간에 생긴 근로관계에 관한 분쟁(「노동조합 및 노동관계조정법」 제2조제5호에 따른 노동쟁의는 제외한다)의 해결을 주선할 수 있다.

제131조(외국에서의 행정관청의 업무) 이 법에 따라 해양항만관청이 수행할 사무는 외국에서는 대통령령으로 정하는 바에 따라 대한민국 영사가 수행한다.

제132조(외국선박에 대한 점검) ① 해양수산부장관은 소속 공무원에게 국내 항(정박지를 포함한다. 이하 같다)에 있는 외국선박에 대하여 다음 각 호의 사항을 점검하게 할 수 있다. 〈개정 2013. 3. 23.〉

1. 기국에서 발급한 승무정원증명서와 그 증명서에 따른 선원의 승선 여부

2. 선원당직국제협약의 항해당직 기준에 따른 항해당직의 시행 여부

3. 선원당직국제협약에 따른 유효한 선원자격증명서나 그 면제증명서의 소지 여부

4. 해사노동협약에 따른 해사노동적합증서 및 해사노동적합선언서의 소지 여부

5. 해사노동협약에 따른 선원의 근로기준 및 생활기준의 준수 여부

② 해양수산부장관은 제1항에 따라 점검을 할 경우 소속 공무원으로 하여금 그 선박에 출입하여 장부·서류 및 그 밖의 물건을 점검하고, 해당 선원에게 질문하거나 선원의 근로기준 및 생활기준 등에 대하여 직접 확인하게 할 수 있다. 〈개정 2013. 3. 23.〉

③ 제1항제1호부터 제3호까지의 규정에 해당하는 사항에 대한 점검은 「선박안전법」 제68조에 따른다.

제133조(외국선박의 점검 절차 등) ① 제132조제1항제4호 및 제5

호에 따른 외국선박의 점검 절차는 다음 각 호와 같다.

1. 기본항목의 점검

가. 해사노동협약에 따른 해사노동적합증서와 해사노동적합선언서의 적절성과 유효성 확인

나. 선원의 근로기준 및 생활기준이 해사노동협약의 기준에 맞는지 여부

다. 선박이 해사노동협약의 준수를 회피할 목적으로 국적을 변경하였는지 여부

라. 선원의 불만 신고가 있었는지 여부

2. 제1호에 따른 기본항목의 점검 결과 다음 각 목의 어느 하나에 해당하는 경우 상세점검의 시행. 이 경우 담당 공무원은 선장에게 상세점검을 한다는 사실을 알려야 한다.

가. 선원의 안전, 건강이나 보안에 명백히 위해를 끼칠 수 있는 사실이 발견된 경우

나. 점검결과 해사노동협약의 기준을 현저하게 위반하였다고 믿을만한 근거가 있는 경우

② 제1항제2호에 따른 상세점검 범위에 관하여는 대통령령으로 정한다. 다만, 제1항제1호라목에 따라 불만사항이 신고되었을 때의 점검범위는 해당 신고사항으로 한정한다.

③ 해양수산부장관은 제1항제2호에 따른 상세점검 결과 선원의 근로기준 및 생활기준이 해사노동협약의 기준에 맞지 아니한 것으로 밝혀진 경우에는 기국에 통보하는 등 대통령령으로 정하는 조치를 하여야 한다. 〈개정 2013. 3. 23.〉

④ 제1항제2호에 따른 상세점검 결과 그 선박이 다음 각 호의 어느 하나에 해당할 경우에는 그 선박의 출항정지를 명하거나 출항을 정지시킬 수 있다.

1. 선원의 안전, 건강 및 보안에 명백히 위해가 되는 경우

2. 해사노동협약의 기준을 현저하게 위반하거나 반복적으로 위반하는 경우

⑤ 해양수산부장관은 제4항에 따른 처분을 한 경우에는 기국에 통보하는 등 대통령령으로 정하는 조치를 하여야 한다. 〈개정 2013. 3. 23.〉

⑥ 제4항에 따른 처분에 불복하는 자의 이의신청과 그 처리 절차

에 관하여는 「선박안전법」 제68조제5항부터 제7항까지의 규정을 준용한다.

제134조(외국선박의 선원 불만 처리절차) 해양수산부장관은 국내 항에 정박 중이거나 계류 중인 외국선박이 해사노동협약의 기준을 위반하였다는 신고를 선원 등으로부터 받은 경우 제132조에 따라 점검을 시작하는 등 대통령령으로 정하는 조치를 하여야 한다. 〈개정 2013. 3. 23.〉

제14장 해사노동적합증서와 해사노동적합선언서

제135조(적용범위) 다음 각 호의 어느 하나에 해당하는 선박(어선은 제외한다)에 대하여 이 장의 규정을 적용한다.

1. 총톤수 500톤 이상의 국제항해에 종사하는 항해선
2. 총톤수 500톤 이상의 항해선으로서 다른 나라 안의 항 사이를 항해하는 선박
3. 제1호 및 제2호에 해당하는 선박 외의 선박소유자가 요청하는 선박

제136조(해사노동적합증서 등의 선내 비치 등) ① 제135조에 해당하는 선박의 선박소유자는 제138조에 따라 발급받은 해사노동적합증서 및 해양수산부령으로 정하는 절차에 따라 승인받은 해사노동적합선언서를 선내에 갖추어 두어야 하며, 그 사본 각 1부를 선내의 잘 보이는 곳에 게시하여야 한다. 〈개정 2013. 3. 23.〉

② 제1항에 따른 해사노동적합선언서의 형식과 내용은 해양수산부령으로 정한다. 〈개정 2013. 3. 23.〉

제137조(해사노동적합증서의 인증검사) ① 제135조에 해당하는 선박의 선박소유자는 제138조제1항에 따라 해사노동적합증서를 발급받으려는 경우에는 다음 각 호의 구분에 따른 인증검사를 받아야 한다. 〈개정 2013. 3. 23.〉

1. 최초인증검사: 이 법과 해사노동협약의 기준을 충족하는지 확인하기 위한 최초 검사
2. 갱신인증검사: 해사노동적합증서의 유효기간이 끝났을 때에 하는 검사
3. 중간인증검사: 최초인증검사와 갱신인증검사 사이 또는 갱신인증검사와 갱신인증검사 사이에 해양수산부령으로 정하는 시기에 하

는 검사

② 선원의 근로기준 및 생활기준 등 인증검사의 구체적인 기준은 대통령령으로 정한다.

③ 선박소유자는 제1항제1호의 최초인증검사를 받기 전에 선박의 국적 변경 등 해양수산부령으로 정하는 사유로 선박을 항해에 사용하려는 경우에는 임시인증검사를 받아야 한다. 〈개정 2013. 3. 23.〉

④ 해양수산부장관은 선박 거주설비의 주요 개조나 선박에서 노동분쟁이 발생하는 등 해양수산부령으로 정하는 사유가 있을 경우에는 특별인증검사를 시행할 수 있다. 〈개정 2013. 3. 23.〉

⑤ 제1항, 제3항 및 제4항에 따른 인증검사의 내용, 절차 및 검사방법 등에 필요한 사항은 해양수산부령으로 정한다. 〈개정 2013. 3. 23.〉

⑥ 제135조에 해당하는 선박의 선박소유자는 해당 인증검사에 합격하지 아니한 선박을 항해에 사용하여서는 아니 된다. 다만, 선박의 시운전 등 해양수산부령으로 정하는 경우에는 그러하지 아니하다. 〈개정 2013. 3. 23.〉

제138조(해사노동적합증서의 발급 등) ① 해양수산부장관은 제137조제1항제1호 또는 제2호에 따른 최초인증검사나 갱신인증검사에 합격한 선박에 대하여 해양수산부령으로 정하는 바에 따라 해사노동적합증서를 발급하고, 그 발급사실을 발급대장에 기재하며 이를 공개하여야 한다. 〈개정 2013. 3. 23.〉

② 외국선박의 경우에는 제1항에도 불구하고 기국 정부나 그 정부가 지정한 대행기관에서 이 법의 기준과 같거나 그 이상의 기준에 따라 최초인증검사나 갱신인증검사를 받고 해사노동적합증서를 발급받아 유효한 증서를 선내에 갖추어 둔 경우 그 해사노동적합증서는 이 법에 따라 발급한 증서로 본다.

③ 해양수산부장관은 제137조제1항제3호 및 같은 조 제4항에 따른 중간인증검사나 특별인증검사에 합격한 선박에 대하여 제1항에 따라 발급된 해사노동적합증서에 해양수산부령으로 정하는 바에 따라 그 검사 결과를 표시하여야 한다. 〈개정 2013. 3. 23.〉

④ 해양수산부장관은 제137조제3항에 따른 임시인증검사에 합격한 선박에 대하여 해양수산부령으로 정하는 바에 따라 임시해사노동적합증서를 발급하여야 한다. 〈개정 2013. 3. 23.〉

⑤ 제1항에 따라 발급된 해사노동적합증서의 유효기간은 5년의 범위에서 대통령령으로 정한다. 다만, 제4항에 따라 발급된 임시해사노동적합증서의 유효기간은 6개월을 넘을 수 없다.

⑥ 제5항에 따른 유효기간의 계산방법 등에 관하여 필요한 사항은 해양수산부령으로 정한다. 〈개정 2013. 3. 23.〉

⑦ 선박소유자가 제137조제1항제3호에 따른 중간인증검사에 합격하지 못한 경우에는 합격할 때까지 제1항에 따라 발급된 해사노동적합증서의 효력은 정지된다.

⑧ 해양수산부장관은 해사노동적합증서를 발급받은 선박이 특별인증검사를 통하여 제137조제2항의 기준을 충족하지 못한 사실이 발견된 경우에는 선박소유자에게 기간을 정하여 필요한 시정조치를 명할 수 있으며, 이에 따르지 아니한 경우에는 해사노동적합증서를 되돌려 주도록 명할 수 있다. 〈개정 2013. 3. 23.〉

제139조(해사노동인증검사관) 해양수산부장관은 해양수산부령으로 정하는 자격을 갖춘 소속 공무원 중에서 다음 각 호의 업무를 수행할 해사노동인증검사관(이하 "인증검사관"이라 한다)을 임명할 수 있다. 〈개정 2013. 3. 23.〉

1. 제132조부터 제134조까지의 규정에 따른 외국선박에 대한 점검 등의 업무
2. 제136조제1항에 따른 해사노동적합선언서의 승인에 관한 업무
3. 제137조제1항, 제3항 및 제4항에 따른 인증검사, 임시인증검사 및 특별인증검사에 관한 업무
4. 제138조에 따른 해사노동적합증서의 발급 등에 관한 업무

제140조(인증검사업무 등의 대행) ① 해양수산부장관은 필요하다고 인정하는 경우에는 제139조제2호부터 제4호까지의 규정에 따른 업무를 해양수산부장관이 지정하는 기관에서 대행하게 할 수 있다. 이 경우 해양수산부장관은 지정된 대행기관(이하 "인증검사 대행기관"이라 한다)과 대통령령으로 정하는 바에 따라 협정을 체결하여야 한다. 〈개정 2013. 3. 23.〉

② 인증검사 대행기관의 지정기준, 인증검사업무에 종사할 수 있는 사람의 자격 등에 필요한 사항은 해양수산부령으로 정한다. 〈개정 2013. 3. 23.〉

③ 제1항에 따라 인증검사 대행기관에서 인증검사 등을 받으려는

자는 해당 인증검사 대행기관이 정하는 수수료를 내야 한다.

④ 인증검사 대행기관은 제3항에 따른 수수료를 정할 때에는 해양수산부장관의 승인을 받아야 한다. 승인받은 수수료를 변경할 때에도 또한 같다. 〈개정 2013. 3. 23.〉

⑤ 인증검사 대행기관은 인증검사 대행업무에 관하여 해양수산부령으로 정하는 바에 따라 해양수산부장관에게 보고하여야 한다. 〈개정 2013. 3. 23.〉

⑥ 해양수산부장관은 인증검사 대행기관이 다음 각 호의 어느 하나에 해당하는 경우에는 그 지정을 취소하거나 6개월 이내의 기간을 정하여 그 업무를 정지할 수 있다. 다만, 제1호 및 제6호에 해당하는 경우에는 그 지정을 취소하여야 한다. 〈개정 2013. 3. 23.〉

1. 거짓이나 그 밖의 부정한 방법으로 지정을 받은 경우
2. 인증검사 대행기관의 지정기준을 충족하지 못하게 된 경우
3. 인증검사에 관한 업무를 수행할 능력이 없다고 인정된 경우
4. 제4항을 위반하여 수수료의 승인 또는 변경승인을 받지 아니하고 수수료를 징수한 경우
5. 제5항을 위반하여 인증검사 대행업무에 관한 보고를 하지 아니한 경우
6. 업무정지처분을 받고 업무정지처분 기간 중에 인증검사 대행업무를 계속한 경우

⑦ 제6항에 따른 업무정지 등 처분절차 등에 관하여는 해양수산부령으로 정한다. 〈개정 2013. 3. 23.〉

⑧ 해양수산부장관은 제6항에 따라 인증검사 대행기관의 지정을 취소하려는 경우에는 청문을 실시하여야 한다. 〈개정 2013. 3. 23.〉

제141조(인증검사 결과 통지에 대한 이의신청 특례) ① 인증검사에 불복하는 자는 검사결과를 통지받은 날부터 30일 이내에 해양수산부령으로 정하는 바에 따라 그 사유를 적어 해양수산부장관에게 이의신청을 할 수 있다. 〈개정 2013. 3. 23., 2023. 5. 16.〉

② 해양수산부장관은 제1항에 따른 이의신청이 있을 때 해양수산부령으로 정하는 바에 따라 필요한 조치를 하여야 한다. 〈개정 2013. 3. 23.〉

③ 제1항 및 제2항에서 규정한 사항 외에 이의신청에 관한 사항은 「행정기본법」 제36조에 따른다. 〈개정 2023. 5. 16.〉

[제목개정 2023. 5. 16.]

제15장 한국선원복지고용센터

제142조(설립) ① 해양수산부장관은 선원의 복지 증진과 고용 촉진 및 직업안정을 위하여 한국선원복지고용센터(이하 "센터"라 한다)를 설립한다. 〈개정 2013. 3. 23.〉

② 센터는 법인으로 한다.

③ 센터는 그 주된 사무소의 소재지에서 설립등기를 함으로써 성립한다.

④ 센터는 정관을 변경하려면 해양수산부장관의 인가를 받아야 한다. 〈개정 2013. 3. 23.〉

제143조(사업) ① 센터는 다음 각 호의 사업을 한다.

1. 선원복지시설의 설치·운영
2. 국내외 선원의 취업 동향과 고용 정보의 수집·분석 및 제공
3. 선원의 구직 및 구인 등록
4. 국가로부터 위탁받은 선원의 직업안정업무
5. 국가, 지방자치단체, 그 밖의 공공단체 또는 민간단체로부터 위탁받은 선원 관련 사업
6. 제1호부터 제5호까지의 규정에 따른 사업의 부대사업

② 센터는 해양수산부장관의 승인을 받아 제1항에 따른 사업과 관련된 사업으로서 그 목적을 달성하기 위하여 필요한 수익사업을 할 수 있다. 〈개정 2013. 3. 23.〉

제144조(임원) ① 센터에는 임원으로 이사장 1명을 포함한 13명 이내의 이사와 1명의 감사를 둔다.

② 이사장을 제외한 이사와 감사는 비상임으로 한다.

③ 이사장과 감사는 정관으로 정하는 바에 따라 이사회에서 선임하되, 해양수산부장관의 승인을 받아야 한다. 〈개정 2013. 3. 23.〉

④ 임원의 자격, 선임, 임기, 직무 및 그 밖에 필요한 사항은 정관으로 정한다.

제145조(이사회) ① 센터의 업무에 관한 중요한 사항을 심의·의결하기 위하여 센터에 이사회를 둔다.

② 이사회에 관하여 필요한 사항은 정관으로 정한다.

제146조(국유재산의 대부 등) ① 국가는 센터의 사업을 효율적으로

수행하기 위하여 필요하다고 인정하면 「국유재산법」에도 불구하고 센터에 국유재산을 무상으로 대부하거나 사용·수익하게 할 수 있다.

② 제1항에 따른 대부 또는 사용·수익에 관하여 필요한 사항은 대통령령으로 정한다.

제147조(사업계획의 승인 등) ① 센터의 사업연도는 정부의 회계연도에 따른다.

② 센터는 대통령령으로 정하는 바에 따라 회계연도마다 사업계획서 및 예산서를 작성하여 해양수산부장관의 승인을 받아야 한다. 이를 변경할 때에도 또한 같다. 〈개정 2013. 3. 23.〉

③ 센터는 회계연도마다 사업실적과 공인회계사 또는 회계법인의 감사를 받은 결산서를 다음 연도 2월 말까지 해양수산부장관에게 제출하여야 한다. 〈개정 2013. 3. 23.〉

제148조(지도·감독) ① 해양수산부장관은 필요하다고 인정하는 경우에는 센터의 업무·회계 및 재산에 관한 사항을 보고하게 하거나 소속 공무원으로 하여금 센터의 장부, 서류, 시설 및 그 밖의 물건을 검사하게 할 수 있다. 〈개정 2013. 3. 23.〉

② 해양수산부장관은 제1항에 따른 보고 또는 검사의 결과 다음 각 호의 어느 하나에 해당하는 경우에는 센터에 대하여 그 시정을 요구하거나 그 밖에 필요한 조치를 명할 수 있다. 〈개정 2013. 3. 23.〉

1. 승인을 받은 사업계획과 다르게 예산을 집행한 경우
2. 회계 관계 법령을 위반하여 예산을 집행한 경우
3. 제143조제2항을 위반하여 승인을 받지 아니하고 수익사업을 한 경우

제149조(「민법」의 준용) 센터에 관하여 이 법에서 규정한 사항을 제외하고는 「민법」 중 재단법인에 관한 규정을 준용한다.

제150조(벌칙 적용 시의 공무원 의제) 센터의 임직원은 「형법」 제129조부터 제132조까지의 규정을 적용할 때에는 공무원으로 본다.

제16장 보칙

제151조(서류의 선박 내 게시 등) ① 대통령령으로 정하는 선박소유자는 대통령령으로 정하는 바에 따라 다음 각 호의 서류를 선박 내의 보기 쉬운 곳에 게시하여야 한다.

1. 단체협약 및 취업규칙을 적은 서류

2. 송환 절차, 유기구제보험등의 가입 여부, 유기 구제비용의 청구·지급 절차 및 그 밖에 해양수산부령으로 정하는 사항이 포함된 서류

3. 제56조에 따른 임금채권보장보험 등의 가입 여부, 체불임금의 청구·지급 절차 및 그 밖에 해양수산부령으로 정하는 사항이 포함된 서류

4. 재해보상보험등의 가입 여부, 보험금의 청구·지급 절차 및 그 밖에 해양수산부령으로 정하는 사항이 포함된 서류

② 대통령령으로 정하는 선박소유자는 다음 각 호의 서류를 선박 내에 갖추어 두어야 한다.

1. 이 법 및 이 법에 따른 명령을 적은 서류

2. 제43조제1항에 따른 선원근로계약서 사본 1부

3. 해양수산부장관이 정하는 바에 따라 한글과 영문으로 작성된 선원의 근로기준 및 생활기준에 관한 내용이 포함된 서류

[전문개정 2016. 12. 27.]

제152조(양도 또는 압류의 금지) 실업수당, 퇴직금, 송환비용, 송환수당, 유기 구제비용 또는 재해보상을 받을 권리는 양도하거나 압류할 수 없다. 〈개정 2016. 12. 27.〉

<u>제152조(유기구제비용등수급계좌) ① 유기구제보험사업자등과 재해보험사업자등은 지급대상자의 신청이 있는 경우에는 유기 구제비용과 재해보상 보험금(이하 "유기구제비용등"이라 한다)을 지급대상자 명의의 지정된 계좌(이하 "유기구제비용등수급계좌"라 한다)로 입금하여야 한다. 다만, 정보통신장애나 그 밖에 대통령령으로 정하는 불가피한 사유로 유기구제비용등을 유기구제비용등수급계좌로 이체할 수 없을 때에는 현금 지급 등 대통령령으로 정하는 바에 따라 유기구제비용등을 지급할 수 있다.</u>

<u>② 유기구제비용등수급계좌가 개설된 해당 금융기관은 이 법에 따른 유기구제비용등만이 유기구제비용등수급계좌에 입금되도록 관리하여야 한다.</u>

<u>③ 제1항에 따른 유기구제비용등의 신청 방법 및 절차와 제2항에 따른 유기구제비용등수급계좌의 관리에 필요한 사항은 대통령령으로 정한다.</u>

<u>[본조신설 2025. 9. 16.]</u>

<u>[종전 제152조는 제152조의2로 이동 〈2025. 9. 16.〉]</u>

[시행일: 2026. 3. 17.] 제152조

제152조의2(임금채권 등의 우선변제) ① 다음 각 호의 어느 하나에 해당하는 채권은 선박소유자의 총재산에 대하여 질권(質權)·저당권 또는 「동산·채권 등의 담보에 관한 법률」에 따른 담보권에 따라 담보된 채권 외에는 조세·공과금 및 다른 채권에 우선하여 변제되어야 한다. 다만, 질권·저당권 또는 「동산·채권 등의 담보에 관한 법률」에 따른 담보권에 우선하는 조세·공과금에 대해서는 그러하지 아니하다. 〈개정 2024. 10. 22.〉

1. 제52조에 따른 임금
2. 제55조에 따른 퇴직금
3. 제94조부터 제102조까지의 규정에 따른 요양비용, 보상 또는 장례비
4. 그 밖에 선원의 근로관계로 인한 채권

② 제1항에도 불구하고 다음 각 호의 어느 하나에 해당하는 채권은 선박소유자의 총재산에 대하여 질권·저당권 또는 「동산·채권 등의 담보에 관한 법률」에 따른 담보권에 따라 담보된 채권, 조세·공과금 및 다른 채권에 우선하여 변제되어야 한다. 〈개정 2024. 10. 22.〉

1. 제52조에 따른 임금의 최종 4개월분
2. 제55조에 따른 퇴직금의 최종 4년분
3. 제94조부터 제102조까지의 규정에 따른 요양비용, 보상 또는 장례비

[본조신설 2016. 12. 27.]

제152조의2(양도 또는 압류의 금지) ① 실업수당, 퇴직금, 송환비용, 송환수당, 유기 구제비용 또는 재해보상을 받을 권리는 양도하거나 압류할 수 없다. 〈개정 2016. 12. 27., 2025. 9. 16.〉

② 제152조제1항에 따라 지정된 유기구제비용등수급계좌의 예금 중 대통령령으로 정하는 액수 이하의 금액에 관한 채권은 압류할 수 없다. 〈신설 2025. 9. 16.〉

[제152조에서 이동, 종전 제152조의2는 제152조의3으로 이동 〈2025. 9. 16.〉]

[시행일: 2026. 3. 17.] 제152조의2

제152조의3(임금채권 등의 우선변제) ① 다음 각 호의 어느 하나에

해당하는 채권은 선박소유자의 총재산에 대하여 질권(質權) · 저당권 또는 「동산 · 채권 등의 담보에 관한 법률」에 따른 담보권에 따라 담보된 채권 외에는 조세 · 공과금 및 다른 채권에 우선하여 변제되어야 한다. 다만, 질권 · 저당권 또는 「동산 · 채권 등의 담보에 관한 법률」에 따른 담보권에 우선하는 조세 · 공과금에 대해서는 그러하지 아니하다. 〈개정 2024. 10. 22.〉

1. 제52조에 따른 임금

2. 제55조에 따른 퇴직금

3. 제94조부터 제102조까지의 규정에 따른 요양비용, 보상 또는 장례비

4. 그 밖에 선원의 근로관계로 인한 채권

② 제1항에도 불구하고 다음 각 호의 어느 하나에 해당하는 채권은 선박소유자의 총재산에 대하여 질권 · 저당권 또는 「동산 · 채권 등의 담보에 관한 법률」에 따른 담보권에 따라 담보된 채권, 조세 · 공과금 및 다른 채권에 우선하여 변제되어야 한다. 〈개정 2024. 10. 22.〉

1. 제52조에 따른 임금의 최종 4개월분

2. 제55조에 따른 퇴직금의 최종 4년분

3. 제94조부터 제102조까지의 규정에 따른 요양비용, 보상 또는 장례비

[본조신설 2016. 12. 27.]

[제152조의2에서 이동 〈2025. 9. 16.〉]

[시행일: 2026. 3. 17.] 제152조의3

제153조(서류 보존) 선박소유자는 선원명부, 선원근로계약서, 취업규칙, 임금대장 및 재해보상 등에 관한 서류를 작성한 날부터 3년간 보존하여야 한다.

제154조(외국정부에 대한 협조) 해양수산부장관은 외국정부가 다음 각 호의 어느 하나에 해당하는 사유로 대한민국의 선박소유자나 선원과 소송절차를 진행하는 경우에는 선원당직국제협약에서 정하는 바에 따라 협조하여야 한다. 〈개정 2013. 3. 23.〉

1. 선박소유자나 선장이 선원당직국제협약에서 요구하는 자격증명서를 지니지 아니한 선원을 승무시킨 경우

2. 선원당직국제협약에 따라 적합한 선원자격증명서를 지닌 사람

이 수행하여야 할 임무를 선원자격증명서를 지니지 아니한 사람이 수행하도록 해당 선장이 허용한 경우

3. 선원당직국제협약에 따른 적합한 선원자격증명서를 지니지 아니한 사람이 그 선원자격증명서를 지닌 사람이 수행하여야 할 임무를 수행하기 위하여 거짓이나 부정한 방법으로 승무한 경우

제155조(수수료) ①이 법에 따른 증서의 발급, 공인, 인증검사 등을 신청하거나 제76조제2항 · 제85조제3항에 따른 선박조리사 및 의료관리자 시험에 응시하려는 자는 해양수산부령으로 정하는 수수료를 내야 한다. 〈개정 2013. 3. 23., 2015. 1. 6.〉

② 제1항에도 불구하고 제44조에 따라 선박소유자가 인터넷으로 승선 · 하선 공인을 받은 경우에는 수수료를 면제할 수 있다. 〈신설 2015. 1. 6.〉

제156조(시효의 특례) 선원의 선박소유자에 대한 채권(재해보상청구권을 포함한다)은 3년간 행사하지 아니하면 시효로 소멸한다.

제157조(국가 또는 지방자치단체에 대한 적용) 이 법 또는 이 법에 따른 명령은 대통령령으로 정하는 것을 제외하고는 국가나 지방자치단체에 대하여도 적용한다.

제158조(권한의 위임 · 위탁) ① 이 법에 따른 해양수산부장관의 권한은 그 일부를 대통령령으로 정하는 바에 따라 그 소속 기관의 장에게 위임하거나 한국해양수산연수원, 센터 또는 대통령령으로 정하는 기관에 위탁할 수 있다. 〈개정 2013. 3. 23.〉

② 제1항에 따라 업무를 위탁받은 법인은 해양수산부령으로 정하는 바에 따라 위탁받은 업무와 관련된 수수료를 징수할 수 있다. 〈개정 2013. 3. 23.〉

제159조(민원사무의 전산처리 등) 이 법에 따른 민원사무의 전산처리 등에 관하여는 「항만법」 제26조를 준용한다. 〈개정 2020. 1. 29.〉

제17장 벌칙

제160조(벌칙) 선장이 그 권한을 남용하여 해원이나 선박 내에 있는 사람에게 의무 없는 일을 시키거나 그 권리의 행사를 방해하였을 때에는 1년 이상 5년 이하의 징역 또는 1천만원 이상 5천만원 이하의 벌금에 처한다. 〈개정 2020. 2. 18.〉

제161조(벌칙) 제11조를 위반한 사람은 다음 각 호의 구분에 따라

처벌한다.

1. 인명을 구조하는 데 필요한 조치를 다하지 아니하였거나 필요한 조치를 다하지 아니하고 선박을 떠나 사람을 사망에 이르게 한 선장: 무기 또는 3년 이상의 징역

2. 인명을 구조하는 데 필요한 조치를 다하지 아니하였거나 필요한 조치를 다하지 아니하고 선박을 떠나 사람을 사망에 이르게 한 해원: 3년 이상의 징역

3. 인명을 구조하는 데 필요한 조치를 다하지 아니하였거나 필요한 조치를 다하지 아니하고 선박을 떠나 사람을 상해에 이르게 한 선원: 1년 이상 5년 이하의 징역

4. 선박 및 화물을 구조하는 데 필요한 조치를 다하지 아니하여 선박 또는 화물에 손상을 입힌 선원: 1년 이하의 징역 또는 1천만원 이하의 벌금

[전문개정 2015. 1. 6.]

제162조(벌칙) 제12조 본문을 위반한 사람은 다음 각 호의 구분에 따라 처벌한다.

1. 인명을 구조하는 데 필요한 조치를 다하지 아니하여 사람을 사망에 이르게 한 선장: 무기 또는 3년 이상의 징역

2. 인명을 구조하는 데 필요한 조치를 다하지 아니하여 사람을 상해에 이르게 한 선장: 1년 이상 5년 이하의 징역

3. 선박을 구조하는 데 필요한 조치를 다하지 아니한 선장: 1년 이하의 징역 또는 1천만원 이하의 벌금

[전문개정 2015. 1. 6.]

제163조(벌칙) 선장이 다음 각 호의 어느 하나에 해당할 때에는 3년 이하의 징역 또는 3천만원 이하의 벌금에 처한다. 〈개정 2015. 1. 6.〉

1. 제13조를 위반하여 인명을 구조하는 데 필요한 조치를 다하지 아니하였을 때

2. 선박을 유기(遺棄)하였을 때

3. 외국에서 해원을 유기하였을 때

제164조(벌칙) 선장이 다음 각 호의 어느 하나에 해당할 때에는 1년 이하의 징역 또는 1천만원 이하의 벌금에 처한다. 〈개정 2015. 1. 6., 2021. 6. 15.〉

1. 제7조제1항에 따른 출항 전의 검사등의 의무를 위반하였을 때
1의2. 제7조제2항에 따른 보고를 하지 아니하였거나 거짓으로 한 때
1의3. 제7조제3항에 따른 조치를 요청하지 아니하였을 때
2. 제8조를 위반하여 미리 정하여진 항로를 변경하였을 때
3. 제9조제1항를 위반하여 선박의 조종을 직접 지휘하지 아니하였을 때
4. 제10조를 위반하여 선박을 떠났을 때
5. 제16조에 따른 항해의 안전 확보 의무를 위반하였을 때
6. 제17조제1항을 위반하여 시신 인도를 위한 조치를 하지 않았을 때
7. 제19조제1항을 위반하여 대한민국 국민의 송환을 거부하였을 때
8. 제20조제1항 각 호의 서류를 거짓으로 작성하여 갖추어 두었을 때
9. 제21조에 따른 보고를 거짓으로 하였을 때
10. 제82조제6항을 위반하여 선원의 부상·질병 치료 요구를 거절하였을 때

제165조(벌칙) ① 해원이 직무수행 중 상사에게 폭행이나 협박을 하였을 때에는 3년 이하의 징역 또는 3천만원 이하의 벌금에 처한다. 〈개정 2015. 1. 6.〉
② 제25조를 위반하여 쟁의행위를 한 사람은 다음 각 호의 구분에 따라 처벌한다.
1. 쟁의행위를 지휘하거나 지도적 임무에 종사한 사람: 3년 이하의 징역
2. 쟁의행위 모의에 적극적으로 참여하거나 선동한 사람: 1년 이하의 징역 또는 1천만원 이하의 벌금
③ 제2항의 경우 해당 쟁의행위가 선박소유자(그 대리인을 포함한다)가 선원의 이익에 반하여 법령을 위반하거나 정당한 사유 없이 선원근로계약을 위반한 것을 이유로 한 것일 때에는 벌하지 아니한다.

제166조(벌칙) 해원이 다음 각 호의 어느 하나에 해당할 때에는 1년 이하의 징역에 처한다.

1. 선박에 급박한 위험이 있는 경우에 선장의 허가 없이 선박을 떠났을 때

2. 제11조부터 제13조까지의 규정에 따라 선장이 인명, 선박 또는 화물의 구조에 필요한 조치를 하는 경우에 상사의 직무상 명령을 따르지 아니하였을 때

제167조(벌칙) 선박소유자 또는 선원이 다음 각 호의 어느 하나에 해당할 때에는 5년 이하의 징역 또는 5천만원 이하의 벌금에 처한다. 〈개정 2015. 1. 6.〉

1. 선박소유자가 제32조제1항을 위반하여 선원근로계약을 해지하거나 휴직, 정직, 감봉 및 그 밖의 징벌을 하였을 때

2. 선박소유자가 제32조제2항을 위반하여 선원근로계약을 해지하였을 때

3. 선박소유자 또는 선원이 제25조의2를 위반하였을 때

제168조(벌칙) ① 선박소유자(제5호의 경우에는 선박소유자 외의 자를 포함한다)가 다음 각 호의 어느 하나에 해당할 때에는 3년 이하의 징역 또는 3천만원 이하의 벌금에 처한다. 〈개정 2015. 1. 6., 2020. 2. 18., 2023. 10. 24.〉

1. 제25조의4제6항을 위반하였을 때

1의2. 제52조제1항부터 제4항까지의 규정을 위반하였을 때

1의3. 제55조의2를 위반하였을 때

2. 제57조제1항 또는 제3항을 위반하여 월 고정급, 생산수당 또는 비율급을 지급하지 아니하였을 때

3. 제62조제1항 또는 제2항을 위반하여 시간외근로수당을 지급하지 아니하였을 때

4. 제91조제2항 또는 제4항부터 제6항까지의 규정을 위반하였을 때

5. 제111조를 위반하여 선원 또는 선원이 되려는 사람으로부터 직업소개, 모집 및 채용과 관련하여 금품이나 그 밖의 이익을 받았을 때

② 제1항제1호의2부터 제3호까지의 벌칙에 대하여는 피해자가 명시한 의사에 반하여 공소를 제기할 수 없다. 〈개정 2023. 10. 24.〉

제169조(벌칙) 선박소유자가 제59조에 따라 해양수산부장관이 정한 임금의 최저액 이상을 지급하지 아니하였을 때에는 3년 이하의 징역 또는 3천만원 이하의 벌금에 처한다. 〈개정 2013. 3. 23.,

2015. 1. 6.〉

제170조(벌칙) 선박소유자가 다음 각 호의 어느 하나에 해당할 때에는 2년 이하의 징역 또는 2천만원 이하의 벌금에 처한다. 〈개정 2011. 12. 31., 2015. 1. 6., 2020. 2. 18., 2021. 6. 15., 2024. 10. 22.〉

1. 제30조를 위반하여 강제저축 등을 약정하는 계약을 체결하였을 때

2. 제33조제1항을 위반하여 30일분 이상의 통상임금을 지급하지 아니하였을 때

3. 제55조제1항 또는 제5항을 위반하여 퇴직금을 지급하지 아니하였을 때

3의2. 제61조의2제1항에 따른 실습시간을 초과하거나 같은 조 제2항 또는 제3항에 따른 휴식시간 또는 휴일을 부여하지 아니하고 실습을 실시한 때

4. 제62조제5항을 위반하여 유급휴가를 주지 아니하였을 때

5. 제69조제1항 또는 제4항을 위반하여 유급휴가를 주지 아니하였을 때

6. 제73조제1항 또는 제2항을 위반하여 유급휴가급을 지급하지 아니하였을 때

7. 제74조제1항을 위반하여 어선원에게 유급휴가를 주지 아니하였을 때

8. 제91조제1항을 위반하여 16세 미만인 사람을 선원으로 사용하였을 때

9. 제92조제1항을 위반하여 18세 미만의 선원을 야간작업에 종사시켰을 때

10. 제94조제1항을 위반하여 요양하게 하지 아니하였거나 요양에 필요한 비용을 지급하지 아니하였을 때

11. 제94조제2항(같은 조 제3항에 해당하지 아니하는 경우로 한정한다)을 위반하여 요양에 필요한 비용을 지급하지 아니하였거나, 「국민건강보험법」 제44조에 따라 요양을 받는 선원이 부담하여야 하는 비용을 지급하지 아니하였거나 요양에 필요한 비용을 지급하지 아니하였을 때

12. 제96조를 위반하여 상병보상을 하지 아니하였을 때

13. 제97조를 위반하여 장해보상을 하지 아니하였을 때

14. 제99조제1항 또는 제2항을 위반하여 유족보상을 하지 아니하였을 때

15. 제100조를 위반하여 장례비를 지급하지 아니하였을 때

16. 제101조를 위반하여 행방불명보상을 하지 아니하였을 때

17. 제129조제2항을 위반하여 선원근로계약을 해지하거나 불리한 처우를 하였을 때

제171조(벌칙) 제110조를 위반하여 선원의 직업소개사업을 한 자는 2년 이하의 징역 또는 2천만원 이하의 벌금에 처한다. 〈개정 2015. 1. 6.〉

제172조(벌칙) 선박소유자가 제7조제4항 또는 제82조제1항부터 제3항까지의 규정을 위반하였을 때에는 1년 이하의 징역 또는 1천만원 이하의 벌금에 처한다. 〈개정 2015. 1. 6.〉

제173조(벌칙) ① 선박소유자, 유기구제보험사업자등 또는 재해보험사업자등이 다음 각 호의 어느 하나에 해당할 때에는 1년 이하의 징역 또는 1천만원 이하의 벌금에 처한다. 〈개정 2015. 1. 6., 2016. 12. 27., 2020. 2. 18., 2021. 6. 15.〉

1. 제37조를 위반하여 실업수당을 지급하지 아니하였을 때

2. 제38조제1항을 위반하여 선원을 송환하지 아니하였을 때

3. 제38조제4항을 위반하여 송환비용을 미리 내도록 요구하였을 때

4. 제39조를 위반하여 송환수당을 지급하지 아니하였을 때

5. 제42조의2제1항을 위반하여 유기구제보험등에 가입하지 아니하였을 때

5의2. 정당한 사유 없이 제42조의2제4항을 위반하여 기간 내에 유기 구제비용을 지급하지 아니하였을 때

6. 제54조를 위반하여 승무선원의 부상이나 질병 중 임금을 지급하지 아니하였을 때

7. 제56조제1항을 위반하여 선원의 체불임금 지급을 보장할 수 있는 보험 또는 공제에 가입하지 아니하였거나 기금을 조성하지 아니하였을 때

8. 제64조제1항부터 제6항까지의 규정을 위반하여 자격요건을 갖춘 선원을 승무시키지 아니하였을 때

9. 제65조제1항 또는 제2항을 위반하여 승무정원의 인정을 받지 아니하였을 때 또는 같은 조 제4항을 위반하여 승무정원을 승무시키지 아니하였거나 결원을 충원하지 아니하였을 때

10. 제66조에 따른 선원의 자격요건 및 정원을 위반하였을 때

10의2. 제66조의2제2항을 위반하여 적성심사기준을 충족하지 못한 사람을 여객선선장으로 승무시켰을 때

11. 제67조제1항을 위반하여 예비원을 확보하지 아니하였거나 같은 조 제2항을 위반하여 예비원에게 임금을 지급하지 아니하였을 때

12. 제76조제1항에 따른 선내 급식을 하지 아니하였거나 같은 조 제2항을 위반하여 선박조리사를 선박에 승무시키지 아니하였을 때

13. 제84조를 위반하여 의사를 승무시키지 아니하였을 때

14. 제85조제1항을 위반하여 선박에 의료관리자를 두지 아니하였거나 같은 조 제2항을 위반하여 의료관리자 자격증을 가진 선원을 의료관리자로 선임하지 아니하였을 때

15. 제86조제1항을 위반하여 선박에 응급처치 담당자를 두지 아니하였거나 같은 조 제2항을 위반하여 응급처치에 관한 교육을 이수한 선원을 응급처치 담당자로 선임하지 아니하였을 때

16. 제102조를 위반하여 소지품 유실보상을 하지 아니하였을 때

17. 제106조제1항을 위반하여 재해보상을 완전히 이행할 수 있는 재해보상보험등에 가입하지 아니하였거나 같은 조 제2항을 위반하여 보험가입 금액을 승선평균임금 미만으로 가입하였을 때

18. 정당한 사유 없이 제106조제4항을 위반하여 기간 내에 재해보상을 하지 아니하였을 때

② 제1항제6호 및 제11호의 벌칙에 대하여는 피해자가 명시한 의사에 반하여 공소를 제기할 수 없다.

제174조(벌칙) 다음 각 호의 어느 하나에 해당하는 자는 1년 이하의 징역 또는 1천만원 이하의 벌금에 처한다. 〈개정 2021. 6. 15.〉

1. 거짓이나 그 밖의 부정한 방법으로 제43조제1항에 따른 선원근로계약의 신고를 한 자

2. 거짓이나 그 밖의 부정한 방법으로 선원수첩을 발급받거나 선원신분증명서의 발급 또는 정정을 받은 사람

3. 다른 사람의 선원수첩이나 선원신분증명서를 대여받거나 사용한 사람

4. 제50조를 위반하여 선원수첩이나 선원신분증명서를 부당하게 사용하거나 다른 사람에게 대여한 사람

4의2. 제112조제9항제2호를 위반하여 16세 미만인 사람을 계약 상대자가 고용할 선원으로 알선한 선원관리사업자

4의3. 제112조제11항에 따른 해양수산부장관의 시정명령을 이행하지 아니한 선원관리사업자

5. 제124조제2항 전단 또는 제133조제4항을 위반하여 항해정지나 출항정지명령을 따르지 아니한 자

제175조(벌칙) ① 선박소유자가 제27조제1항, 제53조, 제91조제3항 또는 제93조를 위반하였을 때에는 1천만원 이하의 벌금에 처한다.

② 제53조의 벌칙에 대하여는 피해자가 명시한 의사에 반하여 공소를 제기할 수 없다.

제176조(벌칙) 선원근로감독관이거나 선원근로감독관이었던 사람이 제128조제1항을 위반하였을 때에는 1천만원 이하의 벌금에 처한다. 〈개정 2015. 1. 6.〉

제177조(벌칙) 다음 각 호의 어느 하나에 해당하는 자에게는 500만원 이하의 벌금에 처한다. 〈개정 2019. 1. 15.〉

1. 제29조를 위반하여 위약금 등을 미리 정하는 계약을 체결한 선박소유자

2. 제31조를 위반하여 선원에 대한 전차금이나 전대채권과 임금을 상계한 선박소유자

3. 제43조를 위반하여 선원근로계약서를 작성·신고하지 아니하거나 선원에게 선원근로계약서 1부를 주지 아니한 자

4. 제119조제1항을 위반하여 취업규칙을 작성하지 아니하거나 취업규칙을 거짓으로 작성하여 신고한 자

5. 제120조제1항을 위반하여 취업규칙의 작성 절차에 따라 취업규칙을 작성하지 아니한 자

5의2. 제120조의2를 위반하여 취업규칙을 작성하거나 따르지 않은 선박소유자

6. 제121조를 위반하여 취업규칙 변경명령을 따르지 아니한 자

7. 제137조제6항을 위반하여 인증검사에 합격하지 아니한 선박을 항해에 사용한 선박소유자

8. 제138조제8항에 따른 해사노동적합증서를 되돌려 주라는 명령

을 위반하여 되돌려 주지 아니한 선박소유자

9. 제153조를 위반하여 3년간 서류를 보존하지 아니한 자

제178조(양벌규정) 법인의 대표자나 법인 또는 개인의 대리인, 사용인, 그 밖의 종업원이 그 법인 또는 개인의 업무에 관하여 제167조부터 제170조까지, 제172조, 제173조, 제174조제1호·제2호, 제175조 또는 제177조의 어느 하나에 해당하는 위반행위를 하면 그 행위자를 벌하는 외에 그 법인 또는 개인에게도 해당 조문의 벌금형을 과(科)한다. 다만, 법인 또는 개인이 그 위반행위를 방지하기 위하여 해당 업무에 관하여 상당한 주의와 감독을 게을리하지 아니한 경우에는 그러하지 아니하다.

[전문개정 2016. 12. 27.]

제179조(과태료) ① 선박소유자(선박소유자의 「민법」 제767조에 따른 친족 중 선박소유자의 배우자, 선박소유자의 4촌 이내의 혈족, 선박소유자의 4촌 이내의 인척이 해당 사업 또는 사업장의 근로자인 경우를 포함한다)가 제25조의3을 위반하여 선내 괴롭힘을 한 경우에는 1천만원 이하의 과태료를 부과한다. 〈신설 2023. 10. 24.〉

② 다음 각 호의 어느 하나에 해당하는 자에게는 500만원 이하의 과태료를 부과한다. 〈개정 2015. 1. 6., 2023. 10. 24.〉

1. 제15조제1항에 따른 비상대비훈련을 실시하지 아니한 선장

2. 제15조제2항에 따라 여객에게 비상시에 대비하기 위하여 필요한 사항을 주지시키지 아니한 선장

3. 제15조제3항을 위반하여 비상대비훈련을 실시할 때 해원의 휴식시간에 지장을 준 선장

3의2. 제25조의4제2항·제4항·제5항 및 제7항을 위반한 선박소유자

4. 제63조제1항에 따른 의무를 이행하지 아니한 선박소유자

5. 제82조제7항을 위반하여 선원에게 제복을 제공하지 아니한 선박소유자

6. 제129조제1항에 따른 신고를 거짓으로 한 선원

③ 다음 각 호의 어느 하나에 해당하는 자에게는 200만원 이하의 과태료를 부과한다. 〈개정 2015. 1. 6., 2016. 12. 27., 2017. 11. 28., 2021. 6. 15., 2023. 10. 24.〉

1. 제12조 본문 또는 제14조 본문에 따른 통보, 제18조에 따른

조치를 하지 아니한 사람

2. 제109조제1항·제2항 또는 제151조를 위반한 자

3. 제20조제1항에 따른 서류를 갖추어 두지 아니한 사람

4. 제21조에 따른 보고를 하지 아니한 사람

5. 제23조제1항에 따른 신고를 하지 아니한 사람

5의2. 제42조의4제2항을 위반하여 같은 항 각 호의 사항을 해양수산부장관에게 알리지 아니한 유기구제보험사업자등

6. 제44조제2항 또는 제3항을 위반하여 선원명부에 적지 아니하거나 선원명부의 공인을 받지 아니한 자

6의2. 제44조의2를 위반하여 해외취업 신고를 하지 아니한 선원 혹은 선원관리사업자

6의3. 제50조의2를 위반하여 선원의 여권 등 신분증을 대리하여 보관한 선박소유자

6의4. 제56조의2제1항에 따른 보고 및 서류 제출 또는 제2항의 출입검사를 거부 또는 방해하거나 기피한 자

6의5. 제56조의2제3항에 따른 시정명령을 따르지 아니한 자

7. 제62조제3항을 위반하여 근로시간, 휴식시간 및 시간외근로 관련 장부를 갖추어 두지 아니하거나 선장에게 근로시간 등에 관한 사항을 적도록 하지 아니한 선박소유자

8. 삭제 〈2015. 1. 6.〉

9. 제77조제1항 후단을 위반하여 차별 급식을 한 선장

10. 제82조제4항을 위반하여 선원의 직무상 사고 등이 발생하였을 때에 해양항만관청에 즉시 보고하지 아니한 선박소유자

11. 제82조제5항을 위반한 선박소유자

12. 제87조제1항을 위반하여 건강진단서를 가지지 아니한 사람을 선원으로 승무시킨 선박소유자

12의2. 제106조의2제2항을 위반하여 같은 항 각 호의 사항을 해양수산부장관에게 알리지 아니한 재해보험사업자등

13. 제112조제4항을 위반하여 선원관리사업의 위탁사실과 내용변경을 신고하지 아니한 자

13의2. 제112조제10항에 따른 출석 및 서류제출의 요구, 실태조사를 거부 또는 방해하거나 기피한 자

14. 제119조제1항을 위반하여 취업규칙을 신고하지 아니한 자

15. 제126조제1항에 따른 출석요구에 따르지 아니하거나 선박 또는 사업장 출입을 거부·기피·방해한 사람, 장부나 서류의 제출 명령을 따르지 아니하거나 거짓 장부 또는 서류를 제출한 사람 또는 거짓 진술을 한 사람

16. 제129조제4항 또는 제5항의 선내 불만 처리절차를 게시하지 아니하거나 같은 조 제4항 또는 제5항을 위반하여 선내 불만 처리절차를 게시한 선박소유자

④ 다음 각 호의 어느 하나에 해당하는 자에게는 100만원 이하의 과태료를 부과한다. 〈개정 2015. 1. 6., 2023. 10. 24.〉

1. 제58조를 위반하여 임금대장을 갖추어 두지 아니하거나 임금 지급 시마다 임금 계산의 기초가 되는 사항 등을 기재하지 아니한 선박소유자

2. 정당한 사유 없이 제83조제3항을 위반하여 제복을 입지 아니한 선원

⑤ 제1항부터 제4항까지의 규정에 따른 과태료는 대통령령으로 정하는 바에 따라 해양항만관청이 부과·징수한다. 〈개정 2023. 10. 24.〉

제180조(선장직무대행자에 대한 적용) 이 장 중 선장에게 적용할 규정은 선장의 직무를 대행하는 사람에게도 적용한다.

부칙 〈제11024호, 2011. 8. 4.〉

제1조(시행일) 이 법은 공포 후 6개월이 경과한 날부터 시행한다. 다만, 다음 각 호의 사항은 각 호의 구분에 의한 날부터 시행한다.

1. 제76조제2항의 개정규정은 이 법 시행 후 3년이 경과한 날

2. 제2조제1호, 제9조 단서, 제27조제2항, 제41조, 제42조, 제43조제1항, 제54조, 제60조부터 제62조까지, 제68조, 제69조, 제75조, 제78조부터 제81조까지, 제83조, 제88조, 제89조, 제106조, 제107조, 제113조, 제114조, 제123조, 제129조, 제132조부터 제134조까지 및 제151조의 개정규정은 해사노동협약이 대한민국에서 발효되는 날

3. 제136조 및 제137조제6항의 개정규정은 해사노동협약이 대한민국에서 발효되는 날부터 1년이 경과한 날. 다만, 여객선과 산적운반선(散積運搬船)은 해사노동협약이 대한민국에서 발효되는 날

제2조(시행일에 관한 경과조치) 부칙 제1조 단서에 따라 제2조제1호, 제54조, 제60조, 제62조, 제68조, 제69조, 제75조, 제76조제2항, 제106조, 제129조, 제132조 및 제151조의 개정규정이 시행되기 전까지는 그에 해당하는 종전의 제3조제1호, 제50조, 제55조, 제60조, 제66조, 제67조, 제73조, 제74조제2항, 제98조, 제114조, 제119조 및 제123조를 적용한다.

제3조(해사노동적합증서 등의 발급을 위한 사전 준비행위) ① 국토해양부장관은 이 법 시행 전에 해사노동협약이 발효되는 것을 대비하기 위하여 다음 각 호에서 정한 사항을 이 법 시행 전에 미리 행할 수 있다.

1. 제140조제1항의 개정규정에 따른 인증검사 대행기관 지정 및 협정 체결
2. 제137조의 개정규정에 따른 해사노동적합증서의 인증검사 및 제138조제1항의 개정규정에 따른 해사노동적합증서의 발급

② 제1항에 따라 행하여진 각종 행정처분과 준비행위는 이 법에 따라서 행한 것으로 본다.

제4조(선원근로계약에 관한 경과조치) 이 법 시행 전에 생긴 사유로 인하여 선박소유자가 선원에게 지급하여야 할 임금, 퇴직금, 수당, 송환비용, 유급휴가비 또는 재해보상에 관하여는 종전의 규정에 따른다.

제5조(신고·인가 또는 자격증 등에 관한 경과조치) ① 이 법 시행 당시 종전의 규정에 따라 신고를 하거나 인가 또는 승인 등을 받은 자는 이 법에 따라 신고를 하거나 인가 또는 승인 등을 받은 것으로 본다.

② 이 법 시행 당시 종전의 규정에 따라 자격증이나 건강진단서를 지니고 있거나 선원 교육훈련을 받은 선원은 이 법에 따라 자격증, 건강진단서 또는 선원 교육훈련을 받은 것으로 본다.

제6조(처분 등에 관한 일반적 경과조치) 이 법 시행 당시 종전의 규정에 따른 행정기관의 행위나 행정기관에 대한 행위는 그에 해당하는 이 법에 따른 행정기관의 행위나 행정기관에 대한 행위로 본다.

제7조(벌칙이나 과태료에 관한 경과조치) 이 법 시행 전의 행위에 대하여 벌칙이나 과태료 규정을 적용할 때에는 종전의 규정에 따른다.

제8조(다른 법률의 개정) ① 국민연금법 일부를 다음과 같이 개정한다.

제113조제3호를 다음과 같이 한다.

3. 「선원법」 제97조에 따른 장해보상, 같은 법 제98조에 따른 일시보상 또는 같은 법 제99조에 따른 유족보상

② 어선원 및 어선 재해보상보험법 일부를 다음과 같이 개정한다.

제24조제3항 중 "「선원법」 제54조"를 "「선원법」 제59조"로 한다.

③ 어업협정체결에 따른 어업인 등의 지원 및 수산업발전특별법 일부를 다음과 같이 개정한다.

제5조제3항 중 "선원법 제40조의 규정에 의한"을 "「선원법」 제37조에 따른"으로 한다.

④ 응급의료에 관한 법률 일부를 다음과 같이 개정한다.

제5조의2제1호나목 중 "「선원법」 제78조의2에 따른 선박의 응급처치담당자"를 "「선원법」 제86조에 따른 선박의 응급처치 담당자"로 한다.

제14조제1항제11호 중 "「선원법」 제3조제1호"를 "「선원법」 제2조제1호"로 한다.

⑤ 파견근로자보호 등에 관한 법률 일부를 다음과 같이 개정한다.

제5조제3항제3호를 다음과 같이 한다.

3. 「선원법」 제2조제1호에 따른 선원의 업무

제8조제3호 중 "선원법 제100조제3항의 규정"을 "「선원법」 제110조"로 한다.

제9조(다른 법령과의 관계) 이 법 시행 당시 다른 법령에서 종전의 「선원법」의 규정을 인용한 경우에 이 법 가운데 그에 해당하는 규정이 있으면 종전의 규정을 갈음하여 이 법의 해당 규정을 인용한 것으로 본다.

부칙 〈제11141호, 2011. 12. 31.〉 (국민건강보험법)

제1조(시행일) 이 법은 2012년 9월 1일부터 시행한다. 〈단서 생략〉

제2조 부터 제20조까지 생략

제21조(다른 법률의 개정) ①부터 ⑯까지 생략

⑰ 법률 제11024호 선원법 전부개정법률 일부를 다음과 같이 개정한다.

제94조제2항제1호 중 "제41조"를 "제44조"로 한다.

제170조제11호 중 "「국민건강보험법」 제41조"를 "「국민건강보험

법」 제44조"로 한다.

⑱부터 ㉘까지 생략

제22조 생략

부칙 〈제11188호, 2012. 1. 17.〉

이 법은 2012년 2월 5일부터 시행한다.

부칙 〈제11270호, 2012. 2. 1.〉 (근로기준법)

제1조(시행일) 이 법은 공포 후 6개월이 경과한 날부터 시행한다.

제2조 부터 제6조까지 생략

제7조(다른 법률의 개정) 법률 제11024호 선원법 전부개정법률 일부를 다음과 같이 개정한다.

제69조제3항 중 "보호휴가"를 "휴가"로 한다.

제70조제4항 중 "제69조제3항에 따라 보호휴가로"를 "제69조제3항에 따른 휴가로"로 한다.

부칙 〈제11690호, 2013. 3. 23.〉 (정부조직법)

제1조(시행일) ① 이 법은 공포한 날부터 시행한다.

② 생략

제2조 부터 제5조까지 생략

제6조(다른 법률의 개정) ①부터 〈602〉까지 생략

〈603〉 선원법 일부를 다음과 같이 개정한다.

제2조제8호, 제3조제1항제3호 · 제2항, 제13조 단서, 제14조 본문, 제15조제1항, 제16조, 제17조, 제18조, 제20조제1항제5호 · 제2항, 제21조 각 호 외의 부분, 제22조제5항, 제25조제3호, 제38조제3항, 제43조제1항, 제44조제1항 · 제2항 본문, 제45조제1항 단서, 같은 조 제3항 본문 및 단서, 제46조제2항, 제49조, 제59조 후단, 제60조제4항 후단, 제61조, 제62조제3항, 제63조제2항, 제64조제1항 · 제3항 · 제4항, 제65조제2항, 제66조, 제68조제1항제4호, 제69조제5항, 제70조제4항, 제71조제3호, 제74조제1항 · 제3항, 제76조제1항 전단, 제79조제1항제8호, 제81조제3항, 제82조제2항 · 제3항 · 제5항, 제83조제1항, 제84조 각 호 외의 부분 단서, 같은 조 제2호, 제85조제1항 각 호 외의 부분 단서, 같은 항 제2호, 같은 조

제3항ㆍ제4항, 제86조제2항, 제87조제1항ㆍ제2항, 제91조제2항부터 제4항까지, 같은 조 제5항제1호, 같은 조 제6항, 제108조제2항, 제110조, 제113조제2항, 제114조, 제115조제2항, 제117조제2항 단서, 제119조제1항 각 호 외의 부분 전단, 제129조제3항, 제136조제1항ㆍ제2항, 제137조제1항제3호, 같은 조 제3항부터 제5항까지, 같은 조 제6항 단서, 제138조제1항ㆍ제3항ㆍ제4항ㆍ제6항, 제139조 각 호 외의 부분, 제140조제2항ㆍ제5항ㆍ제7항, 제141조제2항ㆍ제3항, 제155조 및 제158조제2항 중 "국토해양부령"을 각각 "해양수산부령"으로 한다.

제2조제18호, 제4조제1항, 제42조제1항 전단, 같은 조 제2항 전단, 같은 조 제3항ㆍ제4항, 제45조제4항, 제47조제1호, 제48조제6항, 제59조 전단 및 후단, 제65조제3항 단서, 제68조제2항, 제76조제3항, 제77조제1항 전단, 같은 조 제4항 전단, 제78조제1항 각 호 외의 부분, 같은 조 제2항ㆍ제3항, 제79조제2항, 제80조, 제81조제1항ㆍ제2항, 제85조제3항, 제88조제1항ㆍ제2항, 제89조, 제92조제1항 단서, 제107조제1항 각 호 외의 부분, 같은 조 제2항, 제108조제1항 각 호 외의 부분, 같은 조 제2항, 제109조제1항ㆍ제2항, 제112조제1항, 제113조제1항, 제114조, 제115조제1항ㆍ제2항, 제116조제1항ㆍ제2항, 제117조제1항ㆍ제3항, 제118조제1항ㆍ제2항, 제123조제1항 본문 및 단서, 제124조제1항, 같은 조 제2항 전단 및 후단, 같은 조 제3항, 제126조제5항, 제132조제1항 각 호 외의 부분, 같은 조 제2항, 제133조제3항ㆍ제5항, 제134조, 제137조제4항, 제138조제1항ㆍ제3항ㆍ제4항ㆍ제8항, 제139조 각 호 외의 부분, 제140조제1항 전단 및 후단, 같은 조 제4항 전단, 같은 조 제5항, 같은 조 제6항 각 호 외의 부분 본문, 같은 조 제8항, 제141조제1항ㆍ제2항, 제142조제1항ㆍ제4항, 제143조제2항, 제144조제3항, 제147조제2항 전단, 같은 조 제3항, 제148조제1항, 같은 조 제2항 각 호 외의 부분, 제151조제2항, 제154조 각 호 외의 부분, 제158조제1항 및 제169조 중 "국토해양부장관"을 각각 "해양수산부장관"으로 한다.

제125조제1항 중 "국토해양부"를 "해양수산부"로 한다.

〈604〉부터 〈710〉까지 생략

제7조 생략

부칙 〈제11862호, 2013. 6. 4.〉 (화학물질관리법)

제1조(시행일) 이 법은 2015년 1월 1일부터 시행한다.

제2조 부터 제10조까지 생략

제11조(다른 법률의 개정) ①부터 ⑳까지 생략

㉑ 선원법 일부를 다음과 같이 개정한다.

제23조제1항 중 "「유해화학물질 관리법」에 따른 유독물"을 "「화학물질관리법」에 따른 유독물질"로 한다.

㉒부터 ㉙까지 생략

제12조 생략

부칙 〈제12538호, 2014. 3. 24.〉 (선박직원법)

제1조(시행일) 이 법은 공포 후 1년이 경과한 날부터 시행한다.

제2조 및 제3조 생략

제4조(다른 법률의 개정) ① 선원법 일부를 다음과 같이 개정한다.

제2조제5호 중 "기관사"를 "기관사, 전자기관사"로 한다.

② 생략

부칙 〈제12844호, 2014. 11. 19.〉 (정부조직법)

제1조(시행일) 이 법은 공포한 날부터 시행한다. 다만, 부칙 제6조에 따라 개정되는 법률 중 이 법 시행 전에 공포되었으나 시행일이 도래하지 아니한 법률을 개정한 부분은 각각 해당 법률의 시행일부터 시행한다.

제2조 부터 제5조까지 생략

제6조(다른 법률의 개정) ①부터 〈231〉까지 생략

〈232〉 선원법 일부를 다음과 같이 개정한다.

제14조 본문 및 단서 중 "해양경찰관서"를 각각 "해양경비안전관서"로 한다.

〈233〉부터 〈258〉까지 생략

제7조 생략

부칙 〈제13000호, 2015. 1. 6.〉

제1조(시행일) 이 법은 공포 후 6개월이 경과한 날부터 시행한다.

제2조(선원복지기본계획 등에 관한 경과조치) 이 법 시행 당시 종전

의 선원복지기본계획 및 선원인력수급계획은 제107조의 개정규정에 따른 선원정책기본계획 중 해당 분야의 기본계획으로 본다.

부칙 〈제13186호, 2015. 2. 3.〉 (선박의 입항 및 출항 등에 관한 법률)

제1조(시행일) 이 법은 공포 후 6개월이 경과한 날부터 시행한다.

제2조 부터 제7조까지 생략

제8조(다른 법률의 개정) ① 및 ② 생략

③ 선원법 일부를 다음과 같이 개정한다.

제3조제1항제2호 및 제68조제1항 각 호 외의 부분 중 "「항만법」 제32조"를 각각 "「선박의 입항 및 출항 등에 관한 법률」 제24조"로 한다.

④부터 ⑨까지 생략

제9조 생략

부칙 〈제14508호, 2016. 12. 27.〉

제1조(시행일) 이 법은 2017년 1월 18일부터 시행한다.

제2조(유기구제보험등의 가입에 관한 적용례) 제42조의2의 개정규정은 이 법 시행 이후 출항하는 선박의 선박소유자부터 적용한다.

제3조(유기구제보험등 서류 등의 게시에 관한 적용례) 제151조제1항의 개정규정은 이 법 시행 이후 출항하는 선박의 선박소유자부터 적용한다.

제4조(임금채권 등의 우선변제에 관한 적용례) 제152조의2제2항의 개정규정은 이 법 시행 전에 발생한 임금채권 및 퇴직금 채권에 대해서도 적용한다. 다만, 이 법 시행 전에 발생한 임금채권 및 퇴직금 채권과 이 법 시행 전에 발생한 다음 각 호의 권리 간의 변제는 「근로기준법」 제38조제2항 및 「근로자퇴직급여 보장법」 제12조제2항에 따른다.

1. 질권ㆍ저당권

2. 「동산ㆍ채권 등의 담보에 관한 법률」에 따른 담보권에 따라 담보된 채권

3. 질권ㆍ저당권 또는 「동산ㆍ채권 등의 담보에 관한 법률」에 따른 담보권에 따라 담보된 채권에 우선하는 조세ㆍ공과금

제5조(송환보험에 관한 경과조치) 이 법 시행 전에 출항하여 항해 중인 선박의 선박소유자에 대해서는 해당 선박이 도착항에 입항할 때까지는 제40조의 개정규정에도 불구하고 종전의 규정에 따른다.
제6조(송환 관련 서류의 비치에 관한 경과조치) 이 법 시행 전에 출항하여 항해 중인 선박의 선박소유자에 대해서는 해당 선박이 도착항에 입항할 때까지는 제41조의 개정규정에도 불구하고 종전의 규정에 따른다.
제7조(임금채권보장보험 등의 지급 보장 범위에 관한 경과조치 등) ① 다음 각 호의 어느 하나에 해당하는 선원이 받지 못한 임금의 지급 보장 범위에 대해서는 제56조제2항제1호의 개정규정에도 불구하고 종전의 규정에 따른다.

1. 이 법 시행 전에 퇴직한 선원
2. 이 법 시행 이후에 퇴직한 선원으로서 이 법 시행 이후에 임금을 지급받지 못한 근로기간이 3개월 이하인 선원

② 이 법 시행 이후 퇴직한 선원으로서 이 법 시행 이후 임금을 지급받지 못한 근로기간이 3개월 초과 4개월 미만인 선원이 받지 못한 임금의 지급 보장 범위에 대해서는 제56조제2항제1호의 개정규정을 적용한다. 다만, 이 법 시행 이후에 받지 못한 임금으로 한정한다.

③ 이 법 시행 전에 퇴직한 선원이 받지 못한 퇴직금의 지급 보장 범위에 대해서는 제56조제2항제2호의 개정규정에도 불구하고 종전의 규정에 따른다.
제8조(벌칙에 관한 경과조치) 이 법 시행 전의 행위에 대한 벌칙을 적용할 때에는 종전의 규정에 따른다.

부칙 〈제14803호, 2017. 4. 18.〉
이 법은 공포 후 3개월이 경과한 날부터 시행한다.

부칙 〈제14839호, 2017. 7. 26.〉 (정부조직법)
제1조(시행일) ① 이 법은 공포한 날부터 시행한다. 다만, 부칙 제5조에 따라 개정되는 법률 중 이 법 시행 전에 공포되었으나 시행일이 도래하지 아니한 법률을 개정한 부분은 각각 해당 법률의 시행일부터 시행한다.

제2조 부터 제4조까지 생략
제5조(다른 법률의 개정) ①부터 〈242〉까지 생략
〈243〉 선원법 일부를 다음과 같이 개정한다.
제14조 본문 및 단서 중 "해양경비안전관서"를 각각 "해양경찰관서"로 한다.
〈244〉부터 〈382〉까지 생략
제6조 생략

부칙 〈제15129호, 2017. 11. 28.〉
제1조(시행일) 이 법은 공포 후 6개월이 경과한 날부터 시행한다.
제2조(선내 불만 처리절차 관련 서류 게시에 관한 경과조치) 이 법 시행 전에 항해 중인 선박의 선박소유자에 대해서는 해당 선박이 도착항에 입항할 때까지는 제129조제4항 또는 제5항의 개정규정에도 불구하고 종전의 규정에 따른다.

부칙 〈제15914호, 2018. 12. 11.〉
이 법은 공포 후 6개월이 경과한 날부터 시행한다.

부칙 〈제16281호, 2019. 1. 15.〉
이 법은 공포 후 6개월이 경과한 날부터 시행한다.

부칙 〈제16902호, 2020. 1. 29.〉 (항만법)
제1조(시행일) 이 법은 공포 후 6개월이 경과한 날부터 시행한다.
제2조 부터 제18조까지 생략
제19조(다른 법률의 개정) ①부터 ㉘까지 생략
㉙ 선원법 일부를 다음과 같이 개정한다.
제159조 중 "「항만법」 제89조"를 "「항만법」 제26조"로 한다.
㉚부터 〈56〉까지 생략
제20조 생략

부칙 〈제17032호, 2020. 2. 18.〉
제1조(시행일) 이 법은 공포 후 1년이 경과한 날부터 시행한다. 다만, 제160조의 개정규정은 공포한 날부터 시행한다.

제2조(행정처분에 관한 적용례) 제124조제4항의 개정규정은 이 법 시행 이후 위반행위를 한 사람부터 적용한다.

부칙 〈제18286호, 2021. 6. 15.〉

제1조(시행일) 이 법은 공포한 날부터 시행한다. 다만, 제112조제5항의 개정규정은 공포 후 1개월이 경과한 날부터, 제44조의2 및 제179조제2항제6호의2의 개정규정은 공포 후 6개월이 경과한 날부터 시행한다.

제2조(해외취업 신고의 적용례) 제44조의2의 개정규정은 이 법 시행 이후 외국 국적 선박소유자와 선원근로계약을 체결한 선원 및 선원관리사업자를 통해 외국 국적 선박에 취업하는 선원부터 적용한다.

제3조(상병보상 지급의 적용례) 제96조제3항의 개정규정은 이 법 시행 당시 요양 중인 선원에게도 적용한다.

부칙 〈제18425호, 2021. 8. 17.〉 (국민 평생 직업능력 개발법)

제1조(시행일) 이 법은 공포 후 6개월이 경과한 날부터 시행한다.

제2조(다른 법률의 개정) ①부터 ㉑까지 생략

㉒ 선원법 일부를 다음과 같이 개정한다.

제5조제2항 중 "「근로자직업능력 개발법」"을 "「국민 평생 직업능력 개발법」"으로 한다.

㉓부터 ㊸까지 생략

제3조 생략

부칙 〈제18697호, 2022. 1. 4.〉

이 법은 공포 후 1년이 경과한 날부터 시행한다.

부칙 〈제19415호, 2023. 5. 16.〉 (행정법제 혁신을 위한 갯벌 및 그 주변지역의 지속가능한 관리와 복원에 관한 법률 등 18개 법률의 일부개정에 관한 법률)

제1조(시행일) 이 법은 공포한 날부터 시행한다. 〈단서 생략〉

제2조(이의신청에 관한 일반적 적용례) 이의신청에 관한 개정규정은

이 법 시행 이후 하는 처분부터 적용한다.
제3조 부터 제9조까지 생략

부칙 〈제19498호, 2023. 6. 20.〉
이 법은 공포 후 3개월이 경과한 날부터 시행한다.

부칙 〈제19772호, 2023. 10. 24.〉
제1조(시행일) 이 법은 공포 후 3개월이 경과한 날부터 시행한다.
제2조(선내 괴롭힘 발생 시 조치에 관한 적용례) 제25조의4의 개정 규정은 이 법 시행 후 발생한 선내 괴롭힘의 경우부터 적용한다.

부칙 〈제20127호, 2024. 1. 23.〉
제1조(시행일) 이 법은 공포 후 6개월이 경과한 날부터 시행한다.
제2조(재해보상 지급의 제한에 관한 적용례) ① 제103조의2의 개정 규정은 이 법 시행 전에 유족보상 또는 행방불명보상의 사유가 발생한 사람에 대해서도 적용한다.
② 제1항에 따른 재해보상 지급의 제한은 이 법 시행 이후 최초로 도래하는 지급분부터 적용한다.

부칙 〈제20231호, 2024. 2. 6.〉 (화학물질관리법)
제1조(시행일) 이 법은 공포 후 1년 6개월이 경과한 날부터 시행한다. 〈단서 생략〉
제2조 부터 제4조까지 생략
제5조(다른 법률의 개정) ①부터 ⑨까지 생략
⑩ 선원법 일부를 다음과 같이 개정한다.
제23조제1항 중 “유독물질”을 “인체급성유해성물질, 인체만성유해성물질, 생태유해성물질”로 한다.
⑪부터 ㉛까지 생략
제6조 생략

부칙 〈제20525호, 2024. 10. 22.〉
이 법은 공포 후 3개월이 경과한 날부터 시행한다.

부칙 〈제21134호, 2025. 11. 11.〉 (노동절 제정에 관한 법률)

제1조(시행일) 이 법은 공포한 날부터 시행한다.

제2조(다른 법률의 개정) ①부터 ⑤까지 생략

⑥ 선원법 일부를 다음과 같이 개정한다.

제71조제1호 중 “근로자의 날”을 “노동절”로 한다.

⑦부터 ⑨까지 생략

선원법 시행령

[시행 2025. 3. 12.] [대통령령 제35382호, 2025. 3. 12., 타법개정]

**개정 예정 법률 밑줄 별도 표시.

선원법 시행령

[시행 2025. 3. 12.] [대통령령 제35382호, 2025. 3. 12., 타법개정]

제1장 총칙

제1조(목적) 이 영은 「선원법」에서 위임된 사항과 그 시행에 관하여 필요한 사항을 정함을 목적으로 한다. 〈개정 2007. 4. 27., 2009. 6. 9.〉

제2조(선원이 아닌 사람) 「선원법」(이하 "법"이라 한다) 제2조제1호 단서에서 "대통령령으로 정하는 사람"이란 다음 각 호의 어느 하나에 해당하는 사람을 말한다. 〈개정 2021. 1. 12.〉

1. 「선박안전법」 제77조제1항에 따른 선박검사원
2. 선박의 수리를 위하여 선박에 승선하는 기술자 및 작업원
3. 「도선법」 제2조제2호에 따른 도선사
4. 「항만운송사업법」 제2조제2항에 따른 항만운송사업 또는 같은 조 제4항에 따른 항만운송관련사업을 위하여 고용하는 근로자
5. 실습선원
6. 선박에서의 공연(公演) 등을 위하여 일시적으로 승선하는 연예인
7. 제1호부터 제6호까지의 어느 하나에 준하는 사람으로서 선박소유자 단체 및 선원 단체의 대표자와 협의를 거쳐 해양수산부장관이 정하여 고시하는 사람

[본조신설 2014. 4. 15.]

제3조(기타 직원의 범위) 법 제2조제5호에서 "대통령령으로 정하는 해원"이란 다음 각 호의 사람을 말한다. 〈개정 1998. 9. 17., 2008. 2. 29., 2009. 6. 9., 2012. 2. 3., 2013. 3. 23., 2014. 4. 15.〉

1. 어로장

2. 사무장

3. 의　사

4. 제1호 내지 제3호의 자와 동등이상의 대우를 받는 해원으로서 해양수산부령이 정하는 자

제3조의2(시간급 통상임금의 산정방법) ①법 제2조제11호에 따른 통상임금을 시간급금액으로 산정할 때에는 다음 각호의 방법에 의한다. 〈개정 1998. 9. 17., 2012. 2. 3.〉

1. 시간급금액으로 정하여진 임금에 대하여는 그 금액

2. 일급금액으로 정하여진 임금에 대하여는 그 금액을 1일의 소정근로시간수로 나눈 금액

3. 주급금액으로 정하여진 임금에 대하여는 그 금액을 주의 소정근로시간수로 나눈 금액

4. 월급금액으로 정하여진 임금에 대하여는 그 금액을 월의 소정근로시간수로 나눈 금액

5. 일·주·월외의 일정한 기간으로 정하여진 임금에 대하여는 제2호 내지 제4호에 준하여 산정된 금액

6. 도급제에 의하여 정하여진 임금에 대하여는 그 임금산정기간에 있어서 도급제에 의하여 계산된 임금의 총액을 당해 임금산정기간(임금마감일이 있는 경우에는 임금마감 기간을 말한다. 이하 같다)의 총근로시간수로 나눈 금액

7. 임금이 제1호 내지 제6호에서 정한 2이상의 임금으로 되어 있는 경우에는 그 부분에 대하여 제1호 내지 제6호의 방법에 의하여 각각 산정된 금액의 합산액

②제1항에서 "1일의 소정근로시간" 또는 "1주의 소정근로시간"이란 법 제60조에 따른 근로시간의 범위내에서 단체협약 또는 선원과 선박소유자간에 정한 근로시간을 말하며, "월의 소정근로시간"이라 함은 월의 소정근로일수에 1일의 소정근로시간을 곱한 시간을 말한다. 다만, 임금체계가 근로시간에 관계없이 책정되어 있는 경우에는 항해중인 항해당직자의 소정근로시간은 항해중인 항해당직자외의 선원의 소정근로시간과 같아야 한다. 〈개정 1998. 9. 17., 2012. 2. 3.〉

[본조신설 1991. 1. 29.]

[종전 제3조의2는 제3조의5로 이동〈1991. 1. 29.〉]

제3조의3(승선평균임금의 산정방법) ①법 제2조제12호에 따른 승선기간 중에 다음 각 호의 어느 하나에 해당하는 기간이 있는 경우에는 그 일수와 그 기간중에 지급된 임금은 당해 기간 및 임금의 총액에서 이를 공제한다. 〈개정 2012. 2. 3.〉

1. 법 제54조에 따른 부상 또는 질병으로 직무에 종사하지 못한 기간

2. 선원이 될 목적으로 실습을 위하여 승선하는 기간

②법 제2조제12호에 따른 임금의 총액에는 임시로 지급된 임금 또는 수당으로서 해양수산부장관이 정하는 것에 한하여 임금의 총액에 산입한다. 〈개정 1996. 8. 8., 2008. 2. 29., 2012. 2. 3., 2013. 3. 23.〉

③일용선원에 대하여는 해양수산부장관이 업종별로 정하는 금액을 승선평균임금으로 한다. 〈개정 1996. 8. 8., 2008. 2. 29., 2013. 3. 23.〉

④법 제2조제12호, 이 조 제1항 및 제2항에 따라 승선평균임금을 산정할 수 없는 경우에는 해양수산부장관이 정하는 바에 의한다. 〈개정 1996. 8. 8., 2008. 2. 29., 2012. 2. 3., 2013. 3. 23.〉

[본조신설 1991. 1. 29.]

제3조의4(통상임금 및 승선평균임금의 조정) ①법 제96조부터 제102조까지의 규정에 따른 상병보상등을 지급할 선원에 대하여 적용할 통상임금 및 승선평균임금은 그 선원이 소속한 사업장에서 동일한 직무에 종사하는 선원에게 지급된 통상임금의 1인당 1월 평균액(이하 "평균액"이라 한다)이 그 부상 또는 질병이 발생한 날이 속하는 달에 동일한 직무에 종사하는 선원에게 지급된 통상임금 평균액의 100분의 105이상이 되거나, 100분의 95이하로 된 경우에는 그 변동비율에 의하여 인상 또는 인하된 금액으로 하되, 그 변동사유가 발생한 달의 다음 달부터 이를 적용한다. 다만, 제2회이후의 통상임금 및 승선평균임금의 증감을 위한 조정은 직전회의 변동사유가 발생한 달의 통상임금을 산정기준으로 한다. 〈개정 2012. 2. 3.〉

②제1항의 경우 그 선원이 소속한 사업장이 폐지된 경우에는 그 선원의 부상 또는 질병이 발생한 당시의 같은 규모의 업종·사업장 및 선박을 기준으로 하여 제1항의 규정을 적용한다.

③제1항 및 제2항의 경우에 그 선원과 동일한 직무에 종사하는

선원이 없는 때에는 그와 유사한 직무에 종사하는 선원에게 지급된 통상임금의 평균액의 변동비율에 의한다.

④법 제94조제1항에 따른 직무상 부상 또는 질병 선원에 대한 법 제37조 및 제55조에 따른 실업수당 및 퇴직금을 산정함에 있어서 적용할 통상임금 및 승선평균임금은 제1항부터 제3항까지의 규정에 따라 조정된 통상임금 및 승선평균임금으로 한다. 〈개정 2012. 2. 3.〉

[본조신설 1991. 1. 29.]

[제목개정 2012. 2. 3.]

제3조의5(공동경비) 법 제2조제15호에서 "대통령령으로 정하는 공동경비"란 첫출어부터 조업종료까지 발생하는 직접 경비를 말한다. 〈개정 1991. 1. 29., 2012. 2. 3.〉

[본조신설 1988. 9. 24.]

[제3조의2에서 이동〈1991. 1. 29.〉]

제3조의6(지방해양항만관청) 법 제2조제18호에서 "대통령령으로 정하는 해양수산부 소속기관의 장"이란 다음 각 호의 해양수산부 소속기관의 장(이하 "지방해양항만관청"이라 한다)을 말한다.

1. 지방해양수산청장
2. 제주해양수산관리단장
3. 해양수산사무소장

[본조신설 2017. 1. 17.]

[종전 제3조의6은 제3조의7로 이동 〈2017. 1. 17.〉]

제3조의7(선장의 선박 조종 지휘를 대행할 수 있는 직원) 법 제9조제2항에서 "1등항해사 등 대통령령으로 정하는 직원"이란 다음 각 호의 어느 하나에 해당하는 직원을 말한다. 〈개정 2015. 7. 6.〉

1. 1등항해사
2. 운항장
3. 「선박직원법 시행령」 별표 3에 따른 1등항해사 또는 운항장의 승무자격 이상의 자격을 갖춘 직원

[본조신설 2014. 4. 15.]

[제3조의6에서 이동 〈2017. 1. 17.〉]

제4조(재외국민송환비용의 부담 및 상환) ①법 제19조의 규정에 의한 송환에 쓰인 비용은 송환된 자가 부담하며, 그 비용은 송환에 쓰인 운임·식비·의료비 기타 비용으로 한다.

②법 제19조의 규정에 의하여 송환된 자는 선박소유자 또는 선장이 송환에 쓰인 비용의 지급을 청구하는 경우 즉시 이를 상환하여야 한다.

제2장 선원근로계약

제5조(유기구제보험 등의 가입) ① 법 제42조의2제1항 각 호 외의 부분에서 "대통령령으로 정하는 선박소유자"란 국제항해에 종사하는 선박의 선박소유자를 말한다. 〈개정 2014. 4. 15., 2017. 1. 17.〉

② 법 제42조의2제1항 각 호 외의 부분에서 "대통령령으로 정하는 보험 또는 공제"란 다음 각 호의 어느 하나에 해당하는 것을 말한다. 〈개정 2013. 3. 23., 2014. 4. 15., 2017. 1. 17.〉

1. 「선주상호보험조합법」 제2조에 따른 선주상호보험조합(이하 "선주상호보험조합"이라 한다)이 운영하는 손해보험

2. 「보험업법」 제2조제6호 및 제8호에 따른 보험회사 및 외국보험회사가 법 제42조의2제2항에 따른 선원의 유기 구제비용(이하 "유기 구제비용"이라 한다) 보장을 목적으로 운영하는 「보험업법」 제2조제1호나목에 따른 손해보험

3. 선박소유자 단체가 유기 구제비용 보장을 목적으로 「한국해운조합법」 제6조, 「수산업협동조합법」 제60조 또는 「원양산업발전법」 제28조에 따른 정관에 따라 소속업체 등으로부터 부담금을 징수하여 운영하는 공제

4. 「민법」 제32조에 따라 주무관청의 허가를 받아 설립된 사단법인이 유기 구제비용 보장을 목적으로 같은 법 제40조에 따른 정관에 따라 소속업체 등으로부터 부담금을 징수하여 운영하는 공제

5. 국제적인 공제 업무를 운영하는 자의 공제로서 유기 구제비용을 보증할 능력이 있다고 해양수산부장관이 인정하여 고시하는 공제

③ 삭제 〈2017. 1. 17.〉

[전문개정 2012. 2. 3.]

[제목개정 2017. 1. 17.]

제5조의2(유기 구제비용의 청구와 지급) ① 법 제42조의2제4항에서 "대통령령으로 정하는 대리인"이란 다음 각 호의 어느 하나에 해당하는 사람을 말한다. 〈개정 2017. 12. 29.〉

1. 선원의 가족(「민법」 제779조에 따른 가족을 말한다)

2. 「변호사법」에 따른 변호사

3. 「공인노무사법」에 따른 공인노무사

4. 선원이 가입되어 있는 노동조합의 대표자

② 법 제42조의2제4항에서 "대통령령으로 정하는 기간"이란 유기구제비용의 청구를 받은 날부터 10일을 말한다.

③ 법 제42조의2제3항에 따른 유기구제보험사업자등은 선원 또는 법 제42조의2제4항에 따른 지정대리인(이하 "지정대리인"이라 한다)이 유기 구제비용을 청구한 경우 그 청구 내용에 따라 선원 또는 지정대리인에게 유기 구제비용을 지급하여야 한다. 다만, 제1항제4호에 해당하는 지정대리인이 청구한 경우에는 그 유기 구제비용을 선원에게 지급하여야 한다. 〈신설 2017. 12. 29.〉

[본조신설 2017. 1. 17.]

제5조의3(유기사실인정) ① 법 제42조의2제4항에 따라 유기 구제비용을 청구하려는 선원 또는 지정대리인은 해양수산부령으로 정하는 바에 따라 지방해양항만관청에 법 제42조의2제1항 각 호의 어느 하나에 해당한다는 사실의 인정(이하 "유기사실인정"이라 한다)을 신청할 수 있다. 〈개정 2017. 12. 29.〉

② 제1항에 따른 신청을 받은 지방해양항만관청은 유기사실인정의 여부를 결정하여 해양수산부령으로 정하는 바에 따라 신청인에게 통지하여야 한다.

[본조신설 2017. 1. 17.]

제6조(선원명부의 공인면제) 법 제44조제3항 전단에서 "대통령령으로 정하는 사람"이란 다음 각 호의 어느 하나에 해당하는 사람을 말한다. 〈개정 2005. 9. 30., 2007. 4. 27., 2007. 9. 28., 2007. 10. 31., 2010. 4. 20., 2012. 2. 3., 2023. 1. 10.〉

1. 「수산업법」 제40조제1항에 따른 근해어업에 사용하는 어선에 승무하는 부원

2. 「수산업법」 제40조제2항에 따른 연안어업에 사용하는 어선에 승무하는 부원

3. 「선박안전법 시행령」 제2조제1항제3호가목에 따른 평수구역(이하 "평수구역"이라 한다) 안을 운항하는 부선에 승무하는 선원

4. 국가 또는 지방자치단체의 공무원으로서 관공선에 승무하는 선원

[본조신설 2001. 6. 29.]
[제목개정 2012. 2. 3.]
제7조 삭제 〈1998. 9. 17.〉

제8조(선원수첩의 발급절차) ①법 제45조제1항에 따라 선원수첩을 발급받으려는 경우에는 본인·선박소유자·「한국해양수산연수원법」에 따른 한국해양수산연수원의 장(이하 "한국해양수산연수원장"이라 한다)·법 제112조에 따른 선원관리사업을 영위하는 자(이하 "선원관리사업자"라 한다)·「선박직원법 시행령」 제2조제7호에 따른 지정교육기관의 장 또는 해양수산부장관이 지정하는 기관이나 단체의 장이 지방해양항만관청에 신청하여야 한다. 다만, 외국에 거주하는 대한민국 국민인 경우에는 주재국 대한민국영사를 거쳐 신청하여야 한다. 〈개정 1988. 9. 24., 1991. 1. 29., 1996. 8. 8., 1997. 5. 24., 1998. 9. 17., 2004. 1. 29., 2005. 9. 30., 2008. 2. 29., 2012. 2. 3., 2013. 3. 23., 2017. 1. 17.〉

②외국인이 대한민국선박에 고용되어 선원수첩을 발급받고자 하는 경우에는 미리 그의 본국정부(우리나라에 주재하는 그의 본국 영사를 포함한다)로부터 그가 승선에 적합하다는 사실의 확인을 받아야 한다. 〈개정 2012. 2. 3.〉

③선원수첩을 소지한 자는 법 제49조에 따른 재발급신청의 경우를 제외하고는 선원수첩의 발급신청을 할 수 없다. 〈개정 2005. 9. 30., 2012. 2. 3.〉

[제목개정 2012. 2. 3.]

제9조(미성년자의 선원수첩 발급신청) 미성년자가 선원수첩의 발급을 신청할 때에는 그 신청서에 법정대리인의 동의서를 첨부하여야 한다. 〈개정 2012. 2. 3.〉

[제목개정 2012. 2. 3.]

제10조(신원보증서에 의한 선원수첩의 갈음) ①법 제45조제1항 단서에서 "대통령령으로 정하는 선원"이란 다음 각호의 자를 말한다. 〈개정 1998. 9. 17., 2001. 6. 29., 2005. 9. 30., 2008. 2. 29., 2012. 2. 3., 2013. 3. 23.〉

1. 외국 영토에 기항하지 아니하고 어로작업에 종사하는 선박에 승무하는 부원. 다만, 당직부원의 직무에 종사하는 자와 해양수산부령이 정하는 자를 제외한다.

2. 국내항 사이만을 운항하는 여객선에 승무하는 부원으로서 해양수산부령이 정하는 자

3. 평수구역 안을 운항하는 부선에 승무하는 선원

4. 외국인 선원

② 삭제 〈1999. 6. 8.〉

[제목개정 2001. 6. 29.]

제11조(선원수첩의 반환) 다른 사람의 선원수첩을 가지고 있는 자는 본인의 요구가 있는 때에는 지체없이 이를 반환하여야 한다. 다만, 법 제45조제2항의 규정에 따라 선장이 보관하는 경우에는 그러하지 아니하다.

[본조신설 2005. 9. 30.]

제12조(선원수첩의 서식 등) 선원수첩의 서식과 선원수첩의 발급·정정 등에 관하여 필요한 사항은 해양수산부령으로 정한다. 〈개정 2008. 2. 29., 2012. 2. 3., 2013. 3. 23.〉

[본조신설 2005. 9. 30.]

제13조(선원신분증명서의 발급 등) ①법 제48조제1항 및 제2항에 따라 선원신분증명서를 발급받으려는 경우에는 본인이 지방해양항만관청(해양수산사무소장의 경우에는 선원신분증명서 발급장비를 갖춘 해양수산사무소의 장으로 한정한다)에 신청하여야 한다. 〈개정 2008. 2. 29., 2012. 2. 3., 2017. 1. 17.〉

②미성년자가 선원신분증명서의 발급을 신청할 때에는 그 신청서에 법정대리인의 동의서를 첨부하여야 한다. 〈개정 2012. 2. 3.〉

③선원신분증명서를 소지한 자가 법 제48조제3항에 따른 그 유효기간의 만료 전에 발급신청을 하거나 법 제49조에 따라 재발급신청을 하는 경우 또는 기재사항의 정정신청을 하는 경우에는 소지하고 있는 선원신분증명서를 반납하여야 한다. 〈개정 2012. 2. 3.〉

④선원신분증명서 발급·정정 등에 관하여 필요한 사항은 해양수산부령으로 정한다. 〈개정 2008. 2. 29., 2012. 2. 3., 2013. 3. 23.〉

[본조신설 2005. 9. 30.]

[제목개정 2012. 2. 3.]

제14조(외국인에 대한 선원신분증명서의 발급) 법 제48조제2항에서 "대통령령으로 정하는 사람"이란 「출입국관리법 시행령」 별표 1의3

에 따른 영주의 자격을 가진 사람을 말한다. 〈개정 2012. 2. 3., 2018. 9. 18.〉

[전문개정 2005. 9. 30.]

[제목개정 2012. 2. 3.]

제15조(선원신분증명서의 규격 및 수록내용) ①법 제48조제7항에 따른 선원신분증명서의 규격은 가로 8센티미터 6밀리미터, 세로 5센티미터 4밀리미터로 한다. 〈개정 2012. 2. 3.〉

②선원신분증명서에는 다음 각 호의 사항이 표기되어야 한다.

1. 앞면 : 증명서 번호, 성명, 성별, 국적, 생년월일, 출생지, 주민등록번호, 신체특징, 발급지, 발급일, 기간만료일, 사진, 서명

2. 뒷면 : 발급관청, 생체인식정보(지문), 기계판독자료

③선원신분증명서의 재질 등에 관하여 필요한 사항은 해양수산부장관이 정하여 고시한다. 〈개정 2008. 2. 29., 2013. 3. 23.〉

[전문개정 2005. 9. 30.]

제16조(승무경력증명서의 발급) 선박소유자 또는 선장은 법 제51조에 따라 승무경력에 관한 증명서를 발급하는 경우에는 본인이 요구한 사항만을 기재하여야 하며, 본인에게 불리한 기호나 표시를 하거나 허위사실을 기재하여서는 아니된다. 〈개정 2012. 2. 3.〉

[제목개정 2012. 2. 3.]

제3장 임금

제17조(임금의 지급) ① 법 제52조제2항 단서에서 "임시로 지급하는 임금, 수당, 그 밖에 이에 준하는 것 등 대통령령으로 정하는 것"이란 다음 각 호의 어느 하나에 해당하는 것을 말한다.

1. 1개월을 초과하는 일정기간의 계속 근무에 대하여 지급되는 근속수당

2. 1개월을 초과하는 기간에 걸친 사유에 의하여 산정되는 장려금·능률수당 또는 상여금

3. 그 밖에 부정기적으로 지급되는 각종 수당

② 선박소유자는 법 제52조에 따라 임금을 지급하는 경우에는 다음 각 호의 사항이 포함된 급여명세서를 선원에게 주어야 한다.

1. 임금의 금액에 관한 사항

2. 임금의 구성항목에 관한 사항

3. 적용환율에 관한 사항

[전문개정 2012. 2. 3.]

제17조의2(기일 전 지급) 법 제53조에서 “대통령령으로 정하는 비상(非常)한 경우”란 선원이나 그 가족이 다음 각 호의 어느 하나에 해당하게 되는 경우를 말한다. 〈개정 2013. 3. 23.〉

1. 혼인 또는 사망한 경우

2. 해양수산부장관이 정하는 부득이한 사유로 7일 이상 하선하게 되는 경우

[본조신설 2012. 2. 3.]

제17조의3(미지급 임금에 대한 지연이자의 이율) 법 제55조의3제1항에서 “대통령령으로 정하는 이율”이란 연 100분의 20을 말한다.

[본조신설 2021. 1. 12.]

제17조의4(지연이자의 적용 제외 사유) 법 제55조의3제2항에서 “대통령령으로 정하는 사유”란 다음 각 호의 사유를 말한다.

1. 선박소유자가 「채무자 회생 및 파산에 관한 법률」에 따른 회생절차개시 결정을 받거나 파산선고를 받은 경우

2. 선박소유자가 제18조의2제1항에 따른 도산등사실인정을 받은 경우

3. 선박소유자가 선원에게 미지급 임금 및 퇴직금을 지급하라는 다음 각 목의 어느 하나에 해당하는 판결, 명령, 조정 또는 결정 등이 있는 경우

가. 「민사집행법」 제24조에 따른 확정된 종국판결

나. 「민사집행법」 제56조제3호에 따른 확정된 지급명령

다. 「민사집행법」 제56조제5호에 따른 소송상 화해, 청구의 인낙(認諾) 등 확정판결과 같은 효력을 가지는 것

라. 「민사조정법」 제28조에 따라 성립된 조정

마. 「민사조정법」 제30조에 따른 확정된 조정을 갈음하는 결정

바. 「소액사건심판법」 제5조의7제1항에 따른 확정된 이행권고결정

4. 「채무자 회생 및 파산에 관한 법률」, 「국가재정법」, 「지방자치법」 등 법령상의 제약에 따라 임금 및 퇴직금으로 지급할 자금을 확보하기 어려운 경우

5. 지급이 지연되고 있는 임금 및 퇴직금의 전부 또는 일부의 존

부(存否)를 법원이나 법 제4조에 따른 선원노동위원회에서 다투는 것이 적절하다고 인정되는 경우

6. 그 밖에 제1호부터 제5호까지의 규정에 준하는 사유가 있는 경우

[본조신설 2021. 1. 12.]

제17조의5(명단 공개의 내용ㆍ기간 등) ① 해양수산부장관은 법 제55조의4제1항에 따라 다음 각 호의 내용을 공개한다.

1. 법 제55조의4제1항 본문에 따른 임금등(이하 "임금등"이라 한다)을 지급하지 않은 선박소유자(이하 "체불선박소유자"라 한다)의 성명ㆍ나이ㆍ상호ㆍ주소(체불선박소유자가 법인인 경우에는 그 대표자의 성명ㆍ나이ㆍ주소 및 법인의 명칭ㆍ주소를 말한다)

2. 명단 공개 기준일 이전 3년간의 임금등 체불액

② 제1항에 따른 공개는 관보에 게재하거나 해양수산부의 인터넷 홈페이지 또는 그 밖에 열람이 가능한 공공장소에 3년간 게시하는 방법으로 한다.

③ 제1항 및 제2항에서 규정한 사항 외에 명단 공개에 필요한 세부사항은 해양수산부장관이 정하여 고시한다.

[본조신설 2021. 1. 12.]

제17조의6(체불선박소유자 명단 공개의 제외 대상) 법 제55조의4제1항 단서에서 "체불선박소유자의 사망ㆍ폐업으로 명단 공개의 실효성이 없는 경우 등 대통령령으로 정하는 사유"란 다음 각 호의 사유를 말한다.

1. 체불선박소유자가 사망하거나 「민법」 제27조에 따라 실종선고를 받은 경우(체불선박소유자가 자연인인 경우만 해당한다)

2. 체불선박소유자가 법 제55조의4제2항에 따른 소명 기간 내에 체불 임금등을 전액 지급한 경우

3. 체불선박소유자가 「채무자 회생 및 파산에 관한 법률」에 따른 회생절차개시 결정을 받거나 파산선고를 받은 경우

4. 체불선박소유자가 제18조의2제1항에 따른 도산등사실인정을 받은 경우

5. 체불선박소유자가 체불 임금등의 일부를 지급하고, 남은 체불 임금등에 대한 구체적인 청산 계획과 자금 조달 방안을 충분히 소명하여 법 제55조의4제3항에 따른 임금체불정보심의위원회가 명단

공개 대상에서 제외할 필요가 있다고 인정하는 경우

6. 그 밖에 제1호부터 제5호까지의 규정에 준하는 경우로서 법 제55조의4제3항에 따른 임금체불정보심의위원회가 체불선박소유자의 인적사항 등을 공개할 실효성이 없다고 인정하는 경우

[본조신설 2021. 1. 12.]

제17조의7(임금등 체불자료의 제공 절차 등) ① 법 제55조의5제1항 본문에 따른 임금등 체불자료(이하 "임금등체불자료"라 한다)를 요구하는 자(이하 "요구자"라 한다)는 다음 각 호의 사항을 적은 문서를 해양수산부장관에게 제출해야 한다.

1. 요구자의 성명·상호·주소(요구자가 법인인 경우에는 그 대표자의 성명 및 법인의 명칭·주소를 말한다)

2. 요구하는 임금등체불자료의 내용과 이용 목적

② 해양수산부장관은 임금등체불자료를 서면이나 전자적 파일 형태로 작성하여 요구자에게 제공할 수 있다.

③ 해양수산부장관은 제2항에 따라 임금등체불자료를 제공한 후 제17조의8 각 호의 어느 하나에 해당하는 사유가 발생한 경우에는 그 사실을 안 날부터 15일 이내에 요구자에게 그 내용을 통지해야 한다.

④ 제1항부터 제3항까지에서 규정한 사항 외에 임금등체불자료의 제공 절차 등에 관한 세부사항은 해양수산부장관이 정하여 고시한다.

[본조신설 2021. 1. 12.]

제17조의8(임금등체불자료의 제공 제외 대상) 법 제55조의5제1항 단서에서 "체불선박소유자의 사망·폐업으로 임금등 체불자료 제공의 실효성이 없는 경우 등 대통령령으로 정하는 사유"란 다음 각 호의 사유를 말한다.

1. 체불선박소유자가 사망하거나 「민법」 제27조에 따라 실종선고를 받은 경우(체불선박소유자가 자연인인 경우만 해당한다)

2. 체불선박소유자가 임금등체불자료의 제공일 전까지 체불 임금등을 전액 지급한 경우

3. 체불선박소유자가 「채무자 회생 및 파산에 관한 법률」에 따른 회생절차개시 결정을 받거나 파산선고를 받은 경우

4. 체불선박소유자가 제18조의2제1항에 따른 도산등사실인정을

받은 경우

5. 임금등체불자료의 제공일 전까지 체불선박소유자가 체불 임금등의 일부를 지급하고, 남은 체불 임금등에 대한 구체적인 청산 계획과 자금 조달 방안을 충분히 소명하여 체불 임금등 청산을 위해 성실히 노력하고 있다고 해양수산부장관이 인정하는 경우

[본조신설 2021. 1. 12.]

제18조(체불임금의 지급사유) 법 제56조제1항 본문에서 “선박소유자의 파산 등 대통령령으로 정하는 사유”란 다음 각 호의 어느 하나에 해당하는 경우를 말한다. 〈개정 2008. 2. 29., 2012. 2. 3., 2017. 1. 17.〉

1. 「채무자 회생 및 파산에 관한 법률」에 따른 파산의 선고 또는 회생절차 개시의 결정(이하 “파산선고등”이라 한다)

2. 제18조의2에 따른 지방해양항만관청의 도산등사실인정

[본조신설 2005. 9. 30.]

제18조의2(도산등사실인정의 요건 · 절차) ①지방해양항만관청은 선박소유자가 다음 각 호의 어느 하나에 해당되는 경우 해당 선박소유자로부터 임금 및 퇴직금을 지급받지 못하고 퇴직한 선원의 신청이 있는 때에는 해당 선박소유자가 미지급한 임금 및 퇴직금(이하 “체불임금”이라 한다)을 지급할 능력이 없는 것으로 인정(이하 “도산등사실인정”이라 한다)할 수 있다. 〈개정 2008. 2. 29., 2017. 1. 17.〉

1. 사업이 폐지되었거나 다음 각 목의 어느 하나에 해당하는 사유로 인하여 사업이 폐지과정에 있을 것

가. 그 사업의 영업활동이 중단된 상태에서 주된 업무시설이 압류 또는 가압류되거나 채무변제를 위하여 양도된 경우(「민사집행법」에 의한 경매가 진행중인 경우를 포함한다)

나. 그 사업에 대한 인가 · 허가 · 등록 등이 취소되거나 말소된 경우

다. 그 사업의 영업활동이 1월 이상 중단된 경우

2. 체불임금을 지급할 능력이 없거나 다음 각 목의 어느 하나에 해당하는 사유로 인하여 체불임금의 지급이 현저히 곤란할 것

가. 도산등사실인정일 현재 선박소유자가 1월 이상 소재불명인 경우

나. 선박소유자의 재산을 환가하거나 회수하는데 도산등사실인

정의 신청일부터 3월 이상이 소요될 것으로 인정되는 경우

②제1항의 규정에 따른 도산등사실인정의 신청은 선원이 퇴직한 날의 다음날부터 1년 이내에 하여야 한다.

③제1항의 규정에 의한 도산등사실인정의 신청 등에 관하여 필요한 사항은 해양수산부령으로 정한다. 〈개정 2008. 2. 29., 2013. 3. 23.〉

[본조신설 2005. 9. 30.]

제18조의3(임금채권보장보험 등의 종류) ①법 제56조제1항 본문에 따라 선박소유자(선박소유자단체를 포함한다)가 가입하거나 조성하여야 하는 보험·공제 또는 기금은 다음 각 호와 같다. 〈개정 2007. 4. 27., 2011. 1. 24., 2012. 2. 3., 2014. 4. 15., 2018. 3. 30.〉

1. 선주상호보험조합이 운영하는 손해보험

2. 「보험업법」 제2조제6호 및 제8호에 따른 보험회사 및 외국보험회사가 선원의 임금채권 보장을 목적으로 운영하는 같은 법 제2조제4호에 따른 손해보험

3. 선박소유자 단체가 선원의 임금채권 보장을 목적으로 「한국해운조합법」 제6조, 「수산업협동조합법」 제60조 또는 「원양산업발전법」 제28조에 따른 정관에 따라 소속업체 등으로부터 부담금을 징수하여 운영하는 공제

4. 선박소유자 단체가 선원의 임금채권 보장을 목적으로 「한국해운조합법」 제10조, 「수산업협동조합법」 제17조 또는 「원양산업발전법」 제28조에 따른 정관에 따라 소속업체 등으로부터 부담금을 징수하여 운영하는 기금

5. 「민법」 제32조에 따라 주무관청의 허가를 받아 설립된 사단법인이 선원의 임금채권 보장을 목적으로 같은 법 제40조에 따른 정관에 따라 소속업체 등으로부터 부담금을 징수하여 운영하는 공제 또는 기금

6. 「중소기업협동조합법」 제3조제1항제1호에 따른 협동조합이 선원의 임금채권 보장을 목적으로 같은 법 제29조에 따른 정관에 따라 조합원으로부터 부담금을 징수하여 운영하는 공제 또는 기금

②제1항제3호·제5호 및 제6호에 따른 공제업자는 공제금의 조성기준 및 지급요건 등 그 운영에 관하여 필요한 사항을 정하여 해

양수산부장관의 승인을 얻어야 한다. 〈개정 2008. 2. 29., 2012. 2. 3., 2013. 3. 23., 2014. 4. 15., 2018. 3. 30.〉

③제1항제4호부터 제6호까지에 따른 기금의 조성기준 및 지급요건 등 그 운영에 관하여 필요한 사항은 해양수산부장관이 정한다. 〈개정 2008. 2. 29., 2012. 2. 3., 2013. 3. 23., 2014. 4. 15., 2018. 3. 30.〉

[본조신설 2005. 9. 30.]

제18조의4(체불임금의 청구와 지급) ①법 제56조에 따라 체불임금을 지급받으려는 선원은 해당 선박소유자에 대하여 파산선고등이 있거나 도산등사실인정이 있은 날부터 2년 이내에 제18조의3제1항에 따른 보험·공제 또는 기금을 운영하는 선주상호보험조합, 보험업자, 공제업자 또는 기금운영자(이하 "보험업자·공제업자 또는 기금운영자"라 한다)에게 체불임금을 청구하여야 한다. 〈개정 2012. 2. 3., 2014. 4. 15., 2017. 12. 29.〉

②보험업자·공제업자 또는 기금운영자가 제1항에 따라 체불임금의 청구를 받았을 때에는 특별한 사유가 없는 한 체불임금을 청구받은 날부터 7일 이내에 체불임금을 지급하여야 한다. 〈개정 2014. 4. 15., 2017. 12. 29.〉

③ 제1항 및 제2항에서 규정한 사항 외에 체불임금의 청구와 지급에 필요한 사항은 해양수산부령으로 정한다. 〈개정 2017. 12. 29.〉

[본조신설 2005. 9. 30.]

제18조의5(체불임금 지급사유의 확인 등) ①제18조의4에 따라 체불임금을 청구하는 경우에는 다음 각 호의 사항에 관하여 지방해양항만관청의 확인을 받아 함께 제출하여야 한다. 〈개정 2008. 2. 29., 2017. 1. 17., 2017. 12. 29.〉

1. 파산선고등 또는 도산등사실인정이 있은 날 및 그 신청일
2. 퇴직일
3. 최종 4개월분의 임금 및 최종 4년분의 퇴직금 중 미지급액

②지방해양항만관청은 제1항에 따른 확인을 위하여 필요한 경우에는 현장조사를 하거나 해당 선박소유자·관리인 등에게 파산선고등과 관련된 사항의 보고 또는 관계서류의 제출을 요구하는 등 필요한 조치를 할 수 있다. 〈개정 2008. 2. 29., 2012. 2. 3., 2017.

1. 17.〉
[본조신설 2005. 9. 30.]
제18조의6(체불임금 청구권의 대위) 보험업자·공제업자 또는 기금운영자가 법 제56조제4항에 따라 선원의 체불임금 청구권을 대위하는 경우에는 청구권의 행사 및 확보 등에 관하여 필요한 조치를 할 수 있다. 〈개정 2012. 2. 3., 2014. 4. 15., 2017. 12. 29.〉
[본조신설 2005. 9. 30.]
제19조(어선원의 임금에 대한 특례) ① 삭제 〈1988. 9. 24.〉
② 삭제 〈2005. 9. 30.〉
③ 삭제 〈1988. 9. 24.〉
④법 제57조제1항에 따른 어선원의 비율급 및 생산수당의 정산은 첫출어부터 조업종료까지의 기간을 단위로 하되, 그 기간이 1월미만인 때에는 1월단위로 정산하고, 그 기간이 6월이상인 때에는 6월단위로 정산한다. 다만, 그 기간이 6월이상인 경우에는 단체협약 또는 취업규칙으로 정산기간을 달리 정할 수 있다. 〈개정 1991. 1. 29., 2012. 2. 3.〉
⑤ 삭제 〈1988. 9. 24.〉
제19조의2(어선원의 통상임금 및 승선평균임금의 산정기준) ①법 제57조제2항에 따른 어선원의 통상임금은 다음 각호의 방법에 의하여 산정한다. 〈개정 2012. 2. 3.〉
1. 월고정급 및 생산수당으로 임금을 지급하되 임금중 월고정급의 비율이 큰 업종 또는 선박으로서 어선원과 어선소유자가 합의한 경우에는 월고정급의 135퍼센트로 한다.
2. 월고정급 및 생산수당으로 임금을 지급하는 경우로서 제1호외의 경우에는 월고정급의 140퍼센트로 한다.
3. 제1호 및 제2호외의 업종 또는 선박의 경우에는 월고정급의 145퍼센트로 한다.
②법 제57조제2항에 따른 어선원의 승선평균임금은 다음 각호의 방법에 의하여 산정한다. 〈개정 2012. 2. 3.〉
1. 월고정급 및 생산수당으로 임금을 지급하되 임금중 월고정급의 비율이 큰 업종 또는 선박으로서 어선원과 어선소유자가 합의한 경우에는 월고정급의 165퍼센트로 한다.
2. 월고정급 및 생산수당으로 임금을 지급하는 경우로서 제1호외

의 경우에는 월고정급의 170퍼센트로 한다.

3. 제1호 및 제2호외의 업종 또는 선박의 경우에는 월고정급의 175퍼센트로 한다.

③ 삭제 〈1998. 9. 17.〉

[본조신설 1991. 1. 29.]

제20조(임금대장의 기재사항) 법 제58조에서 “대통령령으로 정하는 사항”이란 다음 각호의 사항을 말한다. 〈개정 2012. 2. 3.〉

1. 선원의 성명·주민등록번호·고용연월일 및 직책
2. 임금 및 가족수당 계산의 기초가 되는 사항
3. 근로일수 및 근로시간수
4. 시간외근로 및 휴일근로를 시킨 경우에는 그 시간수
5. 임금의 내역별 금액
6. 법 제52조제1항 단서에 따라 임금의 일부를 공제한 경우에는 그 사유 및 금액

[전문개정 1998. 9. 17.]

제20조의2 삭제 〈1998. 9. 17.〉

제4장 선원의 승무자격

제21조(자격요건을 갖춘 선원의 승무선박) ①법 제64조제1항에서 “대통령령으로 정하는 선박”이란 총톤수 500톤이상 또는 「선박직원법 시행령」 제2조제10호에 따른 주기관 추진력 750킬로와트이상의 선박을 말한다. 다만, 평수구역을 항행구역으로 하는 선박, 「선박의 입항 및 출항 등에 관한 법률」 제2조제4호에 따른 예선(曳船) 및 「해사안전기본법」 제3조제2호에 따른 수면비행선박은 제외한다. 〈개정 1987. 8. 13., 1998. 7. 1., 1998. 9. 17., 2001. 6. 29., 2005. 9. 30., 2012. 2. 3., 2014. 4. 15., 2017. 12. 29., 2023. 10. 17., 2024. 1. 16.〉

②법 제64조제3항에서 “대통령령으로 정하는 위험화물적재선박”이란 통등에 넣지 아니한 석유류 액체화학물질 또는 액화가스를 그대로 싣는데 전용되는 선박을 말한다. 다만, 평수구역을 항행구역으로 하는 선박을 제외한다. 〈개정 1998. 9. 17., 2012. 2. 3.〉

③법 제64조제4항에서 “대통령령으로 정하는 선박”이란 「선박안전법」 제2조제2호에 따른 선박시설 중 구명정·구명뗏목·구조정

또는 고속구조정을 비치하여야 하는 선박을 말한다. 〈개정 1998. 9. 17., 2005. 9. 30., 2007. 9. 28., 2012. 2. 3.〉

④ 법 제64조제5항에서 "대통령령으로 정하는 선박"이란 「선박안전법」 제2조제10호에 따른 여객선을 말한다. 다만, 평수구역만을 항해구역으로 하는 선박과 「유선 및 도선 사업법」 제2조제1호 또는 제2호에 따른 유선사업 또는 도선사업을 위하여 사용되는 선박은 제외한다. 〈신설 2015. 7. 6.〉

⑤ 법 제64조제6항에서 "대통령령으로 정하는 선박"이란 가스 등 저인화점 연료(인화점이 섭씨 60도 미만인 연료를 말한다)를 사용하는 기관을 설치한 선박을 말한다. 〈신설 2021. 1. 12.〉

제21조의2(예비원) ①법 제67조제1항 단서에 따라 항해선이 아닌 선박의 선박소유자가 예비원을 총승선 선원 수의 10퍼센트 이상 확보하지 아니할 수 있는 경우는 다음 각 호의 어느 하나에 해당하는 경우로 한다. 〈개정 1997. 5. 24., 1998. 9. 17., 2008. 2. 29., 2012. 2. 3., 2015. 7. 6., 2017. 1. 17.〉

1. 선박소유자가 보유하고 있는 선박이 3척이하인 경우. 다만, 선박소유자가 보유하고 있는 선박이 다음 각 목의 어느 하나에 해당하는 선박인 경우에는 제외한다.

가. 제21조제2항에 따른 위험화물적재선박

나. 「해운법」 제3조제1호, 제3호, 제5호 또는 제6호에 따른 해상여객운송사업에 종사하는 선박

2. 지방해양항만관청의 승인을 얻어 승선할 선박을 특정하여 선원근로계약을 체결한 선원의 경우

3. 평수구역만을 항해구역으로 하는 선박의 경우

② 제1항제1호 단서에도 불구하고 제1항제1호 각 목의 어느 하나에 해당하는 선박의 선박소유자가 해양수산부장관이 정하는 바에 따라 같은 종류의 선박을 3척 이하 보유한 다른 선박소유자와 공동으로 해당 선박소유자와 다른 선박소유자가 고용하고 있는 총승선 선원 수의 10퍼센트 이상 예비원을 확보한 경우에는 해당 선박소유자가 고용하고 있는 총승선 선원 수의 10퍼센트 미만으로 예비원을 확보할 수 있다. 이 경우 선박소유자가 공동으로 확보한 예비원에 대하여 지방해양항만관청의 확인을 받아야 한다. 〈신설 2015. 7. 6., 2017. 1. 17.〉

③법 제67조제2항에서 "유급휴가자 등 대통령령으로 정하는 사람"이란 다음 각 호의 어느 하나에 해당하는 사람을 말한다. 〈개정 2012. 2. 3., 2015. 7. 6.〉

1. 유급휴가자
2. 선박소유자의 귀책사유로 인하여 하선한 자
3. 법 제116조 또는 다른 법령에 따라 의무적으로 교육·훈련을 받는 자
4. 기타 단체협약 또는 취업규칙으로 정한 자

④휴직한 선원 및 정직중인 선원에 대하여는 예비원의 확보의무 및 임금의 지급의무에 관한 법 제67조를 적용하지 아니한다. 〈개정 2012. 2. 3., 2015. 7. 6.〉

[본조신설 1991. 1. 29.]

제5장 선내 급식과 안전 및 보건 〈개정 2015. 7. 6.〉

제22조(선박조리사의 자격 등) ① 법 제76조제2항 본문에서 "대통령령으로 정하는 자격을 갖춘 선박조리사"란 18세 이상인 사람으로서 다음 각 호의 어느 하나에 해당하는 사람을 말한다.

1. 해양수산부령으로 정하는 선박조리사교육을 이수하고 해양수산부장관이 실시하는 자격시험(이하 "선박조리사 자격시험"이라 한다)에 합격한 사람
2. 다음 각 목의 어느 하나에 해당하는 사람
   가. 「국가기술자격법」에 따른 조리기능사 이상의 자격증을 취득하고, 선박에서 3년 이상 조리업무에 종사한 경력이 있는 사람으로서 해양수산부령으로 정하는 선박조리사교육을 이수한 사람
   나. 선박에서 6년 이상 조리업무에 종사한 경력이 있고, 해양수산부령으로 정하는 선박조리사교육을 이수한 사람
3. 「2006 해사노동협약」에 따라 외국정부로부터 선박에서의 조리와 급식에 관한 자격을 취득한 사람

② 선박조리사 자격시험은 필기시험으로 실시한다.

③ 선박조리사 자격시험의 시험과목은 다음 각 호와 같다.

1. 집단급식 및 위생관리
2. 식중독 예방 및 관리

④ 선박조리사 자격시험의 응시절차, 합격기준 및 그 밖에 선박조

리사 자격시험에 관하여 필요한 사항은 해양수산부령으로 정한다.

[본조신설 2014. 4. 15.]

제22조의2(선박조리사 의무승무 대상 선박의 예외) 법 제76조제2항 단서에서 "대통령령으로 정하는 선박"이란 다음 각 호의 어느 하나에 해당하는 선박을 말한다.

1. 항해선이 아닌 선박
2. 법 제65조제1항에 따른 승무정원이 10명 미만인 선박
3. 어선

[본조신설 2014. 4. 15.]

제23조(선내급식비의 최저액결정) 법 제77조제4항 전단에 따라 해양수산부장관이 선내급식비의 최저기준액을 정하고자 할 때에는 해양수산부령이 정하는 바에 따른 자문을 거쳐야 한다. 〈개정 1996. 8. 8., 2001. 6. 29., 2008. 2. 29., 2012. 2. 3., 2013. 3. 23.〉

제23조의2(제복 제공 대상 선박) 법 제82조제7항 전단에서 "대통령령으로 정하는 선박소유자"란 「해운법」 제3조에 따른 해상여객운송사업에 종사하는 선박의 선박소유자를 말한다.

[본조신설 2015. 7. 6.]

제6장 재해보상

제24조(직무상 질병의 범위) 법 제94조제1항 및 제97조에 따른 직무상 질병의 범위에 관하여는 「근로기준법 시행령」 제44조의 규정을 준용한다. 〈개정 1998. 9. 17., 2005. 9. 30., 2007. 6. 29., 2012. 2. 3.〉

제25조 삭제 〈2012. 2. 3.〉

제26조 삭제 〈2001. 6. 29.〉

제27조(장해등급) 법 제97조에 따른 장해등급의 산정에 관한 사항은 「산업재해보상보험법 시행령」 제53조를 적용한다. 〈개정 1995. 4. 15., 2005. 9. 30., 2008. 6. 25., 2012. 2. 3.〉

[전문개정 1991. 1. 29.]

제28조 삭제 〈1991. 1. 29.〉

제29조(유족의 범위) 법 제99조제1항, 같은 조 제2항 본문 및 제100조제1항에서 "대통령령으로 정하는 유족"이란 다음 각 호의 사람을 말한다. 〈개정 2001. 6. 29., 2012. 2. 3.〉

1. 선원의 사망당시 그에 의하여 부양되고 있던 배우자(사실상 혼인관계에 있던 자를 포함한다. 이하 같다)·자녀·부모·손 및 조부모

2. 선원의 사망당시 그에 의하여 부양되고 있지 아니한 배우자·자녀·부모·손 및 조부모

3. 선원의 사망당시 그에 의하여 부양되고 있던 형제자매

4. 선원의 사망당시 그에 의하여 부양되고 있지 아니한 형제자매

5. 선원의 사망당시 그에 의하여 부양되고 있던 배우자의 부모, 형제자매의 자녀 및 부모의 형제자매

6. 선원의 사망당시 그에 의하여 부양되고 있지 아니한 배우자의 부모, 형제자매의 자녀 및 부모의 형제자매

[전문개정 1998. 9. 17.]

제30조(유족의 순위) ①유족보상(장제비를 포함한다. 이하 이 조에서 같다)을 받을 순위는 제29조 각호의 순서에 의하고, 제29조의 같은 호에 규정된 자 사이에 있어서는 그 기재된 순서에 의하되, 제29조제1항제1호 및 제2호의 경우 배우자, 자녀 및 부모는 같은 순위로 하며, 부모에 있어서는 양부모를 선순위로 실부모를 후순위로 하고, 조부모에 있어서는 양부모의 부모를 선순위로 실부모의 부모를 후순위로, 부모의 양부모를 선순위로 부모의 실부모를 후순위로 한다. 〈개정 1998. 9. 17., 2014. 4. 15.〉

②선원이 유언 또는 선박소유자에게 대한 통보로서 제29조 각호의 1에 해당하는 자를 지정한 경우에는 그 순위에 따른다.

③태아는 제29조제1호 및 제2호를 적용함에 있어서는 이미 출생한 것으로 한다. 〈개정 1998. 9. 17.〉

④유족보상을 받을 수 있는 같은 순위의 자가 2인이상 있는 경우에는 유족보상은 그 지급받을 사람의 수에 의하여 등분하여 지급한다. 〈개정 1991. 1. 29.〉

⑤유족보상을 받을 수 있었던 자가 사망한 경우에는 유족보상을 받을 권리를 상실하고 같은 순위의 자가 있는 경우에는 같은 순위의 자가, 같은 순위의 자가 없는 경우에는 다음 순위의 자가 이를 승계한다. 〈개정 1998. 9. 17.〉

제31조(피부양자의 범위등) 법 제101조제1항에 따라 행방불명보상을 받을 수 있는 피부양자의 범위 및 순위에 관하여는 제29조 및

제30조의 규정을 준용한다. 〈개정 1991. 1. 29., 2012. 2. 3.〉

제31조의2(양육책임 불이행에 따른 재해보상 지급의 제한) ① 법 제103조의2제1항에 따라 선원에 대한 양육책임 불이행을 판단할 때에는 별표 1에서 정한 사항을 고려해야 한다.

② 법 제103조의2제1항에 따라 선원에 대한 양육책임을 이행하지 않은 사람(이하 이 조에서 "보상제한대상자"라 한다)에 대해 같은 조 제2항에 따라 양육책임 이행과 관련한 심의를 청구하려는 선박소유자는 해양수산부령으로 정하는 청구서에 다음 각 호의 서류를 첨부하여 지방해양항만관청에 제출해야 한다.

1. 법 제103조의2제3항에 따른 재해보상을 청구한 자가 법 제99조에 따른 유족보상 또는 법 제101조에 따른 행방불명보상을 받을 수 있는 사람임을 증명하는 서류

2. 보상제한대상자의 양육책임 불이행을 증명할 수 있는 서류

③ 지방해양항만관청은 제2항에 따라 청구를 받으면 보상제한대상자에게 그 사실을 알리고, 보상제한대상자로부터 양육책임 이행을 증명할 수 있는 서류를 제출받아 사실관계를 확인·조사한 후 그 결과를 제2항에 따른 청구서 및 첨부서류와 함께 해양수산부장관에게 보내야 한다.

④ 해양수산부장관은 제3항에 따라 받은 자료를 바탕으로 재해보상 지급의 제한 여부와 감액비율을 심의·결정하고, 그 결과를 선박소유자, 보상제한대상자 및 지방해양항만관청에 통지해야 한다.

⑤ 선박소유자는 제4항에 따른 결정에 따라 보상제한대상자에게 보상금을 산정하여 지급한다. 이 경우 보상제한대상자에게 지급하지 않은 재해보상 감액분은 다음 각 호의 구분에 따라 지급한다.

1. 보상제한대상자와 같은 순위자가 있는 경우: 같은 순위자가 한 명인 경우에는 그 순위자에게 전액 지급하고, 같은 순위자가 여러 명인 경우에는 똑같이 나누어 지급

2. 보상제한대상자와 같은 순위자가 없는 경우: 다음 순위자가 한 명인 경우에는 그 순위자에게 전액 지급하고, 다음 순위자가 여러 명인 경우에는 똑같이 나누어 지급

[본조신설 2024. 7. 23.]

제32조(재해보상보험 등의 가입) 법 제106조제1항에서 "대통령령으로 정하는 보험 또는 공제"란 다음 각 호의 어느 하나에 해당하는

것을 말한다. 〈개정 2018. 3. 30.〉

1. 선주상호보험조합이 운영하는 손해보험

2. 「보험업법」 제2조제6호 및 제8호에 따른 보험회사 및 외국보험회사가 선원의 재해보상을 목적으로 운영하는 같은 법 제2조제1호나목에 따른 손해보험

3. 선박소유자 단체가 선원의 재해보상을 목적으로 「한국해운조합법」 제6조, 「수산업협동조합법」 제60조 또는 「원양산업발전법」 제28조에 따른 정관에 따라 소속 업체 등으로부터 부담금을 징수하여 운영하는 공제

4. 「민법」 제32조에 따라 주무관청의 허가를 받아 설립된 사단법인이 선원의 재해보상을 목적으로 같은 법 제40조에 따른 정관에 따라 소속 업체 등으로부터 부담금을 징수하여 운영하는 공제

5. 「중소기업협동조합법」 제3조제1항제1호에 따른 협동조합이 선원의 재해보상을 목적으로 같은 법 제29조에 따른 정관에 따라 조합원으로부터 부담금을 징수하여 운영하는 공제

[전문개정 2017. 1. 17.]

제33조(재해보상의 지급) ① 법 제106조제4항에 따른 재해보상의 청구를 받은 제32조에 따른 보험 또는 공제를 운영하는 사업자는 지체 없이 재해보상금을 산정하여야 한다.

② 법 제106조제4항에서 "대통령령으로 정하는 기간"이란 제1항에 따라 재해보상금이 확정된 날부터 10일을 말한다.

[본조신설 2017. 1. 17.]

제7장 복지와 직업안정 및 교육훈련 〈개정 2017. 12. 29.〉

제34조(선원정책위원회의 구성) ① 법 제107조제3항에 따른 선원정책위원회(이하 "위원회"라 한다)의 위원은 다음 각 호의 어느 하나에 해당하는 사람 중에서 해양수산부장관이 임명하거나 위촉하는 사람이 된다.

1. 선원복지, 선원인력 수급 및 교육훈련 등의 업무와 관련된 관계 중앙행정기관의 공무원

2. 선원 관련 단체의 대표자

3. 선원정책에 관한 학식과 경험이 풍부한 전문가

4. 그 밖에 해양수산부장관이 선원정책과 관련하여 필요하다고 인

정하는 사람

② 위원회 위원(제1항제1호에 해당하는 위원은 제외한다)의 임기는 2년으로 한다.

③ 위원회에 위원회의 사무를 처리할 간사 1명을 두며, 간사는 해양수산부 소속 공무원 중에서 해양수산부장관이 지명한다.

[본조신설 2017. 12. 29.]

제35조(위원회의 운영) ① 위원회의 위원장(이하 "위원장"이라 한다)은 위원회를 대표하고 그 업무를 총괄한다.

② 위원장이 부득이한 사유로 직무를 수행할 수 없을 때에는 위원장이 미리 지명하는 위원이 위원장의 직무를 대행한다.

③ 위원장은 위원회의 회의를 소집하되, 그 회의는 재적위원 과반수의 출석으로 개의(開議)하고, 출석위원 과반수의 찬성으로 의결한다.

④ 위원회는 필요하다고 인정하는 경우에는 관련 기관 또는 단체에 법 제107조제3항 각 호의 사항과 관련된 자료·서류 등의 제출을 요청하거나 관계 공무원, 이해관계인 및 참고인 등을 위원회에 출석시켜 의견을 진술하게 할 수 있다. 이 경우 위원회에 출석한 공무원이 아닌 사람에게는 예산의 범위에서 수당을 지급할 수 있다.

⑤ 제1항부터 제4항까지에서 규정한 사항 외에 위원회의 운영에 필요한 사항은 위원회의 의결을 거쳐 위원장이 정한다.

[본조신설 2017. 12. 29.]

제36조 삭제 〈1998. 9. 17.〉

제37조(구직·구인등록기관) 법 제109조제1항에서 "대통령령으로 정하는 기관"이란 지방해양항만관청을 말한다. 〈개정 2017. 1. 17.〉

[전문개정 2012. 2. 3.]

제38조(선원관리사업) ① 법 제112조제3항에서 "대통령령으로 정하는 업무"란 다음 각 호의 업무를 말한다. 〈개정 2012. 2. 3.〉

1. 법 제2조제9호에 따른 선원근로계약서의 작성 및 신고
2. 법 제44조에 따른 선원명부의 작성·비치 및 공인신청
3. 법 제45조제3항에 따른 승선·하선 공인의 신청
4. 법 제51조에 따른 승무경력증명서의 발급
5. 법 제58조에 따른 임금대장의 비치와 임금 계산의 기초가 되는 사항의 기재
6. 법 제87조에 따른 건강진단에 관한 사항

7. 법 제109조제2항에 따른 구인등록
8. 법 제117조제2항에 따른 교육훈련에 필요한 경비의 부담
9. 법 제155조에 따른 수수료의 납부
10. 제17조제2항에 따른 선원급여명세서의 제공

②해양수산부장관은 법 제112조제6항에 따라 선원관리사업자가 선박소유자(외국인을 포함한다)로부터 선원의 인력관리업무를 위탁받는 경우에 포함시켜야 되는 동항제1호 및 제2호의 사항에 대한 세부기준을 따로 정할 수 있다. 〈개정 2005. 9. 30., 2008. 2. 29., 2012. 2. 3., 2013. 3. 23.〉

③해양수산부장관은 법 제112조제6항에 따라 정한 사항을 선원관리사업자가 성실하게 수행하도록 지도·감독하여야 한다. 〈개정 1996. 8. 8., 2005. 9. 30., 2008. 2. 29., 2012. 2. 3., 2013. 3. 23.〉

[전문개정 1988. 9. 24.]

제39조(선원인력수급관리제도) ① 해양수산부장관은 제115조제1항에 따른 선원인력 수급관리에 관한 제도를 수립·시행하기 위하여 필요하다고 인정하는 경우에는 관계 중앙행정기관, 지방자치단체, 공공기관 및 선원인력 수급과 관련된 기관·단체에 필요한 협조를 요청할 수 있다.

② 해양수산부장관은 선원인력의 수급과 관련하여 법 제107조제2항제2호다목에 따른 외국인 선원의 고용에 관한 기준을 정하려는 경우에는 미리 관계 중앙행정기관의 장과 협의하여야 한다.

[전문개정 2017. 12. 29.]

제40조 삭제 〈1999. 6. 8.〉

제41조 삭제 〈1999. 6. 8.〉

제42조 삭제 〈1999. 6. 8.〉

제43조(선원의 교육훈련) ① 법 제116조제1항에 따른 선원의 교육훈련은 기초안전교육·상급안전교육·여객선교육·당직부원교육·유능부원교육·전자기관부원교육·탱커기초교육·탱커보수교육·가스연료추진선박교육·의료관리자교육·고속선교육·선박조리사교육 및 선박보안교육으로 구분한다. 〈개정 2012. 2. 3., 2019. 10. 8.〉

②제1항의 규정에 의한 교육과정별 교육대상자·교육내용 및 교육기간 그 밖에 필요한 사항은 해양수산부령으로 정한다. 〈개정

2001. 6. 29., 2008. 2. 29., 2013. 3. 23.〉

③ 삭제 〈1999. 6. 8.〉

④선원(외국인 선원을 포함한다)이 「선원의 훈련·자격증명 및 당직근무의 기준에 관한 국제협약」에서 정하는 교육훈련을 받은 경우 그 교육과정이 제2항의 규정에 의한 교육과정과 동등이상의 수준이라고 해양수산부장관이 인정하는 경우에는 제1항의 규정에 의한 교육·훈련을 이수한 것으로 본다. 〈개정 1998. 9. 17., 1999. 6. 8., 2005. 9. 30., 2008. 2. 29., 2013. 3. 23.〉

제44조(선원의 교육훈련 위탁) ① 해양수산부장관은 법 제117조제1항에 따라 선원의 교육훈련 업무를 위탁하는 경우에는 다음 각 호의 사항이 포함된 협약을 체결하여야 한다. 〈개정 2013. 3. 23., 2017. 12. 29.〉

1. 위탁업무의 내용 및 범위
2. 위탁업무의 기간 및 연장에 관한 사항
3. 위탁업무의 보고에 관한 사항
4. 협약의 변경 및 해지에 관한 사항
5. 그 밖에 위탁업무의 효율적 수행을 위하여 해양수산부장관이 정하는 사항

② 해양수산부장관은 제1항에 따라 협약을 체결하는 경우에는 그 체결사실을 관보에 고시하여야 한다. 〈개정 2013. 3. 23.〉

[본조신설 2012. 2. 3.]

제44조의2(선원의 교육훈련 위탁에 대한 감독) ① 해양수산부장관은 법 제117조제1항에 따라 선원의 교육훈련 업무를 위탁받은 자에 대하여 위탁한 업무에 관한 사항을 보고하게 하거나 그 업무에 관한 자료의 제출 등을 명할 수 있다.

② 해양수산부장관은 제1항에 따른 보고·자료제출 결과 위탁한 업무에 관하여 개선이 필요하다고 인정되면 그 시정을 명할 수 있다.

[본조신설 2017. 12. 29.]

제45조(선원교육훈련경비의 부담) 선박소유자 또는 교육훈련을 받는 자(이하 "피교육자"라 한다)는 법 제117조제2항에 따라 다음 각 호의 구분에 따라 교육훈련에 필요한 경비를 부담한다. 〈개정 2001. 6. 29., 2012. 2. 3.〉

1. 피교육자가 선박소유자에게 고용되어 있는 경우 : 선박소유자
2. 피교육자가 선박소유자에게 고용되어 있지 아니한 경우 : 피교육자

[전문개정 1998. 9. 17.]

제46조 삭제 〈1998. 9. 17.〉

제47조(정부보조의 범위) 법 제118조제1항에 따라 정부의 보조는 예산의 범위안에서 이를 행한다. 〈개정 2012. 2. 3.〉

[전문개정 1991. 1. 29.]

제8장 보칙

제48조 삭제 〈2005. 9. 30.〉

제49조(감독기관에 대한 신고) 법 제129조제1항에 따라 신고를 하는 선원은 선박소유자 또는 선장이 법·「근로기준법」이나 법에 의하여 발하는 명령에 위반한 사실을 증명하는 서류나 기타 자료를 제출하여야 한다. 〈개정 1998. 9. 17., 2005. 9. 30., 2012. 2. 3.〉

제49조의2 삭제 〈2018. 5. 28.〉

제49조의3(외국에서의 행정관청의 업무) ① 법 제131조에 따라 대한민국 영사(이하 이 조에서 "영사"라 한다)가 외국에서 수행하는 해양항만관청의 사무는 다음 각 호와 같다.

1. 법 제21조에 따른 선장의 선박 운항에 관한 보고 접수
2. 법 제44조제3항에 따른 선원의 선원명부에 대한 공인
3. 법 제82조제4항에 따른 선박소유자의 보고 접수
4. 법 제129조제1항에 따른 선원의 불만신고 접수

② 영사는 제1항에 따른 사무를 수행하는 경우 해양수산부령으로 정하는 바에 따라 관계 행정기관의 장에게 그 사무 수행 사실을 통보하여야 한다.

③ 제2항에 따른 통보를 받은 관계 행정기관의 장은 필요한 조치를 할 수 있다. 이 경우 관계 행정기관의 장은 해양수산부령으로 정하는 바에 따라 필요한 조치를 한 결과를 영사에게 통보하여야 한다.

④ 영사는 필요하다고 인정하면 제3항에 따라 관계 행정기관의 장이 통보한 사항을 관계 선원, 선박의 선장이나 해당 외국의 관계 기관에 알릴 수 있다.

[본조신설 2014. 4. 15.]

제49조의4(상세점검의 범위) 법 제133조제1항제2호에 따른 상세점검(이하 “상세점검”이라 한다)의 범위는 법 제136조제2항에 따른 해사노동적합선언서의 내용으로 한다.

[본조신설 2014. 4. 15.]

제49조의5(외국선박에 대한 조치) ① 법 제133조제3항에서 “기국에 통보하는 등 대통령령으로 정하는 조치”란 다음 각 호의 조치를 말한다.

1. 다음 각 목의 사항을 선장에게 문서로 통보

가. 상세점검 결과

나. 상세점검 결과 선원의 근로기준 및 생활기준과 관련하여 시정이 필요한 사항 및 시정조치를 하여야 하는 기한

2. 다음 각 목의 사항을 대한민국 국민인 선원 및 선박소유자 단체에 문서로 통보

가. 상세점검 결과

나. 법 제133조제1항제1호라목에 따른 선원의 불만 신고

3. 다음 각 목의 외국정부 등에 해당 외국선박의 「2006 해사노동협약」 위반사실 등을 통보(해양수산부장관이 필요하다고 판단하는 경우에 한정한다)

가. 해당 외국선박의 기국(旗國) 정부 또는 대한민국 주재 기국 영사

나. 해당 외국선박의 다음 기항지 국가의 정부

② 해양수산부장관은 외국선박에 대한 상세점검 결과를 기록한 상세점검보고서를 작성 · 관리하여야 하고, 필요한 경우 상세점검보고서의 사본에 해당 외국선박의 기국 정부가 보낸 모든 문서를 첨부하여 국제노동기구 사무총장에게 통보할 수 있다.

③ 해양수산부장관은 법 제133조제4항에 따른 출항정지 명령 또는 출항정지 조치의 원인이 된 사항이 시정되었거나 신속하게 시정될 것으로 인정되는 경우 지체 없이 해당 외국선박의 출항정지 명령 또는 출항정지 조치의 해제 여부를 결정하여야 한다.

④ 법 제133조제5항에서 “기국에 통보하는 등 대통령령으로 정하는 조치”란 법 제133조제4항에 따른 출항정지 명령 또는 출항정지 조치를 한 사실을 해당 외국선박의 기국 정부 또는 대한민국 주재 기국 영사에게 통보하는 것을 말한다.

⑤ 해양수산부장관은 법 제133조제5항에 따라 제4항에 따른 통보의 조치를 한 경우 해당 기국 정부 대표의 출석을 요구하거나 기한을 정하여 해당 기국 정부의 회신을 요청할 수 있다.

[본조신설 2014. 4. 15.]

제49조의6(외국선박의 선원 불만 처리) ① 법 제134조에서 "점검을 시작하는 등 대통령령으로 정하는 조치"란 다음 각 호의 조치를 말한다.

1. 법 제129조제3항에 따른 선내 불만 처리절차의 이행 지시
2. 법 제132조 및 제133조에 따른 점검의 실시 및 점검 결과에 따른 시정조치의 이행

② 해양수산부장관은 법 제134조에 따른 신고를 한 선원 등의 신원이 알려지지 아니하도록 필요한 조치를 하여야 한다.

[본조신설 2014. 4. 15.]

제50조 삭제 〈2014. 4. 15.〉

제50조의2(인증검사 기준) ① 법 제137조제2항에 따른 인증검사의 기준은 다음 각 호와 같다. 〈개정 2013. 3. 23.〉

1. 선원의 근로기준에 관한 기준
2. 선원의 거주설비에 관한 기준
3. 선원의 복지후생에 관한 기준
4. 선원의 선내안전에 관한 기준
5. 선원의 건강 및 급식에 관한 기준
6. 그 밖에 선원의 노동과 관련되는 관계법령 및 국제협약에 비추어 해양수산부장관이 필요하다고 인정하는 기준

② 제1항에 따른 인증검사 기준의 세부적 내용 등에 관하여 필요한 사항은 해양수산부장관이 정하여 고시한다. 〈개정 2013. 3. 23.〉

[본조신설 2012. 2. 3.]

[종전 제50조의2는 제50조의6으로 이동 〈2012. 2. 3.〉]

제50조의3(해사노동적합증서 등의 유효기간) ① 법 제138조제5항에 따른 해사노동적합증서의 유효기간은 5년으로 하고, 임시해사노동적합증서의 유효기간은 6개월로 한다.

② 제1항에 따른 해사노동적합증서 및 임시해사노동적합증서의 유효기간의 기산은 다음 각 호의 구분에 따른다.

1. 해사노동적합증서

가. 최초인증검사를 받은 경우: 해사노동적합증서를 발급한 날

나. 갱신인증검사를 받은 경우: 해사노동적합증서 유효기간의 만료일의 다음 날. 다만, 갱신인증검사 기간 이전에 받은 경우에는 해당 인증검사를 받은 날부터 기산한다.

2. 임시해사노동적합증서: 임시해사노동적합증서를 발급한 날

[본조신설 2012. 2. 3.]

제50조의4(협정의 체결 등) 해양수산부장관은 법 제140조제1항 후단에 따라 인증심사 대행기관과 협정을 체결하는 경우에는 다음 각 호의 사항을 포함시켜야 한다. 〈개정 2013. 3. 23.〉

1. 대행업무의 범위에 관한 사항
2. 대행기간 및 그 연장에 관한 사항
3. 협정의 변경 및 해지에 관한 사항
4. 국제해사기구에서 지정하는 사항
5. 그 밖에 대행업무의 효율적 수행을 위하여 해양수산부장관이 필요하다고 인정하는 사항

[본조신설 2012. 2. 3.]

제50조의5(국유재산의 무상 대부 등) ① 법 제146조제1항에 따른 무상 대부 및 무상 사용·수익은 법 제142조제1항에 따른 한국선원복지고용센터(이하 "센터"라 한다)와 해당 국유재산 관리청과의 계약에 따른다.

② 국유재산의 관리청은 센터가 제1항에 따른 국유재산을 목적 외의 용도로 사용하는 경우에는 그 계약을 해지할 수 있다.

[본조신설 2012. 2. 3.]

제50조의6(사업계획의 승인) ①센터는 법 제147조제2항에 따라 매 회계연도의 사업계획서 및 예산서를 당해연도 개시 30일전까지 해양수산부장관에게 제출하고 그 승인을 얻어야 한다. 〈개정 2008. 2. 29., 2012. 2. 3., 2013. 3. 23.〉

②센터는 제1항의 규정에 의하여 승인을 얻은 사업계획서 또는 예산서를 변경하고자 하는 경우에는 그 변경할 내용 및 사유를 기재한 사업계획서 또는 예산서를 해양수산부장관에게 미리 제출하여 승인을 얻어야 한다. 〈개정 2008. 2. 29., 2013. 3. 23.〉

③제1항의 규정에 의한 사업계획서에는 사업목표, 시행방침 및 사

업별 소요예산을 구분하여 기재하여야 한다.

[본조신설 2001. 6. 29.]

[제50조의2에서 이동 〈2012. 2. 3.〉]

제50조의7(서류의 선박 내 게시 등) ① 법 제151조제1항 각 호 외의 부분 및 같은 조 제2항 각 호 외의 부분에서 "대통령령으로 정하는 선박소유자"란 각각 다음 각 호의 구분에 따른 선박소유자를 말한다.

1. 법 제151조제1항제1호 · 제3호 · 제4호 및 같은 조 제2항제1호 · 제2호의 서류: 모든 선박의 선박소유자

2. 법 제151조제1항제2호의 서류: 국제항해에 종사하는 선박의 선박소유자

3. 법 제151조제2항제3호의 서류: 국제항해에 종사하는 선박(「어선법」에 따른 어선은 제외한다)의 선박소유자

② 제1항에 따른 선박소유자는 법 제151조제1항 각 호의 서류를 한글과 영문으로 작성하여 선원이 이용하는 선박 내 사무실, 식당 또는 휴게실 중 한 곳에 게시하여야 한다. 다만, 국제항해에 종사하지 아니하는 선박의 선박소유자는 영문으로 작성된 서류는 게시하지 아니할 수 있다.

[본조신설 2017. 1. 17.]

제51조(국가 또는 지방자치단체에 대한 적용) 법 제157조에서 "대통령령으로 정하는 것"이란 해군함정 · 경찰용선박 기타 해양수산부장관이 따로 정하는 선박을 말한다. 〈개정 1996. 8. 8., 2008. 2. 29., 2012. 2. 3., 2013. 3. 23.〉

[제목개정 2012. 2. 3.]

제52조(권한 등의 위임 · 위탁) ① 해양수산부장관은 법 제158조제1항에 따라 다음 각 호의 권한을 지방해양항만관청에 위임한다. 〈개정 2013. 3. 23., 2017. 1. 17., 2021. 1. 12.〉

1. 법 제65조제3항 단서에 따른 허가

2. 법 제124조제1항에 따른 시정명령에 관한 사항

3. 법 제124조제2항 및 제3항에 따른 선박의 항해정지 명령, 항해정지 조치, 항구의 지정 및 그 취소에 관한 사항

4. 법 제129조의2에 따른 보고 또는 자료의 제출 요구 및 현장조사 실시 등의 지도 · 점검

5. 법 제132조제1항 및 제2항에 따른 외국선박의 점검 및 확인에 관한 사항

6. 법 제133조제3항부터 제6항까지의 규정에 따른 조치, 출항정지 명령, 출항정지 조치 및 이의신청에 관한 사항

7. 법 제134조에 따른 신고수리 및 조치에 관한 사항

8. 법 제137조제1항·제3항 및 제4항에 따른 해사노동적합증서의 인증검사, 임시인증검사 및 특별인증검사에 관한 사항

9. 법 제138조제1항·제3항·제4항 및 제8항에 따른 해사노동적합증서의 발급·공개·표시, 임시해사노동적합증서의 발급, 특별인증검사 결과에 따른 시정명령에 관한 사항

② 해양수산부장관은 법 제158조제1항에 따라 다음 각 호의 사무를 한국해양수산연수원에 위탁한다. 〈개정 2014. 4. 15.〉

1. 법 제76조제3항에 따른 선박조리사 자격을 위한 교육과 선박조리사 자격시험의 실시

2. 법 제85조제3항에 따른 의료관리자 자격시험의 시행 및 의료관리자 자격증의 발급

③ 해양수산부장관은 법 제158조제1항에 따라 법 제108조제1호·제2호·제4호에 따른 업무를 센터에 위탁한다. 〈개정 2013. 3. 23.〉

④ 해양수산부장관은 필요하다고 인정하는 경우 제2항 및 제3항에 따라 업무를 위탁받은 자에 대하여 그 추진사항을 보고하게 하거나, 업무의 개선을 요구하는 등 필요한 감독을 할 수 있다. 〈개정 2013. 3. 23.〉

[전문개정 2012. 2. 3.]

제52조의2(안전운항을 위한 선박소유자의 의무) 「선원의 훈련·자격증명 및 당직근무의 기준에 관한 국제협약」의 적용을 받는 선박소유자는 법 제63조제1항제3호에 따라 선박운항의 안전을 위한 다음 각 호의 사항을 이행하여야 한다. 〈개정 1999. 6. 8., 2005. 9. 30., 2012. 2. 3.〉

1. 선원에게 선박안에서의 임무 및 선박의 특성을 숙지하도록 교육을 실시할 것

2. 선장에게 선박안에서 필요한 근무지침서를 제공할 것

3. 선장에게 해상인명안전 및 해양환경보호와 관련된 국내외의 규정등 자료를 제공할 것

4. 선원을 교체할 때에는 업무의 인계·인수에 소요되는 충분한 시간을 선원에게 줄 것

[본조신설 1998. 9. 17.]

제53조(과태료의 부과기준) 법 제179조제1항부터 제4항까지의 규정에 따른 과태료의 부과기준은 별표 2와 같다. 〈개정 2012. 2. 3., 2024. 1. 16.〉

[전문개정 2011. 4. 4.]

제54조(외국선박에 승무하는 자에 대한 선원수첩 및 선원신분증명서의 발급 등) ①지방해양항만관청은 법 제3조에 따른 적용범위에 해당되지 아니하는 외국선박에 승무하고자 하는 자가 선원수첩 또는 선원신분증명서의 발급을 신청하는 경우 선원수첩 또는 선원신분증명서를 발급할 수 있다. 이 경우에는 제8조·제9조 및 제11조부터 제16조까지의 규정을 준용한다. 〈개정 1997. 5. 24., 1999. 6. 8., 2005. 9. 30., 2008. 2. 29., 2012. 2. 3., 2017. 1. 17.〉

②지방해양항만관청은 제1항에 따라 선원수첩을 발급받은 자에 대하여 제43조에 따른 교육을 받게 할 수 있다. 〈개정 1997. 5. 24., 2008. 2. 29., 2012. 2. 3., 2017. 1. 17.〉

③지방해양항만관청은 제2항의 교육을 받지 아니한 자에 대하여 선박에의 승무를 제한할 수 있다. 〈개정 1997. 5. 24., 2008. 2. 29., 2017. 1. 17.〉

[제목개정 2005. 9. 30., 2012. 2. 3.]

제55조(고유식별정보의 처리) ① 해양수산부장관(법 제117조제1항에 따라 해양수산부장관의 업무를 위탁받은 자를 포함한다)은 다음 각 호의 사무를 수행하기 위하여 불가피한 경우 「개인정보 보호법 시행령」 제19조제1호에 따른 주민등록번호가 포함된 자료를 처리할 수 있다. 〈개정 2024. 7. 23.〉

1. 법 제103조의2에 따른 재해보상 지급의 제한에 관한 사무
2. 법 제116조제1항에 따른 선원의 교육훈련에 관한 사무
3. 법 제141조제1항에 따른 선박 인증검사의 이의신청에 관한 사무

② 지방해양항만관청은 다음 각 호의 사무를 수행하기 위하여 불가피한 경우 「개인정보 보호법 시행령」 제19조에 따른 주민등록번호 또는 여권번호가 포함된 자료를 처리할 수 있다. 〈개정 2024.

7. 23.〉

1. 법 제44조제3항에 따른 선원명부에 대한 공인에 관한 사무

2. 법 제45조에 따른 선원수첩의 발급에 관한 사무

3. 법 제48조에 따른 선원신분증명서의 발급에 관한 사무

4. 법 제49조에 따른 선원수첩 및 선원신분증명서의 재발급에 관한 사무

4의2. 법 제103조의2에 따른 재해보상 지급의 제한에 관한 사무

5. 제12조 및 제13조제3항에 따른 선원수첩 및 선원신분증명서의 정정에 관한 사무

6. 제18조의2에 따른 도산등사실인정에 관한 사무

7. 제18조의5에 따른 체불임금 지급사유 확인에 관한 사무

③ 법 제109조제1항에 따른 구직·구인등록기관 및 센터는 법 제109조에 따른 선원의 구직등록 및 선원을 고용하려는 자의 구인등록에 관한 사무를 수행하기 위하여 불가피한 경우 「개인정보 보호법 시행령」 제19조제1호에 따른 주민등록번호가 포함된 자료를 처리할 수 있다.

④ 선장 또는 선박소유자는 다음 각 호의 사무를 수행하기 위하여 불가피한 경우 「개인정보 보호법 시행령」 제19조에 따른 주민등록번호 또는 여권번호가 포함된 자료를 처리할 수 있다. 〈개정 2024. 7. 23.〉

1. 법 제20조제2항에 따른 선원명부 및 항해일지의 기록·보관에 관한 사무

2. 법 제44조에 따른 선원명부의 작성 등에 관한 사무

3. 법 제45조에 따른 신원보증서의 작성 등에 관한 사무

4. 법 제103조의2에 따른 재해보상 지급의 제한에 관한 사무

[전문개정 2017. 3. 27.]

제56조 삭제 〈2025. 3. 12.〉

부칙 〈제11764호, 1985. 9. 12.〉

제1조 (시행일) 이 영은 공포한 날로부터 시행한다.

제2조 (다른 법령의 폐지 및 개정) ①갑판원적임증서교부규정 및 선박의속구목록에관한규정은 이를 폐지한다.

②선원노동위원회규정중 다음과 같이 개정한다.

제1조중 “선원법 제6조제2항”을 “선원법 제4조제2항”으로 한다.

③선원근로감독관규정중 다음과 같이 개정한다.

제1조중 “선원법(이하 "법"이라 한다) 제113조”를 “선원법(이하 "법"이라 한다) 제115조”로 한다.

제2조제1호중 “3급”을 “5급”으로 하고, 동조제2호 내지 제5호중 “4급”을 “6급 또는 7급”으로 한다.

제3조제3항중 “법 제115조”를 “법 제117조”로 한다.

제6조중 “법 제114조제3항”을 “법 제116조제3항”으로 한다.

제3조 (선원등록기관 및 선원교육기관의 설립준비) ①해운항만청장은 선원등록기관 및 선원교육기관의 설립위원을 각 5인씩 위촉하여 그 설립에 관한 업무를 담당하게 할 수 있다.

②설립위원은 선원등록기관 및 선원교육기관의 정관을 작성하여 해운항만청장의 인가를 받아야 한다.

③설립위원은 제2항의 규정에 의한 인가를 받은 때에는 지체없이 연명으로 그 설립등기를 하여야 한다.

부칙 〈제12225호, 1987. 8. 13.〉 (선박안전법시행령)

제1조 (시행일) 이 영은 공포한 날로부터 시행한다.

제2조 (다른 법령의 개정) ①내지 ③생략

④선원법시행령중 다음과 같이 개정한다.

제17조제1호중 “선박안전법시행령 제2조제10호의”를 “선박안전법시행령 제9조제2호의”로, “동령 제2조제11호의”를 “동령 제9조제3호의”로 하고 동조제2호중 “선박안전법시행령 제2조제12호의”를 “선박안전법시행령 제9조제4호”로 한다.

제21조제1항중 “선박안전법시행령 제2조제9호의”를 “선박안전법시행령 제9조제1호의”로 한다.

⑤내지 ⑥생략

부칙 〈제12526호, 1988. 9. 24.〉

①(시행일) 이 영은 공포한 날로부터 시행한다.

②(특정근로계약에 관한 경과조치) 이 영 시행전에 이미 체결된 6월미만의 특정근로계약에 대하여는 제18조제2항의 개정규정에 불구하고 종전의 규정에 의한다.

부칙 〈제13263호, 1991. 1. 29.〉
이 영은 공포한 날부터 시행한다.

부칙 〈제14447호, 1994. 12. 23.〉 (건설교통부와그소속기관직제)
제1조 (시행일) 이 영은 공포한 날부터 시행한다. 〈단서 생략〉
제2조 내지 제4조 생략
제5조 (다른법령의 개정) ①내지 〈175〉생략
〈176〉선원법시행령중 다음과 같이 개정한다.
제7조제4호, 제10조제2항, 제11조제2항, 제15조, 제43조제2항 및 제55조중 "교통부령"을 각각 "건설교통부령"으로 한다.
〈177〉내지 〈205〉생략

부칙 〈제14628호, 1995. 4. 15.〉 (산업재해보상보험법시행령)
제1조 (시행일) 이 영은 1995년 5월 1일부터 시행한다.
제2조 및 제3조 생략
제4조 (다른 법령의 개정) ①내지 ⑦생략
⑧선원법시행령중 다음과 같이 개정한다.
제26조중 "산업재해보상보험법 제9조의3제3항제5호"를 "산업재해보상보험법 제40조제3항제5호"로 한다.
제27조중 "산업재해보상보험법시행령 제13조"를 "산업재해보상보험법시행령 제31조"로 한다.
⑨내지 ⑮생략
제5조 생략

부칙 〈제15135호, 1996. 8. 8.〉 (해양수산부와그소속기관직제)
제1조 (시행일) 이 영은 공포한 날부터 시행한다.
제2조 내지 제6조 생략
제7조 (다른 법령의 개정) ①내지 〈104〉생략
〈105〉선원법시행령중 다음과 같이 개정한다.
제3조의3제2항 내지 제4항, 제7조제3호, 제8조제1항, 제10조제1항, 제23조, 제34조, 제35조제2항 · 제3항, 제36조제1항, 제37조, 제38조제2항 · 제3항, 제39조제1항, 제41조제6호, 제43조제3항, 제

45조, 제51조 및 제52조제1항 · 제2항중 "해운항만청장"을 각각 "해양수산부장관"으로 한다.

제7조제4호, 제10조제2항, 제11조제2항, 제15조, 제43조제2항, 제55조중 "건설교통부령"을 각각 "해양수산부령"으로 한다.

제39조제2항을 삭제한다.

제40조제2항중 "해운항만청차장"을 "해양수산부차관"으로, "해운항만청장"을 "해양수산부장관"으로 한다.

별표2 제14조 본문의 위반사항란중 "해상보안기관"을 "해양경찰관서"로 하고, 동표 제20조제1항의 위반사항란중 "교통부령"을 "해양수산부령"으로 한다.

〈106〉내지 〈116〉생략

제8조 생략

부칙 〈제15379호, 1997. 5. 24.〉 (해양수산부와그소속기관직제)

제1조 (시행일) 이 영은 공포한 날부터 시행한다.

제2조 및 제3조 생략

제4조 (다른 법령의 개정) ①내지 ⑲생략

⑳선원법시행령중 다음과 같이 개정한다.

제8조제1항, 제11조제2항, 제12조제1항제4호 · 제2항, 제13조, 제21조의2제1항제2호, 제50조, 제52조제1항, 제53조제2항 · 제3항 및 제54조제1항 · 제2항 · 제3항중 "지방해운항만청장"을 각각 "지방해양수산청장"으로 한다.

제8조제1항중 "지방해운항만청출장소"를 "지방해양수산청출장소"로 하며, "지방해운항만청출장소장"을 "지방해양수산청출장소장"으로 한다.

㉑내지 ㉝생략

제5조 및 제6조 생략

부칙 〈제15830호, 1998. 7. 1.〉 (선박안전법시행령)

제1조 (시행일) 이 영은 공포한 날부터 시행한다. 〈단서 생략〉

제2조 (다른 법령의 개정) ①내지 ⑥생략

⑦선원법시행령중 다음과 같이 개정한다.

제21조제1항 단서중 "선박안전법시행령 제9조제1호의 규정에 의한 평수구역"을 "선박안전법시행령 제2조제2호의 규정에 의한 평수구역"으로 한다.

⑧내지 ⑪생략

부칙 〈제15892호, 1998. 9. 17.〉

제1조 (시행일) 이 영은 공포한 날부터 시행한다. 다만, 제21조의2제1항제1호의 개정규정은 1999년 1월 1일부터 시행한다.

제2조 (취업규칙의 신고에 대한 특례) 소유하고 있는 어선의 총톤수의 합계가 70톤미만인 선박소유자는 제48조의 개정규정에 불구하고 2000년 12월 31일까지는 취업규칙의 신고를 하지 아니할 수 있다.

제3조 (다른 법령의 개정) ①유선및도선사업법시행령중 다음과 같이 개정한다.

제20조제1항제3호중 "선원법에 의한 선원교육기관"을 "한국해양수산연수원법에 의한 한국해양수산연수원"으로 한다.

②해난심판법시행령중 다음과 같이 개정한다.

제7조의3중 "선원법 제107조제1항의 규정에 의하여 설립된 선원교육기관"을 "한국해양수산연수원법에 의한 한국해양수산연수원"으로 한다.

③해운법시행령중 다음과 같이 개정한다.

제14조제3항중 "선원법 제107조에 의하여 설립된 선원교육기관"을 "한국해양수산연수원법에 의한 한국해양수산연수원"으로 한다.

부칙 〈제16391호, 1999. 6. 8.〉

이 영은 공포한 날부터 시행한다.

부칙 〈제17262호, 2001. 6. 29.〉

이 영은 공포한 날부터 시행한다. 다만, 제48조의 개정규정은 2002년 1월 1일부터 시행한다.

부칙 〈제18254호, 2004. 1. 29.〉 (해양수산부와그소속기관직제)

제1조 (시행일) 이 영은 공포한 날부터 시행한다.

제2조 생략
제3조 (다른 법령의 개정) ①내지 ⑤생략
⑥선원법시행령중 다음과 같이 개정한다.
제8조제1항 본문중 "지방해양수산청출장소"를 "지방해양수산청해양수산사무소"로, "지방해양수산청출장소장"을 "지방해양수산청해양수산사무소장"으로 한다.
⑦생략

부칙 〈제18543호, 2004. 9. 9.〉
이 영은 공포한 날부터 시행한다.

부칙 〈제19077호, 2005. 9. 30.〉
①(시행일) 이 영은 2005년 10월 1일부터 시행한다. 다만, 제8조제3항, 제11조 및 제12조의 개정규정과 제13조 내지 제15조, 제50조 및 제54조의 개정규정중 선원신분증명서에 관한 사항은 공포한 날부터 시행하고, 제18조 내지 제18조의6의 개정규정중 「수산업법」 제41조의 규정에 의한 근해어업에 종사하는 어선의 선박소유자의 임금채권보장보험 등에의 가입, 지급사유의 확인 및 지급 등에 관한 사항은 2006년 7월 1일부터 시행한다.
②(체불임금의 청구 및 지급에 관한 적용례) 제18조의4의 개정규정은 이 영 시행 후 지급사유가 발생하는 분부터 적용한다.
③(파산선고등에 관한 적용특례) 제18조제1호의 개정규정은 법률 제7428호 「채무자 회생 및 파산에 관한 법률」의 시행일 전일까지는 다음 각 호로 본다.
1. 「파산법」에 의한 파산의 선고
2. 「화의법」에 의한 화의개시의 결정
3. 「회사정리법」에 의한 정리절차 개시의 결정

부칙 〈제20037호, 2007. 4. 27.〉
이 영은 공포한 날부터 시행한다.

부칙 〈제20142호, 2007. 6. 29.〉 (근로기준법 시행령)
제1조 (시행일) 이 영은 2007년 7월 1일부터 시행한다. 〈단서 생략〉

제2조 및 제3조 생략
제4조 (다른 법령의 개정) ①부터 ⑨까지 생략
⑩선원법 시행령 일부를 다음과 같이 개정한다.
제24조 중 "「근로기준법 시행령」 제40조"를 "「근로기준법 시행령」 제44조"로 한다.
⑪부터 ⑰까지 생략
제5조 생략

부칙 〈제20300호, 2007. 9. 28.〉 (선박안전법 시행령)
제1조 (시행일) 이 영은 2007년 11월 4일부터 시행한다.
제2조 부터 제5조까지 생략
제6조 (다른 법령의 개정) ① 부터 ⑥ 까지 생략
⑦ 선원법 시행령 일부를 다음과 같이 개정한다.
제6조제3호 중 "「선박안전법 시행령」 제2조제2호의 규정에 의한"을 "「선박안전법 시행령」 제2조제1항제3호가목에 따른"으로 한다.
제21조제3항 중 "「선박안전법」 제2조제1항제6호의 규정에 의하여"를 "「선박안전법」 제2조제2호에 따른 선박시설 중"으로 한다.
⑧ 부터 ⑮ 까지 생략
제7조 생략

부칙 〈제20351호, 2007. 10. 31.〉 (수산업법 시행령)
제1조 (시행일) 이 영은 공포한 날부터 시행한다.
제2조 부터 제7조까지 생략
제8조 (다른 법령의 개정) ① 부터 ⑧ 까지 생략
⑨ 선원법 시행령 일부를 다음과 같이 개정한다.
제5조제1호 중 "「수산업법」 제41조제1항제2호의 규정에 의하여"를 "「수산업법」 제43조제1항제2호에 따라"로 하고, 같은 조 제2호 중 "「수산업법」 제46조의 규정에 의하여"을 "「수산업법」 제49조에 따라"로 한다.
제6조제1호 중 "「수산업법」 제41조제1항제1호의 규정에 의한"을 "「수산업법」 제43조제1항제1호에 따른"으로 하고, 같은 조 제2호 중 "「수산업법」 제41조제2항제1호의 규정에 의한"을 "「수산업법」 제43조제2항제1호에 따른"으로 한다.

⑩ 부터 ㉗ 까지 생략
제9조 생략

부칙 〈제20722호, 2008. 2. 29.〉 (국토해양부와 그 소속기관 직제)
제1조(시행일) 이 영은 공포한 날부터 시행한다. 다만, 부칙 제6조에 따라 개정되는 대통령령 중 이 영의 시행 전에 공포되었으나 시행일이 도래하지 아니한 대통령령을 개정한 부분은 각각 해당 대통령령의 시행일부터 시행한다.
제2조 부터 제5조까지 생략
제6조(다른 법령의 개정) ① 부터 〈65〉 까지 생략
〈66〉 선원법 시행령 일부를 다음과 같이 개정한다.
제8조제1항 본문 중 "지방해양수산청장(지방해양수산청해양수산사무소의 관할구역에서는 지방해양수산청해양수산사무소장을 말한다. 이하 같다)"을 "지방해양항만청장(지방해양항만청해양사무소의 관할구역에서는 지방해양항만청해양사무소장을 말한다. 이하 같다)"으로 한다.
제13조제1항 중 "지방해양수산청장(지방해양수산청 해양수산사무소장의 경우에는 선원신분증명서 발급장비를 갖춘 사무소의 장에 한한다)"을 "지방해양항만청장(지방해양항만청 해양사무소장의 경우에는 선원신분증명서 발급장비를 갖춘 사무소의 장에 한한다)"으로 한다.
제3조제4호, 제10조제1항제1호 단서 · 제2호, 제12조, 제13조제4항, 제18조의2제3항, 제18조의4제3항, 제23조, 제43조제2항, 제52조제3항 · 제5항 및 별표 2 제10호 중 "해양수산부령"을 각각 "국토해양부령"으로 한다.
제3조의3제2항부터 제4항까지, 제8조제1항 본문, 제15조제3항, 제18조의3제2항 · 제3항, 제23조, 제38조제2항 · 제3항, 제39조제1항 각 호 외의 부분 · 제2항, 제43조제4항, 제50조의2제1항 · 제2항, 제51조 및 제52조제1항 각 호 외의 부분 · 제2항 · 제3항 · 제4항 · 제5항 중 "해양수산부장관"을 각각 "국토해양부장관"으로 한다
제18조제2호, 제18조의2제1항 각 호 외의 부분, 제18조의5제1항 각 호 외의 부분 · 제2항, 제21조의2제1항제2호, 제37조, 제50조,

제52조제1항 각 호 외의 부분 및 제53조제2항 전단 · 제3항, 제54조제1항 전단 · 제2항 · 제3항 중 "지방해양수산청장"을 각각 "지방해양항만청장"으로 한다.

별표 1 비고 중 "지방해양수산관청"을 "지방해양항만관청"으로 한다.

별표 2 중 "해양수산관청" 및 "지방해양수산관청"을 각각 "국토해양관청" 및 "지방해양항만관청"으로 한다.

〈67〉 부터 〈138〉 까지 생략

부칙 〈제20875호, 2008. 6. 25.〉 (산업재해보상보험법 시행령)

제1조(시행일) 이 영은 2008년 7월 1일부터 시행한다.

제2조 부터 제13조까지 생략

제14조(다른 법령의 개정) ① 부터 ⑥ 까지 생략

⑦ 선원법 시행령 일부를 다음과 같이 개정한다.

제27조 중 "「산업재해보상보험법 시행령」 제31조의 규정을"을 "「산업재해보상보험법 시행령」 제53조를"로 한다.

⑧ 부터 ⑪ 까지 생략

제15조 생략

부칙 〈제21530호, 2009. 6. 9.〉

이 영은 2009년 8월 7일부터 시행한다.

부칙 〈제22127호, 2010. 4. 20.〉 (수산업법 시행령)

제1조(시행일) 이 영은 2010년 4월 23일부터 시행한다.

제2조 부터 제9조까지 생략

제10조(다른 법령의 개정) ① 부터 ⑨ 까지 생략

⑩ 선원법 시행령 일부를 다음과 같이 개정한다.

제5조제1호 중 "「수산업법」 제43조제1항제2호"를 "「원양산업발전법」 제6조제1항"으로 한다.

제5조제2호를 삭제한다.

제6조제1호 중 "「수산업법」 제43조제1항제1호"를 "「수산업법」 제41조제1항"으로 하고, 같은 조 제2호 중 "「수산업법」 제43조제2항제1호"를 "「수산업법」 제41조제2항"으로 한다.

⑪ 부터 ㉓ 까지 생략

제11조 생략

부칙 〈제22157호, 2010. 5. 4.〉
이 영은 공포한 날부터 시행한다.

부칙 〈제22637호, 2011. 1. 24.〉 (보험업법 시행령)
제1조(시행일) 이 영은 2011년 1월 24일부터 시행한다. 〈단서 생략〉
제2조 부터 제21조까지 생략
제22조(다른 법령의 개정) ①부터 ⑦까지 생략
⑧ 선원법 시행령 일부를 다음과 같이 개정한다.
제18조의3제1항제1호 중 "「보험업법」 제2조제5호의 규정"을 "「보험업법」 제2조제6호"로, "동법 제2조제7호의 규정에 의한"을 "같은 법 제2조제8호에 따른"으로, "「보험업법」 제2조제3호"를 "「보험업법」 제2조제4호"로 한다.
⑨부터 ⑬까지 생략
제23조 생략

부칙 〈제22829호, 2011. 4. 4.〉 (경제활성화 및 친서민 국민불편해소 등을 위한 개발제한구역의 지정 및 관리에 관한 특별조치법 시행령 등 일부개정령)
제1조(시행일) 이 영은 공포한 날부터 시행한다.
제2조 및 제3조 생략
제4조(과징금 또는 과태료에 관한 경과조치) ① 이 영 시행 전의 위반행위에 대하여 과징금 또는 과태료의 부과기준을 적용할 때에는 종전의 규정에 따른다.
② 이 영 시행 전의 위반행위로 받은 과징금 또는 과태료 부과처분은 이 영의 개정규정에 따른 위반행위의 횟수 산정에 포함하지 아니한다.

부칙 〈제23620호, 2012. 2. 3.〉
제1조(시행일) 이 영은 2012년 2월 5일부터 시행한다. 다만, 제3조의2제2항, 제3조의3제1항제1호, 제32조제1항, 제49조, 제52조제1항제3호, 별표 2 제2호타목·저목 및 처목의 개정규정은 「2006 해

사노동협약」이 대한민국에서 발효되는 날부터 시행한다.

제2조(시행일에 관한 경과조치) 부칙 제1조 단서에 따른 개정규정이 시행되기 전까지는 그에 해당하는 종전의 규정을 적용하되, 해당 종전의 규정에서 인용하고 있는 법 규정은 법률 제11024호 선원법 전부개정법률 부칙 제2조에 따라 적용되는 종전의 「선원법」을 인용한 것으로 본다.

제3조(송환보험가입에 관한 적용례) 제5조제1항제2호의 개정규정은 이 영 시행 후 최초로 출항하는 선박부터 적용한다.

제4조(기일 전 임금 지급에 관한 적용례) 제17조의2의 개정규정은 이 영 시행 후 최초로 출항하는 선박에 승선하는 선원부터 적용한다.

제5조(어선원의 통상임금 및 승선평균임금 산정에 관한 적용례) 제19조의2의 개정규정은 이 영 시행 후 최초로 통상임금 및 승선평균임금이 적용되는 사유가 발생하는 것부터 적용한다.

제6조(선원의 교육훈련 위탁에 관한 적용례 등) ① 제44조의 개정규정은 이 영 시행 후 최초로 교육훈련 업무를 위탁하는 것부터 적용한다.

② 이 영 시행 당시 종전의 제52조제3항에 따라 선원의 교육훈련에 관한 업무를 위탁받은 한국해양수산연수원은 법 제117조제1항 및 이 영 제44조의 개정규정에 따라 그 업무를 위탁받은 것으로 본다.

제7조(국유재산의 무상 대부 등에 관한 적용례) 제50조의5의 개정규정은 이 영 시행 후 최초로 센터에 대하여 무상으로 대부하거나 사용·수익하는 것부터 적용한다.

제8조(다른 법령의 개정) ① 국민연금법 시행령 일부를 다음과 같이 개정한다.

제22조제1항제2호 중 "「선원법」 제2조"를 "「선원법」 제3조"로 한다.

② 병역법 시행령 일부를 다음과 같이 개정한다.

제40조의4제4항 전단 중 "해양수산관청"을 "해양항만관청"으로, "승무원 명부"를 "선원명부"로 하고, 같은 조 제5항 전단 중 "「선원법」 제67조부터 제69조까지"를 "「선원법」 제69조부터 제71조까지"로 하며, 같은 조 제6항 중 "「선원법」 제85조제1항 또는 제88조"를

“「선원법」 제94조제1항 또는 제97조”로 한다.

제40조의6제1항제5호 중 “「선원법」 제85조제1항 또는 제88조”를 “「선원법」 제94조제1항 또는 제97조”로 한다.

③ 어업협정체결에 따른 어업인 등의 지원 및 수산업발전특별법 시행령 일부를 다음과 같이 개정한다.

제4조제2항 본문 중 “「선원법」 제3조제8호”를 “「선원법」 제2조제11호”로 하고, 같은 조 제3항 본문 중 “해양수산관청”을 각각 “해양항만관청”으로, “「선원법」 제109조제1항”을 “「선원법」 제119조제1항”으로 한다.

④ 전자정부법 시행령 일부를 다음과 같이 개정한다.

별표 1 제15호의 민원사항란 중 “「선원법」 제63조제3항”을 “「선원법」 제64조제3항”으로 한다.

⑤ 출입국관리법 시행령 일부를 다음과 같이 개정한다.

별표 1 제25호의4의 체류자격에 해당하는 사람 또는 활동범위란 중 “「선원법」 제3조제5호”를 “「선원법」 제2조제6호”로 한다.

부칙 〈제24443호, 2013. 3. 23.〉 (국토교통부와 그 소속기관 직제)

제1조(시행일) 이 영은 공포한 날부터 시행한다. 〈단서 생략〉

제2조 부터 제5조까지 생략

제6조(다른 법령의 개정) ①부터 〈123〉까지 생략

〈124〉 선원법 시행령 일부를 다음과 같이 개정한다.

제3조제4호, 제10조제1항제1호 단서, 같은 항 제2호, 제12조, 제13조제4항, 제18조의2제3항, 제18조의4제3항, 제23조, 제43조제2항 및 별표 2 제2호바목 중 “국토해양부령”을 각각 “해양수산부령”으로 한다.

제3조의3제2항부터 제4항까지, 제5조제2항제5호, 제8조제1항 본문, 제15조제3항, 제17조의2제2호, 제18조의3제2항 · 제3항, 제23조, 제32조제1항제5호, 제38조제2항 · 제3항, 제39조제1항 각 호 외의 부분, 같은 항 제5호, 같은 조 제2항 · 제3항, 제43조제4항, 제44조제1항 각 호 외의 부분, 같은 항 제5호, 같은 조 제2항, 제50조의2제1항제6호, 같은 조 제2항, 제50조의4 각 호 외의 부분, 같은 조 제5호, 제50조의6제1항 · 제2항, 제51조, 제52조제1항 각 호

외의 부분 및 같은 조 제2항부터 제4항까지 중 “국토해양부장관”을 각각 “해양수산부장관”으로 한다.

〈125〉부터 〈146〉까지 생략

부칙 〈제25310호, 2014. 4. 15.〉

제1조(시행일) 이 영은 공포한 날부터 시행한다. 다만, 다음 각 호의 개정규정은 그 구분에 따른 날부터 시행한다.

1. 제2조, 제3조, 제3조의6, 제32조제1항제1호, 제49조의2, 제49조의4, 제49조의5 및 제49조의6: 「2006 해사노동협약」이 대한민국에서 발효되는 날
2. 제5조제1항: 이 영 공포 후 3개월이 경과한 날
3. 제22조, 제22조의2 및 제52조제2항제1호: 2015년 2월 6일

제2조(선박조리사 자격 검정을 위한 준비행위 등) ① 해양수산부장관은 부칙 제1조제3호에 따른 시행일 전에 제22조 및 제52조제2항제1호의 개정규정에 따른 선박조리사교육 및 선박조리사 자격시험을 미리 실시할 수 있다.

② 제1항에 따른 선박조리사교육 및 선박조리사 자격시험 실시 전에 한국해양수산연수원이 실시한 선박조리사교육을 이수하고 선박조리사 자격검정시험에 합격한 사람은 제22조제1항부터 제4항까지의 개정규정에 따라 선박조리사교육을 이수하고 선박조리사 자격시험에 합격한 사람으로 본다.

제3조(송환보험가입에 관한 적용례) 제5조제1항의 개정규정은 부칙 제1조제2호에 따른 시행일 후 출항하는 선박의 선박소유자부터 적용한다.

제4조(유족의 순위에 관한 경과조치) 이 영 시행 전에 유족보상의 사유가 발생한 경우의 유족의 순위에 관하여는 제30조제1항의 개정규정에도 불구하고 종전의 규정에 따른다.

제5조(외국에서의 해양항만관청 업무 수행에 관한 경과조치) 이 영 시행 당시 종전의 제50조에 따라 대한민국 영사가 한 행위 또는 대한민국 영사에 대하여 한 행위는 제49조의3의 개정규정에 따라 대한민국 영사가 한 행위 또는 대한민국 영사에 대하여 한 행위로 본다.

부칙 〈제25532호, 2014. 8. 6.〉 (민감정보 및 고유식별정보

처리 근거 마련을 위한 공공기관의 운영에 관한 법률 시행령 등 일부개정령)
이 영은 2014년 8월 7일부터 시행한다.

부칙 〈제25751호, 2014. 11. 19.〉 (행정자치부와 그 소속기관 직제)
제1조(시행일) 이 영은 공포한 날부터 시행한다. 다만, 부칙 제5조에 따라 개정되는 대통령령 중 이 영 시행 전에 공포되었으나 시행일이 도래하지 아니한 대통령령을 개정한 부분은 각각 해당 대통령령의 시행일부터 시행한다.
제2조 부터 제4조까지 생략
제5조(다른 법령의 개정) ①부터 〈383〉까지 생략
〈384〉 선원법 시행령 일부를 다음과 같이 개정한다.
별표 2 제2호나목의 위반행위란 중 “해양경찰관서”를 “해양경비안전관서”로 한다.
〈385〉부터 〈418〉까지 생략

부칙 〈제25840호, 2014. 12. 9.〉 (규제 재검토기한 설정 등 규제정비를 위한 건축법 시행령 등 일부개정령)
제1조(시행일) 이 영은 2015년 1월 1일부터 시행한다.
제2조 부터 제16조까지 생략

부칙 〈제26386호, 2015. 7. 6.〉
제1조(시행일) 이 영은 2015년 7월 7일부터 시행한다.
제2조(예비원에 관한 적용례) 제21조의2제1항 및 제2항의 개정규정은 이 영 시행 이후 출항하는 선박의 선박소유자부터 적용한다.
제3조(제복 제공에 관한 적용례) 제23조의2의 개정규정은 이 영 시행 이후 출항하는 선박의 선박소유자부터 적용한다.

부칙 〈제27795호, 2017. 1. 17.〉
이 영은 2017년 1월 18일부터 시행한다.

부칙 〈제27960호, 2017. 3. 27.〉 (주민등록번호 등의 처리

제한을 위한 세무사법 시행령 등 일부개정령)
이 영은 2017년 3월 30일부터 시행한다. 〈단서 생략〉

부칙 〈제28211호, 2017. 7. 26.〉 (행정안전부와 그 소속기관 직제)
제1조(시행일) 이 영은 공포한 날부터 시행한다. 다만, 부칙 제8조에 따라 개정되는 대통령령 중 이 영 시행 전에 공포되었으나 시행일이 도래하지 아니한 대통령령을 개정한 부분은 각각 해당 대통령령의 시행일부터 시행한다.
제2조 부터 제7조까지 생략
제8조(다른 법령의 개정) ①부터 〈316〉까지 생략
〈317〉 선원법 시행령 일부를 다음과 같이 개정한다.
별표 2 제2호나목의 위반행위란 중 "해양경비안전관서"를 "해양경찰관서"로 한다.
〈318〉부터 〈388〉까지 생략

부칙 〈제28557호, 2017. 12. 29.〉
이 영은 공포한 날부터 시행한다.

부칙 〈제28779호, 2018. 3. 30.〉
이 영은 공포한 날부터 시행한다.

부칙 〈제28914호, 2018. 5. 28.〉
이 영은 2018년 5월 29일부터 시행한다.

부칙 〈제29163호, 2018. 9. 18.〉 (출입국관리법 시행령)
제1조(시행일) 이 영은 2018년 9월 21일부터 시행한다.
제2조(다른 법령의 개정) ①부터 ⑨까지 생략
⑩ 선원법 시행령 일부를 다음과 같이 개정한다.
제14조 중 "별표 1 제28호의3의 규정"을 "별표 1의3"으로 한다.
⑪부터 ⑰까지 생략
제3조 생략

부칙 〈제30116호, 2019. 10. 8.〉

이 영은 공포한 날부터 시행한다.

부칙 〈제31390호, 2021. 1. 12.〉

이 영은 2021년 2월 19일부터 시행한다. 다만, 제52조제1항제1호의 개정규정은 공포한 날부터 시행한다.

부칙 〈제33225호, 2023. 1. 10.〉 (수산업법 시행령)

제1조(시행일) 이 영은 2023년 1월 12일부터 시행한다.

제2조 부터 제9조까지 생략

제10조(다른 법령의 개정) ①부터 ⑳까지 생략

㉑ 선원법 시행령 일부를 다음과 같이 개정한다.

제6조제1호 중 "「수산업법」 제41조제1항"을 "「수산업법」 제40조제1항"으로 하고, 같은 조 제2호 중 "「수산업법」 제41조제2항"을 "「수산업법」 제40조제2항"으로 한다.

㉒부터 ㊽까지 생략

제11조 생략

부칙 〈제33814호, 2023. 10. 17.〉 (선박직원법 시행령)

제1조(시행일) 이 영은 공포한 날부터 시행한다.

제2조 및 제3조 생략

제4조(다른 법령의 개정) 선원법 시행령 일부를 다음과 같이 개정한다.

제21조제1항 본문 중 "「선박직원법 시행령」 제2조제10호에 따른 주 기관 추진력"을 "「선박직원법 시행령」 제2조제10호에 따른 주기관 추진력"으로 한다.

부칙 〈제34151호, 2024. 1. 16.〉

이 영은 2024년 1월 25일부터 시행한다.

부칙 〈제34152호, 2024. 1. 16.〉 (해사안전기본법 시행령)

제1조(시행일) 이 영은 2024년 1월 26일부터 시행한다. 〈단서 생략〉

제2조 및 제3조 생략

제4조(다른 법령의 개정) ①부터 ③까지 생략
④ 선원법 시행령 일부를 다음과 같이 개정한다.
제21조제1항 단서 중 “「해사안전법」 제2조제4호”를 “「해사안전기본법」 제3조제2호”로 한다.
⑤부터 ⑦까지 생략
제5조 생략

부칙 〈제34754호, 2024. 7. 23.〉
이 영은 2024년 7월 24일부터 시행한다.

부칙 〈제35382호, 2025. 3. 12.〉 (규제 재검토기한 정비를 위한 40개 법령의 일부개정에 관한 대통령령)
이 영은 공포한 날부터 시행한다.

별표 / 서식
[별표 1] 선원에 대한 양육책임 불이행 판단 시 고려사항(제31조의2제1항 관련)
[별표 2] 과태료의 부과기준(제53조 관련)

선원법 시행규칙

[시행 2024. 7. 24.] [해양수산부령 제684호, 2024. 7. 24., 일부개정]

**개정 예정 법률 밑줄 별도 표시.

선원법 시행규칙

[시행 2024. 7. 24.] [해양수산부령 제684호, 2024. 7. 24., 일부개정]

제1장 총칙

제1조(목적) 이 규칙은 「선원법」 및 동법 시행령에서 위임된 사항과 그 시행에 관하여 필요한 사항을 정함을 목적으로 한다. 〈개정 2005. 10. 17.〉

제1조의2(유능부원 자격요건 등) ① 「선원법」(이하 "법"이라 한다) 제2조제6호의2에 따라 갑판부 또는 기관부의 유능부원이 될 수 있는 사람은 다음 각 호의 구분에 따른 자격요건을 갖춘 사람으로 한다. 〈개정 2022. 12. 2.〉

1. 갑판부의 유능부원(이하 "갑판유능부원"이라 한다)이 되려는 경우: 18세 이상인 사람으로서 다음 각 목의 어느 하나에 해당하는 사람일 것

가. 제41조제1항에 따른 갑판부의 항해당직 부원으로서 18개월 이상 승무한 경력이 있을 것

나. 제41조제1항에 따른 갑판부의 항해당직 부원으로서 12개월 이상 승무한 경력을 가지고 별표 5의5의 유능부원교육과정을 이수했을 것

2. 기관부의 유능부원(이하 "기관유능부원"이라 한다)이 되려는 경우: 18세 이상인 사람으로서 다음 각 목의 어느 하나에 해당하는 사람일 것

가. 제41조제1항에 따른 기관부의 항해당직 부원으로서 12개월 이상 승무한 경력이 있을 것

나. 제41조제1항에 따른 기관부의 항해당직 부원으로서 6개월 이상 승무한 경력을 가지고 별표 5의5의 유능부원교육과정을 이수

했을 것

② 제1항에도 불구하고 법 제64조제1항에 따른 선박 중 「선박직원법」 제2조제5호에 따른 자동화선박(이하 “자동화선박”이라 한다)에서 갑판부 및 기관부의 유능부원을 겸하는 유능부원(이하 “운항유능부원”이라 한다)이 될 수 있는 사람은 18세 이상인 사람으로서 다음 각 호의 어느 하나에 해당하는 자격요격을 갖춘 사람으로 한다. 〈개정 2022. 12. 2.〉

1. 제41조제2항에 따른 운항당직부원으로서 18개월 이상 승무한 경력이 있을 것

2. 제41조제2항에 따른 운항당직부원으로서 12개월 이상 승무한 경력을 가지고 별표 5의5의 유능부원교육과정을 이수했을 것

③ 「선원법 시행령」(이하 “영”이라 한다) 제3조의6에 따른 지방해양항만관청(이하 “지방해양항만관청”이라 한다)은 제1항 또는 제2항의 자격요건을 갖춘 사람으로부터 별지 제18호의2서식에 따라 유능부원 자격증의 발급을 신청받은 경우에는 별지 제16호서식에 따라 그의 선원수첩에 해당 자격이 있음을 증명하여 주고, 유능부원 자격증을 발급[「전자정부법」 제2조제10호에 따른 정보통신망(이하 “정보통신망”이라 한다)을 통한 발급을 포함한다]하여야 한다.

[본조신설 2017. 7. 19.]

[종전 제1조의2는 제1조의3으로 이동 〈2017. 7. 19.〉]

제1조의3(항해선의 항해수역) 법 제2조제8호에서 “해양수산부령으로 정하는 수역”이란 「영해 및 접속수역법」 제1조에 따른 영해 내의 수역을 말한다. 〈개정 2013. 3. 24., 2017. 7. 19.〉

[본조신설 2012. 5. 18.]

[제1조의2에서 이동 〈2017. 7. 19.〉]

제2조(적용제외 어선) 법 제3조제1항제3호에서 “총톤수 20톤 미만의 어선으로서 해양수산부령으로 정하는 선박”이란 「선박안전법 시행령」 제2조제1항제3호가목에 따른 평수구역(이하 “평수구역”이라 한다), 같은 법 시행령 제2조제1항제3호나목 본문에 따른 연해구역(이하 “연해구역”이라 한다) 또는 같은 법 시행규칙 제15조제4항에 따른 근해구역(이하 “근해구역”이라 한다)에서 어로작업에 종사하는 총톤수 20톤미만의 어선(운반선을 포함한다)을 말한다. 〈개정 1988. 11. 8., 1997. 12. 15., 1998. 9. 5.,1999. 3. 24., 2005. 10.

17., 2007. 11. 23., 2008. 3. 14., 2012. 5. 18., 2013. 3. 24., 2015. 7. 7.〉

제3조(실습선원의 적용범위) ① 법 제3조제2항에 따라 선원이 될 목적으로 실습을 위하여 승선하는 사람에 대하여는 다음 각 호의 규정을 적용한다. 〈개정 1991. 2. 22., 1993. 7. 31., 1999. 3. 24., 1999. 6. 24., 2005. 10. 17., 2008. 8. 28., 2012. 5. 18., 2017. 1. 18., 2024. 3. 8.〉

1. 법 제22조 및 제25조에 따른 해원의 징계 및 쟁의행위의 제한에 관한 규정

1의2. 법 제25조의2부터 제25조의4까지의 규정에 따른 강제 근로의 금지, 선내 괴롭힘의 금지 및 선내 괴롭힘 발생 시 조치에 관한 규정

2. 법 제38조, 제42조의2부터 제42조의4까지 및 제44조부터 제51조까지의 규정에 따른 송환, 유기구제 보험 또는 공제의 가입, 선원명부, 선원수첩, 선원신분증명서 및 승무경력증명서에 관한 규정

3. 법 제76조(제2항을 제외한다) · 제77조 및 제87조에 따른 선내급식 · 선내급식비 및 건강진단서에 관한 규정

4. 법 제9장(법 제90조부터 제93조까지)에 따른 소년선원과 여자선원에 관한 규정

5. 법 제10장(법 제94조부터 제106조까지 및 제106조의2)에 따른 재해보상에 관한 규정

6. 법 제116조에 따른 교육훈련에 관한 규정

②제1항제5호의 규정을 적용함에 있어서 실습선원의 통상임금 및 승선평균임금은 그 실습선원이 실습을 마치고 승무하게 될 직급에 해당되는 선원의 통상임금 및 승선평균임금의 100분의 70으로 한다. 〈신설 1991. 2. 22.〉

제3조의2(선원의 날) ① 법 제4조의2에 따른 선원의 날을 기념하기 위하여 국가와 지방자치단체는 다음 각 호의 행사를 개최할 수 있다.

1. 선원의 날 기념행사

2. 선원의 위상 및 권익 향상 등을 위한 연구 발표 및 국제교류 행사

3. 선원의 위상 및 권익 향상과 관련하여 공로가 있는 사람이나

단체에 대한 격려 및 포상
4. 선원에 대한 대중매체 등을 통한 홍보 행사
5. 그 밖에 선원에 대한 범국민적 관심을 높이기 위한 행사
② 제1항제1호에 따른 선원의 날 기념행사는 매년 6월 셋째주 금요일에 개최하는 것을 원칙으로 한다. 다만, 해당일에 개최할 수 없는 부득이한 사정이 있는 경우에는 기념행사 개최 시기를 조정할 수 있다.
[본조신설 2023. 9. 27.]

제2장 선장의 직무와 권한

제4조(출항 전의 검사 또는 점검) ① 선장은 검사 또는 점검사항을 목록으로 작성하여 법 제7조제1항에 따른 검사 또는 점검을 하여야 한다.
② 법 제7조제1항제4호에서 "해양수산부령으로 정하는 사항"이란 다음 각 호의 사항을 말한다.
1. 항로 및 항해계획의 적정성
2. 선박의 항해와 관련한 기상 및 해상 정보
3. 법 제15조에 따른 비상배치표 및 비상시에 조치하여야 할 해원의 임무 숙지상태
4. 그 밖에 선장이 선박의 안전운항을 위하여 필요하다고 인정하는 사항
[본조신설 2015. 7. 7.]
제4조의2(선장의 직접 지휘) 법 제9조제1항제4호에서 "해양수산부령으로 정하는 때"란 다음 각 호의 어느 하나에 해당하는 때를 말한다. 〈개정 2021. 6. 30.〉
1. 안개, 강설(降雪) 또는 폭풍우 등으로 시계(視界)가 현저히 제한되어 선박의 충돌 또는 좌초의 우려가 있는 때
2. 조류(潮流), 해류 또는 강한 바람 등의 영향으로 선박의 침로(針路: 선수 방향) 유지가 어려운 때
3. 선박이 항해 중 어선군(漁船群)을 만나거나 운항 중인 항로의 통행량이 크게 증가하는 때
4. 선박의 안전항해에 필요한 설비 등의 고장으로 정상적인 선박 운항이 곤란하게 된 때

[본조신설 2015. 7. 7.]

제5조(조난 선박 등에 대한 구조의무의 한계) ①법 제13조 단서에서 "자기가 지휘하는 선박에 급박한 위험이 있는 경우 등 해양수산부령으로 정하는 경우"란 다음 각 호의 어느 하나에 해당하는 경우를 말한다. 〈개정 1997. 12. 15., 2008. 3. 14., 2012. 5. 18., 2013. 3. 24.〉

1. 조난장소에 도착한 다른 선박으로부터 구조의 필요가 없다는 통보를 받은 경우
2. 조난장소에 접근하였으나 부득이한 사유로 인하여 구조할 수 없거나 구조할 필요가 없다고 판단되는 경우
3. 부득이한 사유로 조난장소까지 갈 수 없거나 기타 구조가 적당하지 아니하다고 판단되는 경우
4. 선장이 지휘하는 선박에 급박한 위험이 있는 경우

②제1항제2호부터 제4호까지의 규정에 따라 구조를 하지 아니하는 경우에는 조난선박 또는 조난항공기에 가까이 있는 선박에 그 뜻을 통보하여야 하되, 다른 선박에 의한 조난 구조가 행하여지지 아니할 것으로 판단되는 경우에는 해양경찰관서의 장에 통보하여야 한다. 〈개정 1997. 12. 15., 2012. 5. 18., 2014. 11. 19., 2017. 7. 28.〉

[제목개정 2012. 5. 18.]

제6조(기상 이상 등의 통보) ①법 제14조 본문에서 "해양수산부령으로 정하는 선박"이란 무선전신 또는 무선전화의 설비를 갖춘 선박을 말한다. 〈개정 1997. 12. 15., 2008. 3. 14., 2012. 5. 18., 2013. 3. 24.〉

②법 제14조 본문에 따라 선장이 가까이 있는 선박 및 해양경찰관서의 장에 통보하여야 할 사항은 별표 1과 같다. 〈개정 1997. 12. 15., 2012. 5. 18., 2014. 11. 19., 2017. 7. 28.〉

[제목개정 2012. 5. 18.]

제7조(선내비상훈련) ① 삭제 〈2015. 7. 7.〉

②법 제15조제1항에 따른 소방훈련·구명정훈련 등 비상시에 대비한 훈련은 매월 1회 선장이 지정하는 일시에 실시하되, 여객선의 경우에는 10일(국내항과 외국항을 운항하는 여객선은 7일)마다 실시하여야 한다. 〈개정 2001. 7. 26., 2012. 5. 18.〉

③ 삭제 〈2015. 7. 7.〉

④선장은 당해선박의 해원 4분의 1 이상이 교체된 때에는 출항후 24시간이내에 선내비상훈련을 실시하여야 한다.

⑤선장은 구명정훈련시에 구명정을 순차적으로 사용하여야 하며, 가능한 한 2월에 한번씩 구명정을 바다에 띄워 놓고 훈련을 실시하여야 한다.

⑥법 제15조제2항에 따른 비상신호의 방법은 기적 또는 싸이렌에 의한 연속 7회의 단음과 계속 1회의 장음으로 한다. 〈개정 2015. 7. 7.〉

⑦ 법 제15조제2항에 따라 여객선의 선장은 다음 각 호의 사항을 안내방송 또는 동영상 방영 등의 방법으로 선박의 출항 후 1시간(국제항해에 종사하는 여객선의 경우에는 4시간) 이내에 여객에게 안내하여야 한다. 〈신설 2015. 7. 7.〉

1. 승·하선 질서의 유지 등 여객안전을 위하여 필요한 사항
2. 여객선의 구명설비, 소화기 등의 사용법
3. 비상시 여객 행동요령
4. 항해시간, 기상정보 및 입출항 예정시간
5. 그 밖에 여객이 비상시에 대비하여 알아야 할 사항

제8조(선내비상훈련사항의 기록) 선장은 선내 비상훈련시마다 훈련내용을 항해일지에 기록하고, 훈련 실시 상황을 동영상 또는 사진으로 촬영하여 보존하여야 한다. 〈개정 2015. 1. 6.〉

제9조(선내순시 및 점검) ①선장 또는 선장이 지정하는자는 1일 1회 선내를 순시하여 구명기구·대피통로 그밖에 안전에 관하여 필요한 사항을 검사·정비하고 그 사실을 항해일지에 기록하여야 한다. 다만, 동일목적지를 1일 2회 이상 운항하는 선박의 경우에는 운항시마다 실시하고 기록하여야 한다. 〈개정 2014. 1. 8.〉

② 선장 또는 선장이 지정하는 사람은 다음 각 호의 사항을 매월 1회 이상 점검하고, 기록을 유지·관리하여야 한다. 〈신설 2014. 1. 8.〉

1. 선내 식량과 식수의 보유량
2. 식량과 식수의 선내 저장 및 취급에 사용하는 장소와 설비의 위생 및 작동 상태
3. 선내에서 식사를 준비하고 제공하는 취사실과 그 밖의 취사

설비의 위생 및 작동 상태
  4. 선원 거주설비의 위생 및 수리 상태
  [제목개정 2014. 1. 8.]

제10조(항해의 안전 확보) 법 제16조에 따른 항해당직의 실시, 선박의 화재예방 그밖에 항해안전을 위하여 선장이 지켜야 할 사항은 다음 각호와 같다. 〈개정 1997. 12. 15., 1999. 6. 24., 2005. 10. 17., 2012. 5. 18.〉

  1. 「국제 해상충돌 방지규칙」의 준수
  2. 「해상에서의 인명안전을 위한 국제협약」의 준수
  3. 모든 항해장치의 정기적 점검과 그 기록의 유지
  4. 선원 거주설비의 정기적 점검과 그 기록의 유지
  [전문개정 1991. 2. 22.]
  [제목개정 2012. 5. 18.]

제11조(시신에 대한 조치) 법 제17조제2항에서 "선박에 있는 사람이 전염병으로 사망하여 선내 감염이 우려되거나, 기항 예정 항만에서 시신 인도가 지속적으로 거부되는 등 해양수산부령으로 정하는 사유"란 다음 각 호의 사유를 말하며, 사유별 조치사항은 다음 각 호의 구분에 따른다.

  1. 선박에 있는 사람이 전염병으로 사망하여 선내 감염이 우려되는 경우: 시신 인도방법을 질병관리청장과 협의하여 조치
  2. 기항 예정 항만에서 시신 인도가 지속적으로 거부되는 경우: 국내항으로의 시신 인도방법을 유가족과 협의하여 조치
  3. 법 제13조에 따라 구조된 사람이 선박에서 사망한 경우: 다음 각 목의 구분에 따른 조치
    가. 사망한 사람이 대한민국 국민인 경우: 시신 인도방법을 관할 해양경찰서장과 협의하여 조치
    나. 사망한 사람이 외국인인 경우: 시신 인도방법을 외교부장관과 협의하여 조치
  [전문개정 2022. 12. 2.]

제12조(유류품의 처리) ①법 제18조에 따라 선장은 선박에 있는 사람이 사망 또는 행방불명된 경우에는 지체없이 그 선박에 승선중인 사망 또는 행방불명된 사람의 친족 또는 친지를 참여시켜 그 유류품을 조사하여 유류품 목록을 작성하되, 친족 또는 친지가 없는 경

우에는 그 선박에 승선한 다른 2명을 참여시켜야 한다. 〈개정 2012. 5. 18.〉

②제1항의 유류품 목록에는 다음 각호의 사항을 기재하여 선장과 참여인이 기명·날인하여야 한다. 〈개정 1997. 12. 15., 2012. 5. 18.〉

1. 사망 또는 행방불명된 사람의 성명·주소
2. 사망 또는 행방불명이 된 일시 및 위치
3. 유류품의 품명과 수량
4. 유류품의 조사 및 목록을 작성한 일자
5. 기타의 처분을 한 경우에는 그 사유 및 처분내용

③선장은 제1항에 따른 유류품 및 그 목록을 사망 또는 행방불명된 사람의 유족 또는 가족에게 인도 또는 교부하여야 한다. 〈개정 1997. 12. 15., 2012. 5. 18.〉

제13조(서류의 비치) ① 삭제 〈1999. 6. 24.〉

②법 제20조제1항제5호에서 "해양수산부령으로 정하는 서류"란 다음 각 호의 서류를 말한다. 〈개정 1988. 11. 8., 1997. 12. 15., 2001. 7. 26., 2007. 4. 13., 2008. 3. 14., 2012. 5. 18., 2013. 3. 24., 2014. 1. 8.〉

1. 선박검사증서
2. 항행하는 해역의 해도
3. 기관일지
4. 속구목록
5. 선박의 승무정원증서
6. 삭제 〈2017. 1. 18.〉
7. 「2006 해사노동협약」 내용이 포함된 도서(항해선이 아닌 선박과 어선은 제외한다)

제14조(비치서류의 서식) 법 제20조에 따른 선원명부 및 항해일지 등의 서식은 다음 각호와 같다. 〈개정 1999. 3. 24., 2001. 7. 26., 2012. 5. 18.〉

1. 선원명부 : 별지 제1호서식. 다만, 선원명부의 공인면제자인 경우에는 별지 제1호의2서식에 의한다.
2. 항해일지 : 별지 제2호서식
3. 삭제 〈1999. 3. 24.〉
4. 속구목록 : 별지 제4호서식

제15조(선박운항에 관한 보고 및 조사) ①법 제21조의 규정에 의한 보고는 별지 제5호 서식에 의하되, 긴급한 때에는 구두로 보고할 수 있다. 이 경우 법 제21조제4호에 해당하는 경우에는 선장을 포함한 3인이상의 관련자가 서명날인한 사건의 경위서를 제출하여야 한다. 〈개정 1991. 2. 22.〉

②선장은 부득이한 사유가 있는 경우에는 대리인으로 하여금 제1항의 보고를 하게 할 수 있으며, 선장 또는 그 대리인이 보고할 수 없는 경우에는 선박소유자가 보고하여야 한다.

③법 제21조에 따른 보고를 하는 때에는 지방해양항만관청에 항해일지를 제시하여야 한다. 다만, 해양사고 기타의 사유로 항해일지가 멸실된 때에는 그러하지 아니하다. 〈개정 1997. 12. 15., 1999. 8. 24., 2008. 3. 14., 2017. 1. 18., 2017. 7. 19.〉

[제목개정 1991. 2. 22.]

제3장 선내질서의 유지

제16조(징계위원회) ①법 제22조제4항에 따른 징계위원회는 기관장·운항장·1등항해사·1등기관사·1등운항사·통신장·징계대상자의 소속 부원중 최상위 직책을 가진 사람의 순위로 구성하되, 이들에 의한 징계위원회의 구성이 불가능한 경우에는 선장이 정하는 사람으로 구성한다. 〈개정 1999. 3. 24., 2012. 5. 18.〉

②징계위원회는 선장의 요구에 의하여 소집된다.

③징계위원회는 징계대상해원을 출석시켜 진술할 기회를 주어야 하며, 필요한 경우에는 다른 해원을 출석시켜 그의 진술을 들을 수 있다.

④징계위원회가 해원에 대한 징계사항을 심사한 때에는 징계위원회 위원이 날인한 징계심사 서류 및 회의록을 작성하여야 한다.

⑤ 삭제 〈1988. 11. 8.〉

제17조(쟁의행위의 제한) 법 제25조제3호에서 "위험물의 종류별로 해양수산부령으로 정하는 경우"란 「위험물 선박운송 및 저장규칙」 제3조에 규정된 위험물중 다음 각 호의 어느 하나에 해당하는 위험물을 적재하고 항행중인 경우를 말한다. 다만, 제1호 내지 제3호의 경우에는 당해 위험물을 적재하지 아니하고 항행중인 경우를 포함한다. 〈개정 2008. 3. 14., 2012. 5. 18., 2013. 3. 24.〉

1. 고압가스
2. 인화성액체류
3. 방사성물질
4. 화약류
5. 산화성물질류
6. 부식성물질
7. 유해성물질
[본조신설 2005. 10. 17.]

제4장 선원근로계약

제18조 삭제 〈2019. 4. 15.〉

제19조(송환비용의 범위) 법 제38조제3항에서 "해양수산부령으로 정하는 비용"이란 다음 각 호의 비용을 말한다. 〈개정 2013. 3. 24.〉

1. 선원이 보유한 30킬로그램 이하의 화물에 대한 운송비용
2. 선원의 부상 또는 질병에 따른 의료관리에 필요한 비용

[본조신설 2012. 5. 18.]

제19조의2(유기사실인정) ① 영 제5조의3제1항에 따른 유기사실인정(이하 "유기사실인정"이라 한다)을 신청하려는 선원 또는 법 제42조의2제4항에 따른 지정대리인은 별지 제6호서식의 유기사실인정 신청서에 법 제42조의2제1항 각 호의 어느 하나에 해당한다는 사실을 적거나 해당 사실을 증명하는 서류(해당 사실의 기재나 증명이 가능한 경우로 한정한다)를 첨부하여 지방해양항만관청에 제출하여야 한다.

② 동일 사업 또는 사업장에서 유기된 선원이 2명 이상인 경우로서 그 중 1명의 선원이 제1항에 따른 유기사실인정 신청서를 제출한 경우에는 다른 유기된 선원은 이를 제출하지 아니할 수 있다.

③ 유기사실인정의 신청을 받은 지방해양항만관청은 유기사실인정의 여부를 결정한 때에는 지체 없이 별지 제6호의2서식의 유기사실인정(불인정) 통지서에 따라 신청인에게 그 내용을 통지하여야 한다.

[본조신설 2017. 1. 18.]

제19조의3(유기구제보험 등의 계약 체결 사실 등의 통지) 법 제42조의4제2항 각 호 외의 부분 및 제106조의2제2항 각 호 외의 부분

에서 "해양수산부령으로 정하는 기간"이란 별표 1의2와 같다.

[본조신설 2017. 1. 18.]

제20조(선원근로계약서에 포함되어야 할 사항) 법 제43조제1항에서 "해양수산부령으로 정하는 사항"이란 다음 각 호의 사항을 말한다. 〈개정 2013. 3. 24.〉

1. 선원의 국적, 성명, 생년월일 및 출생지
2. 선박소유자의 성명(법인의 경우에는 대표자의 성명을 말한다) 및 주소(법인의 경우에는 주사무소의 소재지를 말한다)
3. 선원근로계약이 체결된 장소 및 날짜
4. 선원의 직무에 관한 사항
5. 임금에 관한 사항
6. 유급휴가 일수에 관한 사항
7. 선원근로계약의 종료에 관한 사항
8. 선박소유자가 그 비용을 부담하는 건강보호 및 사회보장 등에 관한 사항
9. 선원의 송환비용에 관한 사항
10. 선원의 근로조건에 관한 사항
11. 단체협약에 관한 규정이 필요한 경우에는 해당 단체협약에 관한 사항

[전문개정 2012. 5. 18.]

[시행일] 「2006 해사노동협약」이 대한민국에서 발효되는 날

제20조의2(일괄공인) ①법 제44조제2항 및 제3항에 따라 지방해양항만관청은 다음 각 호의 어느 하나에 해당하는 경우에는 선원의 승무자격이 같은 다수의 선박간에 선원이 교대승무할 수 있도록 교대승무하는 선박과 선원명부를 일괄하여 공인할 수 있다. 〈개정 2008. 3. 14., 2008. 12. 19., 2012. 5. 18., 2016. 6. 30.〉

1. 선박소유자가 같은 선박(어선은 제외한다) 다수가 같은 항로 또는 인접항로에서 운항하는 경우
2. 운항중인 여객선이 수리 등으로 운항이 불가능한 때를 대비하여 이를 대체하여 운항할 예비여객선을 운영하는 경우(예비여객선의 승무정원이 운항중인 여객선의 승무정원을 초과하지 아니하는 경우에 한한다)
3. 동일한 선박소유자에 속하는 다수의 어선이 인접한 장소에서

공동으로 조업하는 경우

②제1항의 규정에 의한 일괄공인을 신청하고자 하는 선박소유자는 별지 제6호의3서식의 신청서를 지방해양항만관청에 제출해야 한다. 〈개정 2008. 3. 14., 2022. 12. 2.〉

[본조신설 2001. 7. 26.]

제20조의3(예비공인) ①법 제44조제2항 및 제3항의 규정에 의하여 지방해양항만관청은 선박이 운항중에 승무한 선원이 사망하거나 질병·부상 등으로 인하여 직무를 수행할 수 없는 경우 그 직무를 인수하여 수행할 선원을 미리 공인할 수 있다. 〈개정 2008. 3. 14.〉

②제1항의 경우 그 직무를 인수하여 수행할 선원은 수행할 직무에 맞는 자격요건을 갖추고 있는 자이어야 한다.

③제1항의 규정에 의한 공인을 신청하고자 하는 선박소유자는 별지 제6호의4서식의 신청서를 지방해양항만관청에 제출해야 한다. 〈개정 2008. 3. 14., 2022. 12. 2.〉

[본조신설 2001. 7. 26.]

제21조(선원명부 등의 공인신청) ①선박소유자 또는 선장은 법 제44조제3항 및 제45조제3항에 따라 선원명부 및 선원수첩 또는 신원보증서에 대한 승선·하선 또는 승선취소의 공인을 신청하는 경우에는 별지 제7호서식의 공인신청서를, 직무변경 및 계약갱신 등에 따른 승선·하선에 관한 변경사항의 공인을 신청하는 경우에는 변경사항을 증명하는 서류를 첨부하여 별지 제8호의2서식의 승선·하선 변경공인신청서를 지방해양항만관청에 제출(팩스 또는 인터넷 등에 의한 제출을 포함한다)해야 한다. 〈개정 1997. 12. 15., 1999. 3. 24., 1999. 6. 24., 2000. 3. 8., 2001. 7. 26., 2005. 10. 17., 2008. 3. 14., 2008. 12. 19., 2012. 5. 18., 2019. 4. 15., 2021. 2. 19.〉

②법 제45조제1항 단서의 규정에 의한 신원보증서는 별지 제8호의5서식에 의한다. 〈신설 1999. 6. 24., 2001. 7. 26.〉

[제목개정 2012. 5. 18.]

제22조(선원명부를 제출할 수 없는 경우의 공인신청) 선원근로계약의 종료에 따라 하선 공인을 신청하는 자가 선원명부를 제출할 수 없는 경우에는 별지 제9호서식의 선원명부 멸실·훼손에 따른 공인(공인확인)신청서에 그 사유서와 선원수첩 또는 신원보증서를 첨부

하여 지방해양항만관청에 제출하여야 한다.

[전문개정 2012. 5. 18.]

제22조의2(해외취업 신고) 법 제44조의2에 따라 외국 국적 선박소유자와 선원근로계약을 체결한 선원은 선원근로계약서를 작성한 날부터 30일 이내에 별지 제9호의2서식의 해외취업 신고서에 다음 각 호의 서류를 첨부하여 해양수산부장관에게 제출해야 한다. 〈개정 2023. 7. 14.〉

1. 선원수첩 또는 신원보증서 1부
2. 선원근로계약서 등 해외취업을 증명할 수 있는 서류 1부

[본조신설 2022. 12. 2.]

제23조(선원수첩 등을 제출할 수 없는 경우의 공인신청) ①법 제45조제3항 본문에 따른 공인을 신청함에 있어 부득이한 사유로 선원수첩 또는 신원보증서를 제출할 수 없는 경우에는 별지 제10호서식의 선원수첩(신원보증서) 제출 불능사유서를 공인신청서에 첨부하여야 한다. 〈개정 2012. 5. 18.〉

②제1항에 따라 공인을 받은 선원은 선원수첩 또는 신원보증서를 제출할 수 없는 부득이한 사유가 소멸된 경우에는 지체없이 공인을 받은 사실을 증명하는 서류 및 선원수첩 또는 신원보증서를 지방해양항만관청에 제출하여 확인을 받아야 한다. 〈개정 1997. 12. 15., 2008. 3. 14., 2012. 5. 18.〉

[제목개정 2012. 5. 18.]

제24조(선원의 하선 공인) ① 법 제45조제3항 단서에서 "행방불명 등 해양수산부령으로 정하는 사유"란 다음 각 호의 어느 하나에 해당하는 사유를 말한다. 〈개정 2013. 3. 24.〉

1. 선박소유자 또는 선장이 고의 또는 정당한 사유 없이 선원명부의 공인을 받지 아니하는 경우
2. 선박소유자 또는 선장이 1개월 이상 행방불명된 경우
3. 선박소유자 또는 선장이 사망한 경우(선박소유자가 법인인 경우에는 파산한 경우를 말한다)

② 법 제45조제3항 단서에 따라 하선 공인을 받으려는 선원은 별지 제7호서식의 공인신청서에 선원수첩 또는 신원보증서와 제1항에 따른 사유가 있음을 증빙하는 서류를 첨부하여 지방해양항만관청에 제출하여야 한다.

③ 제2항에도 불구하고 하선 공인을 받으려는 선원이 선원수첩 또는 신원보증서를 제출할 수 없는 경우에 그 공인신청과 공인의 사후 확인을 위한 절차 및 방법에 관하여는 제23조를 준용한다.

[본조신설 2012. 5. 18.]

제25조 삭제 〈1997. 12. 15.〉

제26조(공인신청에 대한 확인) ①지방해양항만관청은 법 제45조제3항에 따라 선박소유자 또는 선장으로부터 승선공인신청을 받은 때에는 다음 각 호의 사항을 확인(「전자정부법」 제36조제1항에 따른 행정정보의 공동이용을 통한 확인을 포함한다. 이하 이조에서 같다)한 후 공인하여야 한다. 다만, 선원근로계약이 없는 선장의 승선공인신청을 받은 때에는 제4호 및 제6호의 사항을 확인한 후 공인하여야 한다. 〈개정 1999. 3. 24., 1999. 6. 24., 2005. 10. 17., 2007. 8. 17., 2008. 3. 14., 2011. 4. 11., 2012. 5. 18., 2017. 1. 18.〉

1. 선원근로계약이 항해의 안전 또는 선원의 근로관계에 관한 법령에 위반되는지 여부

2. 선박소유자가 선원법령에서 정한 재해보상 및 유기구제를 위한 보험 또는 공제에 가입하였는지 여부

3. 선원근로계약 당사자의 합의 여부

3의2. 법 제56조에 따른 임금채권보장 보험·공제 또는 기금에 가입하였는지 여부

4. 법 제87조제1항에 따른 건강진단서(외국인 선원의 경우에는 자국에서 받은 건강진단서로 갈음할 수 있다)

5. 법 제109조에 따른 구직등록 및 구인등록의 여부(외국인의 경우를 제외한다)

6. 제57조의 규정에 의한 선원의 교육·훈련에 관한 사항

7. 선원수첩 또는 「출입국관리법」에 의한 입국사증 발급 여부(국내에서 승선하는 외국인 선원의 경우에 한한다)

② 제21조제1항에 따라 승선공인신청을 팩스 또는 인터넷 등으로 받은 지방해양항만관청은 제1항 각 호의 사항을 확인한 후 공인한 선원명부·선원수첩 또는 신원보증서 사본을 팩스 또는 인터넷 등으로 송부하고, 사본을 받은 선박소유자 또는 선장은 사후에 지방해양항만관청으로부터 선원명부·선원수첩 또는 신원보증서 원본에 공인

을 받을 수 있다. 〈신설 2008. 12. 19., 2012. 5. 18.〉

③ 삭제 〈2015. 7. 7.〉

제27조(승선공인사항 확인신청) ①선박소유자 또는 선장은 선박에 비치한 선원명부를 잃어버리거나 선원명부가 헐어 못쓰게 된 때에는 지체없이 선원명부를 새로 작성하여 선원의 현재의 승선현황에 관한 확인을 지방해양항만관청에 신청하여야 한다. 〈개정 1997. 12. 15., 2008. 3. 14., 2012. 5. 18.〉

② 제1항에 따른 신청에는 별지 제9호서식의 선원명부 멸실·훼손에 따른 공인(공인확인)신청서에 다음 각 호의 서류를 첨부하여야 한다. 〈개정 2012. 5. 18.〉

1. 새로 작성한 선원명부
2. 현재 승선사항이 기록된 선원수첩 또는 신원보증서
3. 사유서

제28조(선원수첩 재발급시의 확인) 선원이 선원수첩의 재발급을 받은 때에는 현재의 승선 공인사항에 대하여 지방해양항만관청의 확인을 받아야 한다. 〈개정 1997. 12. 15., 2008. 3. 14., 2012. 5. 18.〉

[제목개정 2012. 5. 18.]

제29조 삭제 〈2005. 10. 17.〉

제30조(귀국후 선원수첩의 공인) 선원이 외국에서 하선공인을 받지 아니하고 귀국한 때에는 선박소유자 또는 선원관리사업자는 25일 이내에 지방해양항만관청에 신고하고 선원수첩의 공인을 받아야 한다. 〈개정 1997. 12. 15., 2008. 3. 14., 2020. 4. 6.〉

제31조(선원수첩멸실시의 공인사항등 증명) ①선원수첩을 소지한 사람이 이를 잃어버리거나 선원수첩이 헐어 못쓰게 된 때에는 지방해양항만관청에 승하선공인의 증명을 신청할 수 있다. 〈개정 1990. 1. 3., 1991. 2. 22., 1997. 12. 15., 1999. 3. 24., 2008. 3. 14., 2012. 5. 18.〉

②제1항의 신청을 하려는 사람은 다음 각호의 사항을 기재한 신청서를 지방해양항만관청에 제출하여야 한다. 〈개정 1990. 1. 3., 1991. 2. 22., 1997. 12. 15., 1999. 3. 24., 2008. 3. 14., 2012. 5. 18.〉

1. 증명을 신청하는 자의 성명·생년월일 및 주소
2. 선원수첩을 발급한 지방해양항만관청과 수첩번호

3. 증명을 받고자 하는 사항
4. 증명을 받고자 하는 사유

제32조 삭제 〈1999. 3. 24.〉

제33조 삭제 〈1999. 3. 24.〉

제34조(선원수첩의 발급 신청) 영 제8조에 따라 선원수첩의 발급을 신청하려는 자는 별지 제15호서식의 선원수첩 발급신청서에 다음 각호의 서류를 첨부하여 지방해양항만관청에 제출하여야 한다. 이 경우 지방해양항만관청은 「전자정부법」 제36조제1항에 따른 행정정보의 공동이용을 통하여 병적증명서(선원수첩의 발급을 신청하는 해의 1월 1일부터 12월 31일까지의 사이에 18세 이상 30세 이하에 해당하는 남자에게만 적용하며, 외국인인 경우를 제외한다) 및 외국인등록 사실증명(외국인인 경우에만 적용한다)을 확인하여야 하며, 신청인이 확인에 동의하지 아니하는 경우에는 해당 서류(외국인등록 사실증명의 경우에는 외국인등록증 사본으로 대신할 수 있다)를 첨부하도록 하여야 한다. 〈개정 1990. 1. 3., 1991. 2. 22., 1993. 7. 31., 1997. 12. 15., 1999. 3. 24., 2000. 3. 8., 2005. 10. 17., 2007. 8. 17., 2008. 3. 14., 2008. 12. 31., 2011. 4. 11., 2012. 5. 18., 2017. 1. 18., 2017. 7. 19.〉

1. 삭제 〈1999. 3. 24.〉
2. 삭제 〈2007. 8. 17.〉
3. 삭제 〈2000. 3. 8.〉
4. 사진 1매(최근 6개월 이내에 촬영한 가로 3.5센티미터, 세로 4.5센티미터의 것)
5. 외국인의 경우 다음 각 목의 어느 하나에 해당하는 서류
   가. 여권 사본 1통
   나. 본국정부에서 발행한 선원수첩 또는 영 제8조제2항에 따라 확인받은 서류
6. 삭제 〈1999. 6. 24.〉

[제목개정 2012. 5. 18.]

제34조의2(선원신분증명서의 발급 신청 등) 영 제13조에 따라 선원신분증명서를 발급받으려는 사람은 별지 제15호의2서식의 선원신분증명서 발급신청서에 다음 각 호의 서류를 첨부하여 지방해양항만관청에 제출하여야 한다. 이 경우 지방해양항만관청은 「전자정부법」

제36조제1항에 따른 행정정보의 공동이용을 통하여 병적증명서(선원신분증명서의 발급을 신청하는 해의 1월 1일부터 12월 31일까지의 사이에 18세 이상 30세 이하에 해당하는 남자에게만 적용하며, 외국인인 경우를 제외한다) 및 외국인등록 사실증명(외국인인 경우에만 적용한다)을 확인하여야 하며, 신청인이 확인에 동의하지 아니하는 경우에는 해당 서류(외국인등록 사실증명의 경우에는 외국인등록증 사본으로 대신할 수 있다)를 첨부하도록 하여야 한다. 〈개정 2007. 8. 17., 2008. 3. 14., 2011. 4. 11., 2012. 5. 18., 2017. 7. 19.〉

1. 삭제 〈2007. 8. 17.〉
2. 선원수첩
3. 선원신분증명서(신규 발급신청의 경우를 제외한다)

[본조신설 2005. 10. 17.]

[제목개정 2012. 5. 18.]

제35조 삭제 〈2021. 2. 19.〉

제35조의2(선원수첩 발급의 특례) ①영 제10조제1항제1호 단서에서 "해양수산부령이 정하는 자"라 함은 다음 각호의 자를 말한다. 〈개정 1999. 6. 24., 1999. 9. 16., 2008. 3. 14., 2012. 5. 18., 2013. 3. 24.〉

1. 삭제 〈1999. 9. 16.〉
2. 구명정 조정사인 부원
3. 의료관리자
4. 제2호 및 제3호에 해당하는 자외에 원양어선에 승무하는 부원

②영 제10조제1항제2호에서 "해양수산부령이 정하는 자"라 함은 선박의 운항과 관련되지 아니하는 업무에 종사하는 자로서 사무원·매점원 및 안내원등으로 승무하는 자를 말한다. 〈개정 2008. 3. 14., 2013. 3. 24.〉

[본조신설 1999. 3. 24.]

[제목개정 2012. 5. 18.]

제36조 삭제 〈1999. 6. 24.〉

제37조(선원수첩 등의 발급) ① 선원수첩은 별지 제16호서식에 따르되, 본인에게 직접 발급하거나 영 제8조제1항에 따른 발급신청인을 통하여 발급할 수 있다. 〈개정 2012. 5. 18.〉

②선원신분증명서는 별지 제16호의2서식에 따르되, 본인에게 발급하거나 본인이 지정한 대리인(선장 또는 고용인에 한한다)을 통하여 발급할 수 있다. 〈신설 2005. 10. 17., 2012. 5. 18.〉

③선원수첩 또는 선원신분증명서의 발급대상자가 법 제46조제1항제1호에 따른 신원이 분명하지 아니한 사람에 해당하는 지의 여부를 판단하기 위하여 지방해양항만관청에 심사위원회를 둔다. 〈개정 1997. 12. 15., 1999. 6. 24., 2005. 10. 17., 2008. 3. 14., 2012. 5. 18.〉

④법 제46조제2항에 따라 선원수첩에 승선선박 또는 승선구역을 한정하거나 유효기간을 정하여 발급하여야 할 사람은 다음 각 호의 어느 하나와 같다. 〈개정 1997. 12. 15., 1999. 6. 24., 2008. 3. 14., 2012. 5. 18.〉

1. 국외출입의 제한이 있는 사람
2. 어선 또는 외국영토에 기항하지 아니하는 선박에 승무하려는 사람
3. 그 밖에 지방해양항만관청이 승선선박 또는 승선구역을 제한할 필요가 있다고 인정하는 사람

⑤지방해양항만관청은 제4항에 따라 승선 선박이나 승선구역을 제한하여 선원수첩을 발급하는 경우 선원수첩의 관청기재사항란에 그 제한내용을 기재하고 날인하되, 그 제한사유가 없어진 경우에는 선원의 신청에 의하여 그 제한을 해제한다. 〈개정 1997. 12. 15., 2008. 3. 14., 2012. 5. 18.〉

[제목개정 2005. 10. 17., 2012. 5. 18.]

제38조(선원수첩 등의 정정 및 재발급) ①선원은 선원수첩 또는 선원신분증명서에 기재사항의 착오나 변경이 있는 때에는 지체없이 별지 제17호서식의 기재사항 정정신청서에 다음 각 호의 서류를 첨부하여 지방해양항만관청에 기재사항의 정정을 신청해야 한다. 〈개정 1997. 12. 15., 2005. 10. 17., 2008. 3. 14., 2023. 7. 14.〉

1. 선원수첩 또는 선원신분증명서
2. 기재사항 변경을 증명하는 서류

②법 제49조에서 "해양수산부령으로 정하는 경우"란 선원수첩 또는 선원신분증명서의 사진이나 주요 기재사항을 알아볼 수 없거나 알아보기 곤란하게된 경우 또는 기재사항란의 여백이 없게 된 경우

를 말하며, 이 경우에는 지체없이 별지 제17호서식의 재발급 신청서에 다음 각 호의 서류를 첨부하여 지방해양항만관청에 재발급을 신청해야 한다. 〈개정 2005. 10. 17., 2008. 3. 14., 2012. 5. 18., 2013. 3. 24., 2023. 7. 14.〉

1. 사진 1매(최근 6개월 이내에 촬영한 가로 3센티미터 5밀리미터, 세로 4센티미터 5밀리미터의 것으로서 선원수첩의 재발급만 해당한다)

2. 선원신분증명서(선원신분증명서의 재발급만 해당한다)

③제1항 또는 제2항에 따른 정정 또는 재발급의 신청은 선원수첩 또는 선원신분증명서를 발급한 지방해양항만관청 또는 다른 지방해양항만관청에 할 수 있다. 〈개정 1993. 7. 31., 1997. 12. 15., 2005. 10. 17., 2008. 3. 14., 2012. 5. 18.〉

④ 제1항 또는 제2항에 따른 신청을 받은 지방해양항만관청은 「전자정부법」 제36조제1항에 따른 행정정보의 공동이용을 통해 다음 각 호의 사항을 확인해야 한다. 다만 신청인이 확인에 동의하지 않는 경우에는 해당 서류를 첨부하도록 해야 한다. 〈신설 2023. 7. 14.〉

1. 병적증명서

2. 외국인등록사실증명

[제목개정 2005. 10. 17., 2012. 5. 18.]

제38조의2(자문) 법 제59조, 법 제115조제2항 및 영 제23조에 따른 자문이란 「정책자문위원회규정」 제2조에 따라 해양수산부에 설치되는 정책자문위원회의 자문을 말한다. 〈개정 2001. 7. 26., 2005. 10. 17., 2008. 3. 14., 2012. 5. 18., 2013. 3. 24.〉

[본조신설 1999. 6. 24.]

제4장의2 임금 〈신설 2005. 10. 17.〉

제38조의3(임금체불정보심의위원회의 구성 및 운영) ① 법 제55조의4제3항에 따른 임금체불정보심의위원회(이하 이 조에서 "위원회"라 한다)는 위원장 1명을 포함한 11명의 위원으로 성별을 고려하여 구성한다.

② 위원장은 해양수산부차관이 되고, 위원은 다음 각 호의 사람이 된다.

1. 해양수산부의 고위공무원단에 속하는 일반직공무원 중 해양수산부장관이 지정하는 직위에 있는 사람 3명

2. 변호사 또는 공인노무사 자격이 있는 사람 중에서 해양수산부장관이 위촉하는 사람 2명

3. 「고등교육법」 제2조에 따른 대학에서 부교수 이상의 직으로 재직했거나 재직하고 있는 사람 중에서 해양수산부장관이 위촉하는 사람 2명

4. 제1호부터 제3호까지의 규정에 준하는 경험 또는 사회적 덕망이 있다고 인정되는 사람으로서 해양수산부장관이 위촉하는 사람 3명

③ 제2항제2호부터 제4호까지의 규정에 따른 위원의 임기는 3년으로 한다.

④ 위원회의 회의는 위원장을 포함한 재적위원 과반수의 출석으로 개의하고, 출석위원 과반수의 찬성으로 의결한다.

⑤ 제1항부터 제4항까지에서 규정한 사항 외에 위원회의 구성 및 운영에 필요한 사항은 해양수산부장관이 정하여 고시한다.

[본조신설 2021. 2. 19.]

제39조(도산등사실인정의 신청) ①영 제18조의2의 규정에 의한 도산등 사실인정(이하 "도산등사실인정"이라 한다)을 신청하고자 하는 자는 별지 제17호의5서식에 다음 각 호의 서류를 첨부하여 당해 사업장의 선원근로감독을 관할하는 지방해양항만관청에 제출하여야 한다. 〈개정 2008. 3. 14.〉

1. 퇴직 당시의 선박소유자가 발행한 퇴직증명서 1부

2. 당해 선박소유자의 사업활동이 정지중에 있고 당해 선박소유자가 체불임금을 지급할 능력이 없다는 사실을 기재하거나 증명하는 자료(사실의 기재나 증명이 가능한 경우에 한한다) 1부

②동일 사업 또는 사업장에서 퇴직한 선원이 2인 이상인 경우에 그 중 1인의 퇴직선원이 제1항의 규정에 의한 도산등사실인정신청서를 제출한 때에는 다른 퇴직선원은 이를 제출하지 아니할 수 있다.

[본조신설 2005. 10. 17.]

제39조의2(도산등사실인정의 통지) 지방해양항만관청은 제39조의 규정에 따른 도산등사실인정의 신청에 대하여 도산등사실인정의 여부를 결정한 때에는 지체없이 별지 제17호의6서식에 의하여 그 내용을 신청인에게 통지하여야 한다. 〈개정 2008. 3. 14.〉

[본조신설 2005. 10. 17.]

제39조의3(체불임금 지급사유의 확인 신청) 영 제18조의5제1항의 규정에 따라 체불임금 지급사유의 확인을 받고자 하는 자는 별지 제17호의7서식에 다음 각 호의 서류를 첨부하여 당해 사업장의 선원근로감독을 관할하는 지방해양항만관청에게 제출하여야 한다. 〈개정 2008. 3. 14.〉

1. 퇴직 당시의 선박소유자가 발행한 퇴직증명서 또는 제39조의2의 규정에 따른 도산등사실인정통지서 사본 1부

2. 당해 선박소유자가 체불임금 등을 증명한 서류 1부(소유자가 발급한 경우에 한한다)

[본조신설 2005. 10. 17.]

제39조의4(체불임금 지급사유 확인의 통지 등) 제39조의3의 규정에 따른 확인신청서를 접수한 지방해양항만관청은 영 제18조의5제1항 각 호에 대하여 사실확인을 한 후 그 결과를 별지 제17호의8서식에 의하여 신청인에게 통지하여야 한다. 다만, 사실확인이 불가능한 경우에는 제17호의9서식에 의하여 그 사유를 통지하여야 한다. 〈개정 2008. 3. 14.〉

[본조신설 2005. 10. 17.]

제5장 근로시간 및 승무정원

제39조의5(휴식시간의 완화에 관한 기준 등) ① 법 제60조제4항 후단에서 "해양수산부령으로 정하는 휴식시간의 완화에 관한 기준"이란 다음 각 호의 기준을 모두 충족하는 것을 말한다.

1. 선원에게 임의의 1주간에 70시간 이상의 휴식시간을 줄 것

2. 휴식시간의 완화는 계속하여 2주를 초과하지 아니할 것. 다만, 휴식시간의 완화가 적용되는 기간의 2배에 해당하는 기간이 경과한 후에는 계속하여 휴식시간의 완화를 적용할 수 있다.

3. 선원에게 임의의 24시간에 10시간 이상의 휴식시간을 줄 것

4. 제3호에 따른 휴식시간을 주되, 다음 각 목의 기준에 따를 것

가. 휴식시간의 분할은 두 차례를 초과하지 아니할 것

나. 휴식시간을 두 차례로 분할하는 경우 휴식시간 중 1회는 연속하여 최소한 6시간 이상, 다른 휴식시간은 1시간 이상이어야 하고, 연속되는 휴식시간 사이의 간격은 14시간을 초과하지 아니할 것

5. 제3호 및 제4호에 따른 휴식시간의 완화를 적용하는 기간은 임의의 1주간에 48시간을 초과하지 아니할 것

② 제1항에도 불구하고 제1항제4호에 따른 휴식시간의 분할에 관한 기준을 적용하기 곤란한 항로를 운항하는 선박에 승무한 선원에 대한 휴식시간의 완화는 다음 각 호의 기준을 모두 충족하여야 한다.

1. 선원에게 제1항제1호·제3호 및 제5호의 기준에 적합한 휴식시간을 줄 것

2. 제1항제2호 단서에도 불구하고 휴식시간의 완화가 적용되는 기간의 2배에 해당하는 기간이 경과하지 하지 아니하여도 휴식시간의 완화를 적용할 수 있으나, 휴식시간의 완화의 적용기간은 계속하여 48시간을 초과하지 아니할 것

3. 제1항제4호에도 불구하고 휴식시간을 최대 세 차례까지 분할할 수 있으나, 다음 각 목의 기준에 적합할 것

가. 휴식시간을 세 차례로 분할 할 경우 휴식시간 중 1회는 연속하여 4시간 이상, 다른 휴식시간은 각각 1시간 이상일 것

나. 연속되는 휴식시간의 간격은 14시간을 초과하지 아니할 것

4. 법 제69조제1항에 따른 유급휴가 간격보다 더 짧은 간격으로 유급휴가를 주거나 법 제70조에 따른 유급휴가의 일수에 1일 이상을 더한 날 수 만큼의 유급휴가를 줄 것. 이 경우 유급휴가에 관한 사항은 단체협약으로 정하여야 한다.

③ 제1항제4호에 따른 휴식시간의 분할에 관한 기준을 적용하기 곤란한 항로는 다음 각 호의 어느 하나에 해당하는 항로를 말한다.

1. 대한민국, 중화인민공화국(중화인민공화국 홍콩특별행정구는 제외한다), 일본국 및 러시아연방공화국(극동지역에 한정한다)의 항구 사이의 항로

2. 그 밖에 선박소유자단체 및 선원단체의 대표자의 의견을 들어 해양수산부장관이 정하여 고시하는 항로

[본조신설 2014. 9. 19.]

제39조의6(소년선원의 근로시간 등) 법 제61조에서 "해양수산부령으로 정하는 근로시간, 휴식시간 등에 관한 규정"이란 다음 각 호를 말한다.

1. 18세 미만인 소년선원의 근로시간은 1일 8시간, 1주간 40시간을 초과하지 아니할 것

2. 18세 미만인 소년선원에 대해서는 다음 각 목의 기준에 따른 휴식시간을 줄 것

가. 1일 1시간 이상의 식사를 위한 휴식시간

나. 매 2시간 연속 근로 후 즉시 15분 이상의 휴식시간

[본조신설 2014. 9. 19.]

제40조(근로시간 등의 기록 서류) 법 제62조제3항에 따른 선원의 1일 근로시간, 휴식시간 및 시간외근로를 기록할 서류는 별지 제18호서식에 따른다.

[전문개정 2012. 5. 18.]

[시행일] 「2006 해사노동협약」이 대한민국에서 발효되는 날

제40조의2(선상훈련 및 평가계획의 수립기준 등) ① 법 제63조제1항제1호에 따른 선상훈련 및 평가계획의 수립기준은 별표 4와 같다.

② 법 제63조제1항제2호에 따른 항해당직 기준의 작성방법은 별표 5와 같다.

[본조신설 2012. 5. 18.]

제41조(항해당직 부원의 자격요건) ①법 제64조제1항에 따라 갑판부 또는 기관부의 항해당직 부원이 될 수 있는 사람은 16세 이상인 사람으로서 다음 각 호의 어느 하나에 해당하는 사람으로 한다. 〈개정 1990. 1. 3., 1991. 2. 22., 1993. 7. 31., 1999. 6. 24., 2005. 10. 17., 2012. 5. 18., 2022. 12. 2.〉

1. 총톤수 200톤이상의 선박에서 갑판부 또는 기관부의 부원으로서 1년 이상 승무한 경력이 있을 것

2. 갑판부 또는 기관부의 부원으로서 2월 이상 승무한 경력을 가지고 별표 5의5의 당직부원교육과정을 이수했을 것

3. 「선박직원법 시행령」 제16조제1항제1호의 규정에 의한 승무경력이 있을 것

②제1항에도 불구하고 법 제64조제1항에 따른 선박 중 자동화선박에서 갑판부 및 기관부의 항해당직을 겸하여 행하는 부원(이하 "운항당직부원"이라 한다)이 될 수 있는 사람은 16세 이상인 사람으로서 다음 각 호의 어느 하나에 해당하는 사람으로 한다. 〈개정 1991. 2. 22., 1993. 7. 31., 1997. 12. 15., 2005. 10. 17., 2008. 3. 14., 2012. 5. 18., 2013. 3. 24., 2017. 7. 19., 2022.

12. 2.〉

1. 제1항제1호에 해당하는 사람으로서 자동화 선박에서 1년이상 승무한 경력이 있거나 별표 5의5의 운항당직부원교육과정을 이수했을 것

2. 「선박직원법 시행령」 제16조제1항 또는 제2항의 규정에 의한 승무경력이 있을 것. 다만, 운항과외의 학과를 이수한 자는 별표 5의5의 운항당직부원교육과정을 이수했을 것

3. 총톤수 200톤이상의 선박의 승무경력이 3년 이상인 사람으로서 해양수산부장관으로부터 제1호 또는 제2호와 동등이상의 자격이 있다고 인정을 받았을 것

③ 지방해양항만관청은 제1항 또는 제2항에 해당하는 자격요건을 갖춘 사람으로부터 별지 제18호의2서식에 따라 당직부원 자격증의 발급을 신청받은 경우에는 별지 제16호서식에 따라 그의 선원수첩에 해당 자격이 있음을 증명하여 주고, 당직부원 자격증을 발급(정보통신망을 통한 발급을 포함한다)하여야 한다. 〈개정 2017. 7. 19.〉

[제목개정 2012. 5. 18.]

제42조(위험화물적재선박 승무원의 자격요건) ① 법 제64조제3항에서 "해양수산부령으로 정하는 자격요건을 갖춘 선원"이란 다음 각 호의 구분에 따른 요건을 갖춘 선원을 말한다. 〈개정 2013. 3. 24., 2014. 1. 8., 2016. 1. 13., 2022. 12. 2.〉

1. 유조선 또는 케미칼탱커에 선장, 1등항해사, 기관장, 1등기관사, 운항장으로 승무하려는 사람은 다음 각 목의 모든 기준을 충족할 것

가. 별표 5의5에 따른 탱커기초 교육과정을 이수했을 것

나. 「선박직원법 시행규칙」 별표 1에 따른 보수교육과정 중 유조선 또는 케미컬탱커 직무교육과정을 이수하였을 것

다. 유조선 또는 케미칼탱커에서 3개월(3회 이상의 하역작업 경력이 있는 경우에는 1개월) 이상 승무한 경력이 있을 것

2. 유조선 또는 케미칼탱커에 항해사(1등항해사는 제외한다), 기관사(1등기관사는 제외한다), 운항사, 갑판부 및 기관부 부원 또는 운항당직 부원으로 승무하려는 사람은 다음 각 목의 어느 하나에 해당하는 기준을 충족할 것

가. 별표 5의5에 따른 탱커기초 교육과정을 이수했을 것

나. 유조선 또는 케미칼탱커에서 3개월 이상 승무한 경력이 있고, 「한국해양수산연수원법」에 따른 한국해양수산연수원(이하 "한국해양수산연수원"이라 한다)의 원장(이하 "한국해양수산연수원장"이라 한다)이 실시하는 해기(海技)능력평가에 합격하였을 것

3. 액화가스탱커에 선장, 1등항해사, 기관장, 1등기관사, 운항장으로 승무하려는 사람은 다음 각 목의 모든 기준을 충족할 것

가. 별표 5의5에 따른 탱커기초 교육과정을 이수했을 것

나. 「선박직원법 시행규칙」 별표 1에 따른 보수교육과정 중 액화가스탱커 직무교육과정을 이수하였을 것

다. 액화가스탱커에서 3개월(3회 이상의 하역작업 경력이 있는 경우에는 1개월) 이상 승무한 경력이 있을 것

4. 액화가스탱커에 항해사(1등항해사는 제외한다), 기관사(1등기관사는 제외한다), 운항사, 갑판부 및 기관부 부원 또는 운항당직 부원으로 승무하려는 사람은 다음 각 목의 어느 하나에 해당하는 기준을 충족할 것

가. 별표 5의5에 따른 탱커기초 교육과정을 이수했을 것

나. 액화가스탱커에서 3개월 이상 승무한 경력이 있고, 한국해양수산연수원장이 실시하는 해기능력평가에 합격하였을 것

② 제1항에도 불구하고 법 제64조제3항에 따른 위험화물적재선박 중 항해선이 아닌 선박에 승무하는 선장, 1등항해사, 기관장, 1등기관사, 운항장 또는 운항사는 다음 각 호에 따른 기준을 충족하여야 한다. 〈신설 2014. 1. 8.〉

1. 유조선 또는 케미칼탱커: 제1항제1호 각 목의 어느 하나에 해당하는 기준을 충족할 것

2. 액화가스탱커: 제1항제3호 각 목의 어느 하나에 해당하는 기준을 충족할 것

③ 지방해양항만관청은 제1항 각 호의 어느 하나에 해당하는 선원으로부터 별지 제18호의2서식에 따라 유조선, 케미칼탱커 또는 액화가스탱커의 승무자격증의 발급을 신청받은 경우에는 별지 제16호서식에 따라 그의 선원수첩에 해당 자격이 있음을 증명하여 주고, 해당 승무자격증을 발급(정보통신망을 통한 발급을 포함한다)하여야 한다. 〈개정 2013. 3. 24., 2014. 1. 8., 2017. 7. 19.〉

④ 제3항에 따른 유조선, 케미칼탱커 또는 액화가스탱커의 승무자격의 유효기간은 「선원의 훈련·자격증명 및 당직근무의 기준에 관한 국제협약」(이하 "선원당직국제협약"이라 한다)에 따라 각각 5년으로 한다. 다만, 부원의 승무자격의 유효기간은 따로 없는 것으로 한다. 〈개정 2014. 1. 8.〉

⑤ 제4항에 따른 승무자격의 유효기간 만료일 이후 승무자격의 효력을 계속 유지시키려는 사람 또는 제4항에 따른 승무자격의 유효기간이 지나서 승무자격의 효력이 상실된 후 승무자격을 되살리려는 사람은 다음 각 호의 어느 하나에 해당하는 요건을 갖춰야 한다. 〈신설 2014. 1. 8., 2022. 12. 2.〉

1. 승무자격 유효기간 만료일 또는 승선일 전 5년 이내에 같은 종류의 위험화물적재선박에 3개월 이상 승무한 경력이 있을 것

2. 승무자격 유효기간 만료일 또는 승선일 전에 별표 5의5에 따른 탱커기초 교육과정(제1항 각 호에 따라 승무자격을 갖추기 위하여 이수한 교육과정은 제외한다)을 이수했을 것

[전문개정 2012. 5. 18.]

제42조의2(가스연료추진선박 승무원의 자격요건) ① 법 제64조제6항에 따른 가스 또는 저인화점 연료를 사용하는 선박(이하 "가스연료추진선박"이라 한다)에 승선하는 선원의 자격을 확인받으려는 사람은 별지 제18호의2서식의 신청서를 지방해양항만관청에 제출해야 한다. 〈개정 2021. 2. 19.〉

② 제1항에 따른 신청을 받은 지방해양항만관청은 다음 각 호의 구분에 따른 요건을 갖춘 사람에 대해 별지 제16호서식에 따른 가스연료추진선박 승무자격증을 발급해야 한다. 〈개정 2021. 2. 19., 2022. 12. 2.〉

1. 기초 가스연료추진선박 승무자격증을 신청하려는 사람은 다음 각 목의 어느 하나에 해당하는 기준을 충족할 것

가. 별표 5의5에 따른 가스연료추진선박 기초교육을 이수했을 것

나. 제42조제3항에 따른 액화가스탱커 승무자격증을 보유하고 있을 것

2. 상급 가스연료추진선박 승무자격증을 신청하려는 사람은 다음 각 목의 어느 하나에 해당하는 기준을 충족할 것

가. 제1호에 따른 기초 가스연료추진선박 승무자격증을 보유하고, 「선박직원법 시행규칙」 별표 1에 따른 보수교육 중 가스연료추진선박 직무교육을 이수했으며, 「가스 또는 저인화점 연료를 사용하는 선박의 안전에 대한 국제기준(IGF Code)」(이하 "가스연료추진선박 국제기준"이라 한다) 적용 선박에서 3회 이상의 연료 수급작업 경력을 포함하여 1개월 이상 승무한 경력이 있을 것. 다만, 연료 수급작업 경력 횟수를 산정할 때 해양수산부장관이 인정하는 모의 연료 수급작업 경력이 있는 경우에는 2회로 한정하여 연료 수급작업 경력에 포함하여 산정한다.

나. 제42조제3항에 따른 상급 액화가스탱커 승무자격증을 보유하고, 가스연료추진선박 국제기준 적용 선박에서 3회 이상의 연료 수급작업 경력 또는 액화가스탱커에서 3회 이상의 하역작업 경력이 있으며, 신청일을 기준으로 5년 이내에 가스연료추진선박 또는 가스나 저인화점 연료를 화물로 운송하는 선박에 3개월 이상 승무한 경력이 있을 것

③ 제2항에 따른 가스연료추진선박 승무자격의 유효기간은 선원당직국제협약에 따라 5년으로 한다.

④ 제3항에 따른 승무자격의 유효기간을 연장하거나 승무자격의 유효기간 만료 후 승무자격을 회복하려는 사람은 다음 각 호의 어느 하나에 해당하는 요건을 갖춰야 한다. 이 경우 연장 또는 회복되는 승무자격의 유효기간은 5년으로 하고, 다시 연장 또는 회복하는 경우에도 같다. 〈개정 2022. 12. 2.〉

1. 승무자격의 유효기간 만료일 또는 승무자격의 회복 신청일 전 5년 이내에 가스연료추진선박에 3개월 이상 승무한 경력이 있을 것

2. 승무자격의 유효기간 만료일 또는 승무자격의 회복 신청일 전 5년 이내에 별표 5의5에 따른 가스연료추진선박 기초교육을 이수했을 것

[본조신설 2019. 11. 1.]

제43조(구명정 조종사의 자격요건 등) ①법 제64조제4항에 따라 구명정 조종사의 자격증을 발급받으려는 선원은 별지 제18호의2서식의 발급신청서를 지방해양항만관청에 제출하여야 한다. 〈개정 1997. 12. 15., 2005. 10. 17., 2008. 3. 14., 2012. 5. 18., 2017. 1. 18.〉

②제1항에 따른 신청을 받은 지방해양항만관청은 다음 각 호의 요

건을 갖춘 선원에 대하여 그의 선원수첩에 구명정 조종사의 자격이 있음을 증명해 주고, 별지 제20호서식의 구명정 조종사 자격증을 발급(정보통신망을 통한 발급을 포함한다)해야 한다. 이 경우 구명정 조종사 자격의 유효기간은 선원당직국제협약에 따라 5년으로 한다. 〈개정 1999. 3. 24., 2001. 7. 26., 2005. 10. 17., 2008. 3. 14., 2012. 5. 18., 2016. 1. 13., 2017. 1. 18., 2022. 12. 2.〉

1. 18세이상일 것

2. 12개월 이상의 승무경력이 있거나 또는 6월 이상의 승무경력과 한국해양수산연수원에서 별표 5의5의 상급안전교육 중 구명정 조종사 교육과정을 이수했을 것

③영 제21조제3항에 따른 선박에는 그 적재하여야 할 구명정·구조정 또는 고속구조정 및 구명뗏목(연해구역을 항행구역으로 하는 선박에 있어서는 팽창식구명뗏목을 제외한다. 이하 "구명정등"이라 한다)마다 다음 각호의 인원수(연해구역을 항행구역으로 하는 선박에 있어서는 1인)의 구명정 조종사를 승선시켜야 한다. 다만, 최대탑재인원보다 적은 인원을 탑재하고 항해를 할 경우에는 가까운 지방해양항만관청의 허가를 받아 그 인원수를 감할 수 있다. 〈개정 1987. 12. 7., 1997. 12. 15., 1999. 3. 24., 2008. 3. 14., 2012. 5. 18.〉

1. 정원 40인이하의 구명정 : 2인
2. 정원 41인이상 61인이하의 구명정 : 3인
3. 정원 62인이상 85인이하의 구명정 : 4인
4. 정원 86인 이상의 구명정 : 5인
5. 구조정 또는 고속구조정 : 2인
6. 구명뗏목 : 1인

④선장은 미리 구명정등에 그 구명정 조종사를 배치하고 각기 그 지휘자를 정하여 두어야 한다. 〈신설 1987. 12. 7., 2012. 5. 18.〉

⑤구명정 조종사는 다음 각호의 업무에 종사한다. 〈신설 1987. 12. 7., 1997. 12. 15., 2012. 5. 18.〉

1. 식료·항해용구·기타·물품의 구명정등에의 적재, 구명정등의 하강과 해원 및 여객의 구명정등에의 승정지휘

2. 구명정등의 운항지휘 또는 보좌

3. 구명줄발사기·구명부환·기타 구명설비의 조작

4. 구명정등과 기타의 구명설비(구명조끼를 제외한다)의 정비 및 관리

[제목개정 2012. 5. 18.]

제43조의2(고속구조정 조종사 자격) ① 지방해양항만관청은 제43조제2항에 따른 구명정 조종사 자격요건을 갖춘 사람이 별표 5의5에 따른 고속구조정 조종사 교육과정을 이수한 경우에는 그의 선원수첩에 고속구조정 조종사 자격이 있음을 증명해 주고, 별지 제20호의2 서식의 고속구조정 조종사 자격증을 발급(정보통신망을 통한 발급을 포함한다)해야 한다. 〈개정 2017. 1. 18., 2022. 12. 2.〉

② 제1항에 따른 고속구조정 조종사 자격의 유효기간은 선원당직 국제협약에 따라 5년으로 한다. 〈개정 2016. 1. 13.〉

[전문개정 2012. 5. 18.]

제43조의3(여객안전관리선원의 자격 등) ① 법 제64조제5항에서 "해양수산부령으로 정하는 여객의 안전관리에 필요한 자격요건을 갖춘 선원"이란 별표 5의5에 따른 여객선 상급교육 과정을 이수한 선원을 말한다. 〈개정 2022. 12. 2.〉

② 영 제21조제4항에 따른 여객선에는 제1항에 따른 선원(이하 "여객안전관리선원"이라 한다)을 다음 각 호의 구분에 따라 승무시켜야 한다.

1. 여객 정원이 100명 이상 500명 이하인 경우: 1명 이상
2. 여객 정원이 500명 초과 1천명 이하인 경우: 2명 이상
3. 여객 정원이 1천명 초과 1천 500명 이하인 경우: 3명 이상
4. 여객 정원이 1천 500명을 초과하는 경우: 4명 이상

③ 선장은 여객안전관리선원을 여객선의 객실 갑판에 배치하고, 다음 각 호의 업무에 종사하도록 하여야 한다.

1. 비상시 여객에 대한 구명조끼 등 구명기구의 지급 및 착용 안내
2. 비상시 여객의 집합장소 안내
3. 여객의 구명정등 탑승 보조
4. 비상시 여객의 탈출로 정비 및 관리
5. 그 밖에 선장이 지시하는 비상시 여객지원 업무

[본조신설 2015. 7. 7.]

제44조(승무정원증서의 발급) ①선박소유자가 법 제65조에 따라 선

박의 승무정원을 정하여 지방해양항만관청의 인정을 받고자 하는 때에는 별지 제21호서식의 승무정원인정신청서에 법 제119조에 따른 취업규칙(이하 "취업규칙"이라 한다)을 첨부하여 제출하여야 한다. 〈개정 1991. 2. 22., 1997. 12. 15., 2008. 3. 14., 2012. 5. 18., 2017. 1. 18.〉

②제1항에 따른 신청서를 받은 지방해양항만관청은 취업규칙과 해당 선박의 승무정원을 심사하여 적정하다고 인정할 때에는 별지 제22호서식의 승무정원증서를 발급하여야 한다. 〈개정 1991. 2. 22., 1997. 12. 15., 2008. 3. 14., 2012. 5. 18., 2017. 1. 18.〉

③제1항 및 제2항에 따른 승무정원인정신청 및 승무정원증서 발급은 정보통신망을 통하여 신청 및 발급을 할 수 있다. 〈신설 2005. 10. 17., 2012. 5. 18.〉

[제목개정 2012. 5. 18.]

제45조(선원의 자격요건 등에 대한 특례) ①법 제66조에서 "해양수산부령으로 정하는 기준에 맞는 경우"란 다음 각 호의 어느 하나에 해당하는 선박으로서 지방해양항만관청의 인정을 받은 선박을 말한다. 〈개정 1997. 12. 15., 2001. 7. 26., 2008. 3. 14., 2012. 5. 18., 2013. 3. 24., 2017. 1. 18.〉

1. 항해사가 기관실의 기관을 원격조정할 수 있는 설비를 갖춘 선박

2. 선박의 항해·정박등을 위한 자동설비를 갖춘 선박

3. 압항부선 : 기선과 결합되어 밀려서 추진되는 선박

4. 해저조망부선 : 잠수하여 해저를 조망할 수 있는 시설을 설치한 선박으로서 스스로 항행할 수 없는 선박

②지방해양항만관청은 제1항에 해당하는 선박에 대하여는 법 제64조제1항 및 제2항에 따른 항해당직부원의 자격요건 또는 법 제65조에 따른 승무정원에 관한 규정을 완화하여 적용할 수 있다. 〈개정 1997. 12. 15., 2008. 3. 14., 2012. 5. 18., 2017. 1. 18.〉

③제1항에 따른 지방해양항만관청의 인정을 받고자 하는 자는 별지 제22호의2서식의 승무정원완화허가신청서에 지방해양항만관청, 「한국해양교통안전공단법」에 따라 설립된 한국해양교통안전공단, 「선박안전법」 제60조제2항에 따른 선급법인 또는 해양수산부장관이

인정하는 국제선급협회가 발급한 해당 선박이 제1항에 해당하는 사실을 증명하는 증서, 그 밖에 필요한 증빙서류를 첨부하여 신청하거나 정보통신망을 통하여 신청할 수 있다. 〈개정 1990. 1. 3., 1991. 2. 22., 1997. 12. 15., 2001. 7. 26., 2005. 10. 17., 2007. 11. 23., 2008. 3. 14., 2013. 3. 24., 2017. 1. 18., 2019. 8. 20.〉

[제목개정 2012. 5. 18.]

제45조의2(여객선선장에 대한 적성심사 기준 및 절차 등) ① 법 제66조의2제1항에 따른 여객선선장에 대한 적성심사 기준(이하 "적성심사기준"이라 한다) 및 적성심사기준의 충족 여부 확인은 별표 5의2에 따른다.

② 법 제66조의2제1항에 따른 여객선선장에 대한 적성심사(이하 "적성심사"라 한다) 결과 적성심사기준을 충족하는 것으로 확인된 경우 그 유효기간은 적성심사기준을 충족하였음을 확인한 날부터 3년(여객선선장이 적성심사를 받을 당시 65세 이상인 경우에는 2년)으로 한다.

③ 제2항에 따른 적성심사의 유효기간을 연장하려는 사람은 적성심사의 유효기간 만료 전에 다시 적성심사를 받을 수 있다. 이 경우 여객선선장이 적성심사기준을 충족하면 원래의 적성심사의 유효기간 만료일 다음 날부터 적성심사의 유효기간을 기산한다.

④ 적성심사기준을 충족한 여객선선장이 그 유효기간에 같은 항로를 항해하는 같은 형태의 다른 여객선에 승무하려는 경우에는 적성심사를 생략할 수 있다.

⑤ 해양항만관청은 적성심사를 매년 6회 이상 실시해야 한다. 이 경우 다음 각 호의 어느 하나에 해당하는 사람 5명 이상으로 적성심사위원회를 구성하여 적성심사를 실시해야 한다. 〈개정 2016. 1. 13., 2023. 7. 14.〉

1. 해운·선박안전 관련 분야에서 3년 이상 공무원으로 근무한 경력이 있는 사람

2. 2급 이상의 항해사·기관사 또는 운항사의 해기사 면허를 받고 5년 이상 승선한 경력이 있는 사람

3. 「해운법」 제2조제1호에 따른 해운업과 관련한 사업장에서 선원·선박안전 관련 업무에 10년 이상 종사한 경력이 있는 사람

4. 다음 각 목의 어느 하나에 해당하는 학교 또는 기관에서 3년 이상 선박의 운항 또는 선박용 기관의 운전과 관련한 과목을 강의한 경력이 있는 사람

가. 「고등교육법」 제2조제1호부터 제4호까지의 어느 하나에 해당하는 학교

나. 한국해양수산연수원

5. 「해운법」 제22조에 따른 선박운항관리자로 5년 이상 근무한 경력이 있는 사람

[본조신설 2015. 7. 7.]

제46조(근로시간 및 승무정원의 적용제외 선박) 법 제68조제1항제4호에서 "해양수산부령으로 정하는 선박"이란 평수구역을 그 항해구역으로 하는 선박을 말한다. 〈개정 1997. 12. 15., 2008. 3. 14., 2012. 5. 18., 2013. 3. 24.〉

[제목개정 2012. 5. 18.]

[시행일] 「2006 해사노동협약」이 대한민국에서 발효되는 날

제5장의2 유급휴가 〈신설 2012. 5. 18.〉

제46조의2(유급휴가의 일수) 법 제70조제4항에 따른 보호휴가로 휴업한 기간에 대한 유급휴가의 일수는 1개월에 12분의 15일로 하되, 1일 미만의 단수는 1일로 계산한다. 〈개정 2012. 5. 18.〉

[본조신설 2008. 8. 28.]

[종전 제46조의2는 제46조의3으로 이동 〈2008. 8. 28.〉]

제46조의3(유급휴가 사용일수의 계산) 법 제71조제3호에서 "해양수산부령으로 정하는 기간"이란 다음 각호의 기간을 말한다. 〈개정 2008. 3. 14., 2012. 5. 18., 2013. 3. 24.〉

1. 선박소유자가 인정하는 포상 또는 보상 성격의 휴가기간
2. 기상악화ㆍ천재지변 또는 사변으로 인한 정박기간
3. 정박중 선장의 허가를 받아 일시 상륙한 기간

[본조신설 1999. 3. 24.]

[제46조의2에서 이동, 종전의 제46조의3은 제46조의4로 이동 〈2008. 8. 28.〉]

제46조의4(어선원의 유급휴가 적용대상 어선) 법 제74조제1항에서 "해양수산부령으로 정하는 어업에 종사하는 어선"이란 다음 각 호의

어선을 말한다. 〈개정 2008. 2. 4., 2008. 3. 14., 2008. 3. 31., 2012. 5. 18., 2013. 3. 24., 2023. 2. 3.〉

1. 「원양산업발전법」 제2조제2호에 따른 원양어업에 종사하는 어선

2. 「수산업법 시행규칙」 별표 7 제1호에 따른 대형저인망어업에 종사하는 어선

3. 「수산업법 시행규칙」 별표 7 제1호에 따른 대형선망어업에 종사하는 어선

[본조신설 2005. 10. 17.]

[제46조의3에서 이동, 종전 제46조의4는 제46조의5으로 이동 〈2008. 8. 28.〉]

제46조의5(어선원의 유급휴가 일수) 법 제74조에 따른 유급휴가의 일수는 계속 승무한 1년에 대하여 20일로 하고, 1년을 초과하여 계속 승무한 매 1월마다 1일의 유급휴가를 가산한다. 〈개정 2012. 5. 18.〉

[본조신설 2005. 10. 17.]

[제46조의4에서 이동, 종전 제46조의5는 제46조의6으로 이동 〈2008. 8. 28.〉]

제46조의6(어선원의 유급휴가 부여방법) ①제46조의4에 따른 어선의 소유자는 어신원이 1년간 계속하여 승무한 경우에는 1년이 되는 날부터 3월 이내에 어선원에게 유급휴가를 주어야 한다. 다만, 어획작업 및 항행중인 때에는 해당 항해를 마칠 때까지 휴가를 연기할 수 있다. 〈개정 2008. 8. 28.〉

②유급휴가는 단체협약 또는 고용계약이 정하는 바에 따라 시기를 분할하여 이를 부여할 수 있다.

③제1항 및 제2항의 규정 외에 유급휴가의 구체적인 부여방법에 대하여는 선박소유자와 선원과의 협의에 의한다.

[본조신설 2005. 10. 17.]

[제46조의5에서 이동, 종전 제46조의6은 제46조의7로 이동 〈2008. 8. 28.〉]

제46조의7(유급휴가급) ①제46조의4에 따른 어선의 소유자는 유급휴가중인 어선원에게 통상임금을 유급휴가급으로 지급하여야 한다. 〈개정 2008. 8. 28.〉

②제46조의4에 따른 어선의 소유자는 어선원이 제46조의5에 따른 유급휴가의 전부 또는 일부를 사용하지 아니한 때에는 사용하지

아니한 유급휴가일수에 대하여 임금 외에 유급휴가급을 따로 지급하여야 한다. 〈개정 2008. 8. 28.〉

[본조신설 2005. 10. 17.]

[제46조의6에서 이동 〈2008. 8. 28.〉]

제6장 선내 급식과 안전 및 보건 〈개정 2012. 5. 18.〉

제47조(선내급식) ①선박소유자는 법 제76조제1항에 따라 적당한 양과 질의 선내급식을 위하여 선박마다 선장과 조리책임자를 포함하여 5인이상의 위원으로 구성하는 급식위원회를 두어 선원의 식생활을 관리하게 하여야 한다. 다만, 외국영토에 기항하지 아니하는 선박 또는 새우트롤 어선은 그러하지 아니하다. 〈개정 2012. 5. 18.〉

② 삭제 〈2012. 5. 18.〉

제47조의2(선박조리사교육) 영 제22조제1항제1호, 제2호가목 및 나목에서 "해양수산부령으로 정하는 선박조리사교육"이란 별표 5의5에 따른 선박조리사교육 말한다. 〈개정 2022. 12. 2.〉

[본조신설 2014. 9. 19.]

제47조의3(선박조리사 자격시험의 응시) 영 제22조제1항제1호에 따른 선박조리사 자격시험(이하 "선박조리사 자격시험"이라 한다)에 응시하려는 사람은 별지 제22호의3서식의 응시원서를 한국해양수산연수원장에게 제출하여야 한다. 〈개정 2016. 1. 13.〉

[본조신설 2014. 9. 19.]

제47조의4(선박조리사 자격시험의 합격기준) 선박조리사 자격시험의 합격자는 100점을 만점으로 하여 60점 이상을 득점한 사람으로 한다.

[본조신설 2014. 9. 19.]

제47조의5(선박조리사 자격증의 발급) ① 영 제22조제1항에 따라 선박조리사의 자격을 갖춘 사람이 선박조리사 자격증을 발급받으려면 별지 제18호의2서식의 선박조리사 자격증 발급신청서를 한국해양수산연수원장에게 제출하여야 한다.

② 제1항에 따라 선박조리사 자격증 발급신청을 받은 한국해양수산연수원장은 별지 제23호서식의 선박조리사 자격증을 발급(정보통신망을 통한 발급을 포함한다)하여야 한다.

[본조신설 2014. 9. 19.]

제47조의6(선내 안전·보건 및 사고예방 기준에 포함되어야 할 사

항) 법 제79조제1항제8호에서 "그 밖에 해양수산부령으로 정하는 사항"이란 다음 각 호의 사항을 말한다. 〈개정 2017. 1. 18.〉

1. 선내 시설 및 장비의 주기적인 점검ㆍ관리
2. 소년선원과 여성선원의 보호
3. 위험작업 또는 유해물질에 노출되는 작업에 대한 안전 및 방호
4. 법 제125조에 따른 선원근로감독관이 해양항만관청의 명에 따라 수행하는 선내 안전ㆍ보건 및 사고예방 점검과 안전 진단 등에 관한 사항
5. 그 밖에 선내 안전ㆍ보건 및 사고예방과 관련하여 해양수산부장관이 필요하다고 인정하는 사항

[본조신설 2014. 9. 19.]

제47조의7(제복의 제공) 법 제82조제7항에 따라 선박소유자가 선박에 승선하는 선원에게 제공하여야 하는 제복의 제공 기준 및 복제는 별표 5의3에 따른다.

[본조신설 2015. 7. 7.]

[종전 제47조의7은 제47조의8로 이동 〈2015. 7. 7.〉]

제47조의8(선원의 준수사항) 법 제83조제1항에서 "선내 작업 시의 위험 방지와 선내 위생의 유지에 관하여 해양수산부령으로 정하는 사항"이란 다음 각 호의 사항을 말한다.

1. 법 제78조제1항제2호에 따른 선내 안전ㆍ보건 및 사고예방 기준을 숙지하고 준수할 것
2. 선내 위험장소임을 알리거나 선원의 접근이 금지ㆍ제한되는 장소임을 알리는 표지에 표시된 지시에 따를 것
3. 화물창 안에서의 작업, 용접작업, 도료작업, 무거운 물건을 취급하는 작업, 전기를 사용하는 작업, 어로작업, 높은 곳에서의 작업, 선체 외부작업 및 얼음을 제거하는 작업 등 위험한 작업을 하는 경우 안전벨트, 안전그물망 및 구명의 등의 보호기구나 장비를 사용할 것
4. 거주환경의 청결유지 등 개인의 위생 관리를 철저히 할 것

[본조신설 2014. 9. 19.]

[제47조의7에서 이동 〈2015. 7. 7.〉]

제48조(의사의 승무) ①선박소유자는 법 제84조 각 호 외의 부분

단서에 따른 승인을 받으려는 경우에는 다음 사항을 기재한 신청서 2통을 지방해양항만관청에 제출하여야 한다. 〈개정 1997. 12. 15., 2008. 3. 14., 2012. 5. 18.〉

1. 선박의 명칭 · 종류 · 총톤수 및 항행구역
2. 최대 탑재인원 및 승선인원
3. 승인을 얻고자 하는 기간
4. 승인을 얻고자 하는 사유

②지방해양항만관청이 제1항에 따른 승인을 하는 경우에는 법 제85조에 따른 의료관리자를 반드시 승무하게 하여야 한다. 〈개정 1997. 12. 15., 1999. 6. 24., 2008. 3. 14., 2012. 5. 18.〉

③법 제84조제2호에서 "해양수산부령으로 정하는 모선식(母船式) 어업에 종사하는 어선"이란 총톤수 5천톤이상의 어선으로서 승선인원이 200인이상의 어선을 말한다. 〈개정 1997. 12. 15., 2008. 3. 14., 2012. 5. 18., 2013. 3. 24.〉

제49조(의료관리자) ① 삭제 〈2007. 4. 13.〉

②법 제85조제1항제2호에서 "해양수산부령으로 정하는 어선"이란 총톤수 300톤이상의 어선을 말한다. 다만, 평수구역 · 연해구역 또는 근해구역을 항행구역으로 하는 어선을 제외한다. 〈개정 1997. 12. 15., 1999. 6. 24., 2008. 3. 14., 2012. 5. 18., 2013. 3. 24.〉

[제목개정 1999. 6. 24.]

제50조(의료관리자자격시험) ①법 제85조제3항에 따른 의료관리자 자격시험은 필기시험과 실기시험으로 구분하여 실시하며 시험과목은 다음 각 호와 같다. 다만, 의료관리자자격시험의 필기시험에 합격한 자로서 「대한적십자사 조직법」에 따른 대한적십자사가 시행하는 실기교육과정 중 해양수산부장관이 지정하는 교육과정을 이수한 자에 대하여는 실기시험을 면제한다. 〈개정 2005. 10. 17., 2008. 3. 14., 2012. 5. 18., 2013. 3. 24., 2016. 1. 13.〉

1. 필기시험: 의료관계법령, 기초응급처치학, 기초간호학 및 공중보건학
2. 실기시험 : 구급처치법 및 간호법

②한국해양수산연수원장은 제1항의 규정에 의한 의료관리자자격시험을 실시하고자 하는 경우에는 그 계획을 공고하여야 하며, 시험일시 · 시험장소 기타 시험에 관하여 필요한 사항을 시험시행 30일전

까지 공고하여야 한다. 〈개정 2005. 10. 17., 2014. 9. 19.〉

③제1항에 따른 의료관리자자격시험에 응시하려는 사람은 별지 제22호의3서식의 응시원서를 한국해양수산연수원장에게 제출하여야 한다. 〈개정 2012. 5. 18.〉

④한국해양수산연수원장은 의료관리자자격시험의 합격자가 결정된 때에는 그 결과를 한국해양수산연수원 인터넷 홈페이지에 지체 없이 공고해야 한다. 〈개정 2012. 5. 18., 2022. 12. 2.〉

⑤의료관리자자격시험중 필기시험 합격의 유효기간은 필기시험에 합격한 날부터 2년으로 한다.

[전문개정 1999. 6. 24.]

제50조의2(의료관리자 자격시험의 합격기준) ①제50조제1항에 따른 필기시험의 합격자 결정에 있어서는 매 과목 만점의 40퍼센트 이상, 전 과목 평균이 만점의 60퍼센트 이상 득점한 자를 합격자로 한다.

②제50조제1항에 따른 실기시험의 합격자 결정에 있어서는 과목별 실기시험 평가자로부터 매 과목 만점의 60퍼센트 이상 득점한 자를 합격자로 한다.

[본조신설 2007. 4. 13.]

제51조(의료관리자 자격증의 발급) ①법 제85조제3항에 따라 의료관리자자격증을 발급받으려는 사람은 별지 제18호의2서식의 발급신청서를 한국해양수산연수원장에게 제출(정보통신망을 통한 제출을 포함한다)해야 한다. 〈개정 1991. 2. 22., 1997. 12. 15., 1999. 3. 24., 1999. 6. 24., 2005. 10. 17., 2012. 5. 18., 2022. 12. 2.〉

②한국해양수산연수원장은 제1항에 따른 신청을 받은 때에는 별지 제24호서식의 의료관리자자격증을 발급(정보통신망을 통한 발급을 포함한다)하거나 선원수첩에 의료관리자의 자격이 있음을 기록(정보통신망을 통한 기록을 포함한다)해 주어야 한다. 이 경우 한국해양수산연수원장은 선원수첩을 발급한 지방해양항만관청에 그 사실을 통보(정보통신망을 통한 통보를 포함한다)해야 한다. 〈개정 1991. 2. 22., 1997. 12. 15., 1999. 3. 24., 1999. 6. 24., 2005. 10. 17., 2008. 3. 14., 2012. 5. 18., 2017. 1. 18., 2022. 12. 2.〉

[제목개정 1999. 6. 24., 2012. 5. 18.]

제52조(의료관리자의 업무) ①법 제85조제4항에 따른 의료관리자의

업무는 다음 각호와 같다. 〈개정 1999. 6. 24., 2012. 5. 18., 2014. 1. 8.〉

1. 선원의 건강관리 및 보건지도
2. 선내의 작업환경위생 및 거주환경위생의 유지
3. 식료 및 용수의 위생유지
4. 의료기구, 의약품, 그 밖의 위생용품 및 의료서적 등의 비치·보관 및 관리
5. 선내의료관리에 관한 기록의 작성 및 관리
6. 선내환자의 의료관리에 관한 사항

② 제1항제4호에 따른 의료기구, 의약품 등의 비치·보관 및 관리는 의료관계 법령과 국제노동기구의 「선내의료함 내용물에 관한 권고」에 따른다. 이 경우 의약품 등의 비치에 관한 세부기준은 보건복지부장관과의 협의를 거쳐 해양수산부장관이 정하여 고시한다. 〈개정 2014. 1. 8., 2021. 2. 19.〉

③ 선장 및 의료관리자는 별지 제25호서식에 따른 표준의료보고서에 따라 선내환자의 의료관리에 관한 사항 등을 기록·관리 하여야 한다. 이 경우 작성된 내용은 비밀을 유지하여야 한다. 〈신설 2014. 1. 8., 2023. 7. 14.〉

[제목개정 1999. 6. 24.]

제52조의2(건강검진의료기관) ①법 제87조제1항에서 "해양수산부령이 정하는 기준에 적합한 의원"이란 다음 각 호의 의료기관을 말한다. 〈개정 2007. 4. 13., 2008. 3. 14., 2008. 8. 28., 2012. 5. 18., 2013. 3. 24., 2015. 7. 7.〉

1. 연근해어선에 승무하는 선원의 경우 : 「의료법」에 따른 의원급 이상의 의료기관
2. 그 밖의 선원의 경우 : 「국민건강보험법 시행령」 제25조제4항에 따른 건강검진기관(해당 건강검진기관과 동등하다고 해양수산부장관이 지정·고시하는 의료기관을 포함한다)

②선원의 건강검진을 실시하고자 하는 의원은 제1항의 기준에 적합한 의료기관임을 확인할 수 있는 증빙서류를 첨부하여 관할 지방해양항만관청에 신고하여야 한다. 〈개정 2008. 3. 14.〉

③제2항의 규정에 따른 건강검진 의료기관 신고를 수리한 지방해양항만관청은 이를 다른 지방해양항만관청에 통보(해양수산부장관이

정하여 고시하는 정보통신망을 이용한 통보를 포함한다)하여야 한다. 〈개정 2008. 3. 14., 2008. 3. 14., 2013. 3. 24.〉

[본조신설 2005. 10. 17.]

제53조(건강진단) ①평수구역 · 연해구역 또는 근해구역을 항행구역으로 하는 선박에 승무하려는 사람은 다음 각호의 검사항목이 포함된 일반건강진단을 받아야 한다. 〈개정 1993. 7. 31., 1997. 12. 15., 1999. 3. 24., 2001. 7. 26., 2012. 5. 18.〉

1. 감각기, 순환기, 호흡기 및 신경계 기타 기관의 임상의학적 검사
2. 시력 · 색각(「선박직원법」 제2조제3호에 따른 선박직원 및 갑판부당직 부원만 해당한다) 및 청력의 검사
3. 운동기능검사
4. 신장 · 체중 · 흉위 · 흉위차 · 폐활량 · 혈압 · 혈당(당뇨)검사 · 간장검사(SGOT · SGPT) 및 비형간염항원검사
5. 엑스선검사 · 적혈구침강속도검사 · 객담검사 및 결핵에 관한 엑스선흉부검사
6. 매독반응검사
7. 소변 및 대변 검사
8. 정신질환 및 감염병검사
9. 삭제 〈1999. 3. 24.〉

②제1항제4호 내지 제7호의 규정에 의한 검사중 건강진단을 행하는 의사가 필요없다고 인정하는 것은 그 검사를 받지 아니할 수 있다. 다만, 혈압검사 · 혈당(당뇨)검사 · 간장검사(SGOT · SGPT) · 비형간염항원검사 · 엑스선검사 및 소변검사는 그러하지 아니하다. 〈개정 1997. 12. 15., 1999. 3. 24.〉

③「선박안전법 시행규칙」 제15조제1항제4호에 따른 원양구역을 항행구역으로 하는 선박에 승무하려는 사람은 일반건강진단 외에 다음 각 호의 검사항목이 포함된 특수건강진단을 받아야 한다. 〈개정 2016. 1. 13.〉

1. 씨비씨(빈혈)검사
2. 소변검사(특별검사)
3. 매독반응특별검사

④일반건강진단과 특수건강진단의 판정기준은 별표 5의4에 의한

다. 〈개정 2022. 12. 2.〉

⑤ 삭제 〈1999. 3. 24.〉

제54조(건강진단의 유효기간) 제53조제1항에 따른 일반건강진단의 유효기간은 1년(색각검사에 대하여는 6년)으로 하고, 같은 조 제3항에 따른 특수건강진단의 유효기간은 2년(만 18세 미만인 사람은 1년)으로 하되, 항해중건강진단의 유효기간이 만료된 때에는 그 항해가 종료될 때(어선 외의 선박에 승선한 선원에 대한 건강진단의 유효기간이 항해 중 만료되고 건강진단의 유효기간 만료 후 항해가 종료될 때까지 3개월 이상이 소요되는 경우에는 건강진단의 유효기간 만료 후 3개월)까지로 한다. 〈개정 1997. 12. 15., 1999. 3. 24., 2001. 7. 26., 2012. 5. 18., 2014. 1. 8.〉

제54조의2(건강진단서 발급) 제87조제2항에 따른 건강진단서의 발급은 별지 제23호의2서식에 의한다. 다만, 의료기관은 건강진단서의 발급과 동시에 정보통신망을 이용하여 송부하여야 한다. 〈개정 2005. 10. 17., 2012. 5. 18.〉

[본조신설 2000. 3. 8.]

제55조(건강진단비용) ①법 제87조에 따라 실시하는 건강진단의 검진비용은 「국민건강보험법 시행령」 제25조제7항에 따라 정한 기준에 따른다. 〈개정 2005. 10. 17., 2008. 8. 28., 2012. 5. 18., 2015. 7. 7.〉

②제1항의 규정에 의한 건강진단의 검진비용은 선박소유자가 부담한다.

[전문개정 2001. 7. 26.]

제55조의2 삭제 〈2012. 5. 18.〉

제7장 소년선원과 여성선원 〈개정 2012. 5. 18.〉

제56조(소년선원의 사용승인) 선박소유자가 법 제91조제2항에 따라 소년선원의 사용승인을 받으려는 경우에는 별지 제7호서식의 승선공인신청서에 해당 선원이 18세가 되는 연월일을 빨간색글씨로 기재하여 지방해양항만관청에 제출해야 한다. 〈개정 1997. 12. 15., 2008. 3. 14., 2012. 5. 18., 2023. 7. 14.〉

[제목개정 2023. 7. 14.]

제8장 재해보상 〈신설 2012. 5. 18.〉

제56조의2(간병의 범위) 법 제95조제5호에 따른 간병의 범위는 「산업재해보상보험법 시행규칙」 제11조에 따른 간병의 범위에 따른다.

[본조신설 2012. 5. 18.]

제56조의3(양육책임 이행 관련 심의 청구서) 영 제31조의2제2항 각 호 외의 부분에 따른 청구서는 별지 제25호의2서식과 같다.

[본조신설 2024. 7. 24.]

[종전 제56조의3은 제56조의4로 이동 〈2024. 7. 24.〉]

제9장 복지와 직업안정 및 교육훈련 〈신설 2012. 5. 18.〉

제56조의4(선원정책기본계획 등의 공표) 해양수산부장관은 법 제107조제4항에 따라 선원정책기본계획 및 시행계획을 수립한 때에는 관보 또는 해양수산부의 인터넷 홈페이지에 게재해야 한다.

[본조신설 2019. 4. 15.]

[제56조의3에서 이동, 종전 제56조의4는 제56조의5로 이동 〈2024. 7. 24.〉]

제56조의5(국제협력) 법 제108조제2항에서 "해양수산부령으로 정하는 업무"란 다음 각 호의 업무를 말한다. 〈개정 2013. 3. 24.〉

1. 선원인력의 수요 및 공급에 관한 정보의 교환
2. 선원노동 관계법령에 관한 정보의 교환
3. 선원직업소개사업에 관한 교류 및 협력
4. 선원관리사업에 관한 교류 및 협력

[본조신설 2012. 5. 18.]

[제56조의4에서 이동, 종전 제56조의5는 제56조의6으로 이동 〈2024. 7. 24.〉]

제56조의6(선원의 직업소개사업을 위한 기관·단체의 범위) 법 제110조에서 "해양수산부령으로 정하는 해양수산관련 단체 또는 기관"이란 다음 각 호의 어느 하나에 해당하는 단체 또는 기관을 말한다. 〈개정 2013. 3. 24., 2019. 4. 15.〉

1. 「수산업협동조합법」에 따른 수산업협동조합중앙회
2. 「한국해운조합법」에 따른 한국해운조합
3. 선원의 직업소개에 관련된 기관 또는 단체로서 제38조의2에 따른 정책자문위원회의 자문을 거쳐 해양수산부장관이 지정하는 단

체 또는 기관
[본조신설 2012. 5. 18.]
[제56조의5에서 이동 〈2024. 7. 24.〉]

제57조(선원 등의 교육훈련) ①영 제43조제2항의 규정에 의한 교육과정별 교육대상자·교육내용 및 교육기간은 별표 5의5와 같다. 〈개정 2022. 12. 2.〉

② 법 제116조제3항에 따른 교육의 내용, 시기 및 절차는 별표 5의6과 같다. 〈신설 2023. 7. 14.〉

③ 삭제 〈2001. 7. 26.〉

④해양수산부장관 또는 법 제117조제1항에 따라 교육훈련 업무를 위탁받은 기관(이하 "위탁교육기관"이라 한다)의 장이 법 제116조제1항 및 제3항에 따른 교육을 실시한 경우에는 교육을 받은 사람에게 별지 제25호의3서식 또는 별지 제25호의4서식의 교육이수증을 발급하거나 선원수첩에 그 사실을 기록(정보통신망을 통한 기록을 포함한다)해 주어야 한다. 〈개정 1999. 6. 24., 2005. 10. 17., 2008. 3. 14., 2012. 5. 18., 2013. 3. 24., 2022. 12. 2., 2023. 7. 14., 2024. 7. 24.〉

[제목개정 2023. 7. 14.]

제57조의2(교육비 등의 감면) ① 법 제117조제1항에서 "그 밖의 선원교육기관"이란 「선박직원법」 제2조제4호의3에 따른 지정교육기관을 말한다 〈신설 2023. 7. 14.〉

② 법 제117조제2항 단서에서 "해양수산부령으로 정하는 교육"이란 다음 각 호의 교육을 말한다. 〈개정 2012. 5. 18., 2013. 3. 24., 2022. 12. 2., 2023. 7. 14.〉

1. 별표 5의5에 따른 기초안전교육
2. 별표 5의5에 따른 상급안전교육

[본조신설 2009. 5. 25.]
[종전 제57조의2는 제57조의3으로 이동 〈2009. 5. 25.〉]

제10장 취업규칙 〈신설 2012. 5. 18.〉

제57조의3(취업규칙의 신고) ①선박소유자가 법 제119조제1항에 따라 취업규칙을 신고하고자 할 때에는 취업규칙 2부 또는 취업규칙의 전자문서 파일(정보통신망을 이용하는 경우에 한한다)을 작성하

여 지방해양항만관청에 제출하여야 한다. 다만, 자동화선박의 취업규칙에는 선박의 정박중 선박설비의 점검·정비 및 하역등의 작업에 대한 육상지원체제와 자동화선박의 승무자격이 있는 운항사의 확보에 관한 사항이 명시되어야 한다. 〈개정 1991. 2. 22., 1997. 12. 15., 2005. 10. 17., 2008. 3. 14., 2012. 5. 18., 2017. 1. 18.〉

②지방해양항만관청은 제1항에 따른 취업규칙의 내용이 법령 또는 단체협약에 위반되는지의 여부를 확인하여야 한다. 〈개정 1997. 12. 15., 2008. 3. 14., 2017. 1. 18.〉

[본조신설 1988. 11. 8.]

[제57조의2에서 이동 〈2009. 5. 25.〉]

제10장의2 감독 등 〈신설 2014. 9. 19.〉

제57조의4(신고 사항에 대한 처리 절차) 법 제129조제1항에 따라 선원이 해양항만관청, 선원근로감독관 또는 선원노동위원회에 신고한 사항에 대한 처리 절차는 별표 5의7에 따른다. 〈개정 2015. 7. 7., 2022. 12. 2., 2023. 7. 14.〉

[본조신설 2014. 9. 19.]

제57조의5(대한민국 영사의 통보 내용 등) ① 영 제49조의3제2항에 따라 대한민국 영사(이하 "영사"라 한다)가 외국에서 영 제49조의3제1항 각 호의 해양항만관청의 사무를 수행하는 경우 다음 각 호의 사항을 관계 행정기관의 장에게 통보하여야 한다.

1. 영사가 수행한 사무와 관련한 보고자, 신고자 또는 그 밖의 관련자의 인적사항
2. 영사가 수행한 사무의 대상이 되는 선박의 국적, 선박명(국제해사기구번호를 포함한다), 선박소유자 및 선장의 인적사항
3. 영사가 수행한 사무의 내용(해양사고가 발생한 경우 사고일시, 장소 및 사고 발생경위 등을 포함한다)
4. 관계 행정기관의 조치가 필요한 사항
5. 그 밖에 영사가 수행한 사무와 관련한 자료 및 서류

② 관계 행정기관의 장은 영 제49조의3제3항에 따라 필요한 조치를 하고, 다음 각 호의 사항을 영사에게 통보하여야 한다.

1. 영 제49조의3제2항에 따른 영사의 통보 사항 개요
2. 관계 행정기관의 조치 결과 또는 향후 조치 계획

3. 관계 행정기관이 한 조치와 관련한 다른 기관
4. 그 밖에 관련 자료 및 서류
[본조신설 2014. 9. 19.]

제11장 해사노동적합증서와 해사노동적합선언서 〈신설 2012. 5. 18.〉

제58조(해사노동적합선언서의 승인절차) ① 법 제136조제1항에 따라 해사노동적합선언서의 승인을 받으려는 선박소유자는 별지 제26호서식의 「2006 해사노동협약」 해사노동적합선언서 제1부 및 별지 제27호서식의 「2006 해사노동협약」 해사노동적합선언서 제2부를 지방해양수산청장에게 제출하여야 한다. 〈개정 2017. 1. 18.〉

② 지방해양수산청장은 제1항에 따라 해사노동적합선언서의 승인 신청을 받은 경우에는 제58조의3에 따른 최초인증검사의 합격여부를 확인한 후 그 승인여부를 결정하여야 한다. 〈개정 2017. 1. 18.〉

③ 지방해양수산청장은 제2항에 따라 해사노동적합선언서의 승인을 하는 경우에는 별지 제26호서식 및 별지 제27호서식에 따른 해사노동적합선언서와 별지 제28호서식에 따른 해사노동적합증서를 발급하여야 한다. 〈개정 2017. 1. 18.〉

[본조신설 2012. 5. 18.]

제58조의2(해사노동적합선언서의 내용 및 형식) ① 법 제136조제2항에 따라 해사노동적합선언서의 내용에 포함되어야 할 사항은 다음 각 호와 같다. 〈개정 2017. 1. 18.〉

1. 선원의 최소연령
2. 건강진단서
3. 선원의 자격
4. 선원근로계약
5. 인증받은 선원직업소개소의 이용
6. 근로 또는 휴식 시간
7. 선박에 대한 승무기준
8. 거주설비
9. 선내 오락시설
10. 식량 및 조달
11. 건강, 안전 및 사고방지

12. 선내 의료관리
13. 선내불만처리절차
14. 임금의 지급
15. 송환 및 유기구제에 대한 재정보증
16. 선박소유자의 책임에 대한 재정보증

② 법 제136조제2항에 따른 해사노동적합선언서의 형식은 별지 제26호서식 및 별지 제27호서식에 따른다.

[본조신설 2012. 5. 18.]

제58조의3(인증검사) ① 법 제137조제1항·제3항 및 제4항에 따라 인증검사를 받으려는 선박소유자는 별지 제30호서식의 인증검사 신청서를 지방해양수산청장에게 제출하여야 한다. 〈개정 2014. 1. 8., 2017. 1. 18.〉

② 지방해양수산청장은 제1항에 따른 인증검사의 신청을 받은 경우 법 제139조에 따른 해사노동인증검사관 또는 법 제140조제1항에 따른 인증검사 대행기관(이하 "인증검사 대행기관"이라 한다)으로 하여금 제58조의2제1항 각 호 및 다음 각 호에 따른 내용이 선원관계 법령 및 「2006 해사노동협약」에 적합한지 여부를 검사하게 하여야 한다. 다만, 임시인증검사 및 특별인증검사의 경우에는 해당 검사에 따른 사유와 관련있는 내용만 해당한다. 〈개정 2014. 1. 8., 2017. 1. 18.〉

1. 선원의 휴가에 관한 권리
2. 선원의 송환 권리
3. 「2006 해사노동협약」 사본 비치
4. 선박소유자의 선원에 대한 재해보상 책임 의무
5. 선원에 대한 사회보장제도의 제공

③ 지방해양수산청장 또는 인증검사 대행기관은 제2항에 따른 인증검사를 위하여 필요하다고 인정하는 경우에는 관계 행정기관, 공공기관 또는 법인·단체 등에 대하여 관련 서류 및 의견의 제출이나 그 밖의 필요한 협력을 요청할 수 있다. 〈개정 2017. 1. 18.〉

④ 인증검사 대행기관이 인증검사를 실시한 경우에는 인증검사 종료 후 지체 없이 그 결과를 지방해양수산청장에게 보고하여야 한다. 〈신설 2014. 1. 8., 2017. 1. 18.〉

[본조신설 2012. 5. 18.]

제58조의4(중간인증검사의 시행시기 등) ① 법 제137조제1항제3호에서 "해양수산부령으로 정하는 시기"란 해사노동적합증서의 유효기간 기산일부터 2년 6개월이 되는 날의 전후 6개월 이내를 말한다. 〈개정 2013. 3. 24.〉

② 법 제137조제3항에서 "선박의 국적변경 등 해양수산부령으로 정하는 사유"란 다음 각 호의 어느 하나에 해당하는 사유를 말한다. 〈개정 2013. 3. 24.〉

1. 신조선의 인도
2. 선박의 국적 변경
3. 선박소유자의 변경

③ 법 제137조제4항에서 "선박 거주설비의 주요 개조나 선박에서 노동분쟁이 발생하는 등 해양수산부령으로 정하는 사유"란 다음 각 호의 어느 하나에 해당하는 사유를 말한다. 〈개정 2013. 3. 24.〉

1. 선박 거주설비의 주요 개조
2. 선원의 근로조건 및 생활조건 등과 관련된 선박에서의 노동분쟁의 발생
3. 선원의 근로기준 및 생활기준에 관한 위반행위에 따라 선원의 사망 또는 중대한 사고가 있는 경우

④ 법 제137조제6항 단서에서 "해양수산부령으로 정하는 경우"란 다음 각 호의 어느 하나에 해당하는 경우를 말한다. 〈신설 2014. 1. 8.〉

1. 「선박안전법」 제8조부터 제12조까지의 규정에 따라 선박의 검사를 받거나, 같은 법 제18조제1항에 따른 선박의 형식승인을 받기 위하여 시운전(試運轉)을 하는 경우
2. 천재지변 등으로 인하여 인증검사를 받을 수 없다고 인정되는 경우

[본조신설 2012. 5. 18.]

제58조의5(해사노동적합증서의 발급 등) ① 법 제138조제1항에 따른 최초인증검사 및 갱신인증검사에 대한 해사노동적합증서는 별지 제28호서식에 따른다.

② 법 제138조제3항에 따라 해사노동적합증서에 중간인증검사 및 특별인증검사의 검사결과를 표시하는 경우에는 다음 각 호의 사항을 표시하여야 한다.

1. 검사의 종류
2. 검사일시
3. 검사항목
4. 검사담당기관
5. 검사담당자의 성명 및 직위

③ 법 제138조제4항에 따른 임시해사노동적합증서는 별지 제29호서식에 따른다.

④ 법 제138조제6항에 따른 유효기간의 계산은 영 제50조의3제2항에 따른다.

⑤ 선박소유자는 해사노동적합증서(임시해사노동적합증서를 포함한다. 이하 이 조에서 같다) 또는 해사노동적합선언서를 분실하였거나 헐어 사용하지 못하게 된 경우에는 별지 제31호서식의 해사노동적합증서(해사노동적합선언서) 재발급 신청서에 다음 각 호의 서류를 첨부하여 지방해양수산청장이나 인증검사 대행기관의 장에게 재발급을 신청해야 한다. 〈개정 2017. 1. 18., 2022. 12. 2.〉

1. 재발급에 관한 사유서
2. 해사노동적합증서 또는 해사노동적합선언서의 원본(헐어 사용하지 못하게 된 경우만 해당한다)

⑥ 해사노동적합증서는 해양수산부장관이 정하여 고시하는 바에 따라 정보통신망을 통해 발급할 수 있다. 〈신설 2022. 12. 2.〉

[본조신설 2012. 5. 18.]

제58조의6(해사노동인증검사관의 자격) ① 법 제139조 각 호 외의 부분에서 "해양수산부령으로 정하는 자격"이란 다음 각 호의 어느 하나에 해당하는 자격을 말한다. 〈개정 2013. 3. 24., 2014. 1. 8., 2019. 8. 20.〉

1. 대학 또는 해양수산계 전문대학(「고등교육법」 제2조제1호 및 제4호에 따른 대학 또는 전문대학을 말한다)에서 항해 또는 기관 관련 학과를 졸업하고 국제항해 선박에 2년 이상 승무한 경력이 있는 경우
2. 법 제125조에 따른 선원근로감독관으로 근무한 경력 또는 해운·선박안전 관련 분야에서 3년 이상 공무원으로 근무한 경력이 있는 경우
3. 「고등교육법」 제2조에 따른 학교의 전임강사 이상의 직위에서 3년 이상 근무한 경력(선원관리·선원근로 또는 선박안전 분야만 해

당한다)이 있는 경우

4. 「선박안전법」 제76조 및 제77조에 따른 선박검사관 또는 선박검사원으로서 「한국해양교통안전공단법」에 따라 설립된 한국해양교통안전공단 또는 「선박안전법」 제60조제2항에 따른 선급법인에서 5년 이상 근무한 경력[종전의 「선박안전법」(2018년 12월 31일 법률 제16160호로 일부개정되기 전의 것을 말한다) 제45조에 따른 선박안전기술공단에서 근무한 경력을 포함한다]이 있는 경우

5. 「해운법」 제2조제1호에 따른 해운업 관련 사업장에서 선원관리·선원근로 또는 선박안전 관련 업무에 10년 이상 종사한 경력이 있는 경우

② 해양수산부장관은 해사노동인증검사관에 대하여 연 1회 이상 「2006 해사노동협약」 관련 교육을 실시하여야 한다. 〈개정 2014. 1. 8.〉

③ 해사노동인증검사관의 신분증은 별지 제31호의2서식과 같다. 〈신설 2014. 1. 8.〉

④ 해양수산부장관은 제3항에 따른 해사노동인증검사관의 신분증을 발급하면 그 발급 내역을 기록·관리하여야 한다. 〈신설 2014. 1. 8.〉

⑤ 해사노동인증검사관이 법 제139조 각 호의 업무를 수행하기 위하여 선박에 승선하는 경우에는 선장 등 관계인에게 신분증을 제시하고 그 뜻을 알려야 한다. 〈신설 2014. 1. 8.〉

[본조신설 2012. 5. 18.]

제58조의7(인증검사 대행기관의 신청절차 등) ① 법 제140조제1항 따라 인증검사 대행기관으로 지정받으려는 자는 별지 제32호서식의 인증검사 대행기관 지정신청서에 다음 각 호의 서류를 첨부하여 해양수산부장관에게 신청하여야 한다. 이 경우 해양수산부장관은 「전자정부법」 제36조제1항에 따른 행정정보의 공동이용을 통하여 법인 등기사항증명서(법인의 경우만 해당한다)를 확인하여야 한다. 〈개정 2013. 3. 24.〉

1. 제58조의8제1항에 따른 지정기준에 적합함을 증명하는 서류
2. 인증검사업무의 운영계획에 관한 서류
3. 인증검사업무의 기준 및 절차에 관한 내부규정
4. 정관(법인의 경우만 해당한다)

② 해양수산부장관은 제1항에 따른 지정신청이 적합하다고 인정하는 경우에는 인증검사 대행기관으로 지정한 후 별지 제33호서식에 따른 인증검사 대행기관 지정서를 발급하여야 한다. 〈개정 2013. 3. 24.〉

③ 인증검사 대행기관은 법 제140조제5항에 따라 매 반기 종료일부터 10일 이내에 인증검사업무의 운영실적을 해양수산부장관에게 보고하여야 한다. 〈개정 2013. 3. 24.〉

[본조신설 2012. 5. 18.]

제58조의8(인증검사 대행기관의 지정기준 등) ① 법 제140조제2항에 따른 인증검사 대행기관의 지정기준은 다음 각 호와 같다.

1. 인증검사업무를 전문적으로 수행하는 전담조직을 갖출 것
2. 인증검사업무에 종사할 수 있는 자격이 있는 인력을 7명 이상 확보할 것
3. 11개 이상의 지방사무소를 확보할 것. 이 경우 7개 이상의 광역시·도 또는 특별자치도에 각각 1개 이상의 지방사무소를 확보하여야 한다.
4. 삭제 〈2014. 1. 8.〉

② 법 제140조제2항에 따른 인증검사업무에 종사할 수 있는 사람의 자격요건에 관하여는 제58조의6을 준용한다.

[본조신설 2012. 5. 18.]

제58조의9(이의신청의 절차 등) ① 법 제141조제1항에 따라 이의신청을 하려는 자는 별지 제34호서식의 이의신청서에 그 사유서를 첨부하여 해양수산부장관에게 제출하여야 한다. 〈개정 2013. 3. 24.〉

② 해양수산부장관은 제1항에 따른 이의신청이 이유있다고 인정하는 경우에는 지방해양수산청장 또는 인증검사 대행기관으로 하여금 2주 이내에 재검사를 하게 하여야 한다. 〈개정 2013. 3. 24., 2017. 1. 18.〉

[본조신설 2012. 5. 18.]

제58조의10(인증검사의 수수료) 법 제137조제1항에 따른 인증검사에 관한 수수료는 별표 6과 같다.

[본조신설 2012. 5. 18.]

제12장 보칙 〈신설 2012. 5. 18.〉

第58조의11(선박 내 게시 서류의 범위) ① 법 제151조제1항제2호에서 “해양수산부령으로 정하는 사항”이란 다음 각 호의 사항을 말한다.

1. 선박의 명칭
2. 선박의 선적항(船籍港)
3. 선박의 호출부호
4. 국제해사기구에서 부여한 선박식별번호(IMO번호)
5. 선박소유자의 성명(법인인 경우에는 법인의 명칭 및 대표자의 성명을 말한다)
6. 법 제42조의2제1항에 따른 보험 또는 공제(이하 “유기구제보험등”이라 한다)를 운영하는 사업자(이하 “유기구제보험사업자등”이라 한다)의 상호명, 주소(법인의 경우에는 주된 사무소의 소재지를 말한다) 및 연락처
7. 유기구제보험등의 유효기간
8. 유기구제보험등이 법 제42조의2에 따른 유기구제보험등의 청구와 지급에 관한 사항을 충족하고 있다는 유기구제보험사업자등의 확인

② 법 제151조제1항제3호에서 “해양수산부령으로 정하는 사항”이란 다음 각 호의 사항을 말한다.

1. 제1항제1호부터 제5호까지의 사항
2. 법 제56조제1항에 따른 보험, 공제 또는 기금(이하 “임금채권보장보험등”이라 한다)을 운영하는 보험업자, 공제업자 또는 기금운영자(이하 “임금채권보장보험사업자등”이라 한다)의 상호명, 주소(법인의 경우에는 주된 사무소의 소재지를 말한다) 및 연락처
3. 임금채권보장보험등의 유효기간
4. 임금채권보장보험등이 법 제56조에 따른 임금채권보장보험등의 청구와 지급에 관한 사항을 충족하고 있다는 임금채권보장보험사업자등의 확인

③ 법 제151조제1항제4호에서 “해양수산부령으로 정하는 사항”이란 다음 각 호의 사항을 말한다.

1. 제1항제1호부터 제5호까지의 사항
2. 법 제106조제1항에 따른 보험 또는 공제(이하 “재해보상보험등”이라 한다)를 운영하는 사업자(이하 “재해보험사업자등”이라 한

다)의 상호명, 주소(법인의 경우에는 주된 사무소의 소재지를 말한다) 및 연락처

3. 재해보상보험등의 유효기간

4. 재해보상보험등이 법 제106조에 따른 재해보상보험등의 청구와 지급에 관한 사항을 충족하고 있다는 재해보험사업자등의 확인

[본조신설 2017. 1. 18.]

제59조(수수료) ①법 제155조에 따른 수수료는 대상자별로 다음 각 호와 같다. 〈개정 1991. 2. 22., 1999. 3. 24., 1999. 6. 24., 2005. 10. 17., 2012. 5. 18.〉

1. 선원수첩의 발급 및 재발급 : 1인당 1만원
2. 각종 공인·증명 및 확인 : 1인당 1천원
3. 신청인 책임에 속하는 선원수첩정정 : 1인당 1천원
4. 승무정원증서 발급 : 1건당 2천원
5. 의료관리자자격시험 응시수수료 : 1인당 5천원
6. 각종 자격증 발급 : 1인당 2천원
7. 선원신분증명서의 정정 및 재발급 : 1인당 3천원

②제1항에 따른 수수료는 「항만법」에 의한 항만운영 전산망을 이용하는 경우를 제외하고는 수입인지로 납부하여야 한다. 다만, 제1항의 업무중 법 제142조에 따른 한국선원복지고용센터가 행하는 업무와 한국해양수산연수원장이 행하는 업무의 경우에는 그 수수료를 현금으로 납부하여야 하며, 이는 한국선원복지고용센터 또는 한국해양수산연수원의 수입으로 한다. 〈개정 1996. 4. 22., 1999. 3. 24., 1999. 6. 24., 2000. 3. 8., 2001. 7. 26., 2005. 10. 17., 2012. 5. 18.〉

③대한민국의 영사가 선원에 대한 지방해양항만관청의 사무를 행하는 경우의 수수료는 제1항의 규정에 의한 수수료액을 납부당시의 외국 환매매율로 환산하여 주재국 화폐로 납부할 수 있다. 〈개정 1997. 12. 15., 2008. 3. 14.〉

④지방해양항만관청, 한국선원복지고용센터, 한국해양수산연수원장 또는 대한민국 영사는 제2항 및 제3항에 따른 방법 외에 정보통신망을 이용한 전자화폐·전자결제 등의 방법으로 수수료를 납부하게 할 수 있다. 〈신설 2004. 8. 7., 2008. 12. 31., 2017. 1. 18.〉

⑤ 한국해양수산연수원장은 다음 각 호의 구분에 따라 제1항제5

호에 따라 납부된 의료관리자자격시험 응시수수료를 반환하여야 한다. 〈신설 2011. 4. 1.〉

1. 응시수수료를 과오납한 경우: 과오납한 금액의 전부

2. 한국해양수산연수원의 귀책사유로 시험에 응하지 못한 경우: 납부된 수수료의 전부

3. 응시원서 접수기간 내에 접수를 취소한 경우: 납부된 수수료의 전부

4. 응시원서 접수마감일의 다음 날부터 7일 이내에 접수를 취소하는 경우: 납부된 수수료의 100분의 60

5. 해당 시험일이 경과하지 아니하고 제4호에서 정한 기간을 경과한 날부터 7일 이내에 접수를 취소하는 경우: 납부된 수수료의 100분의 50

제59조의2 삭제 〈2023. 7. 14.〉

제59조의3 삭제 〈2012. 5. 18.〉

제60조 삭제 〈2008. 8. 28.〉

제61조(외국선박에 승무하는 사람에 대한 선원수첩의 교부 등) ① 지방해양항만관청은 법 제3조에 따른 적용범위에 해당하지 않는 외국선박에 승무하려는 사람에 대하여 제21조, 제22조, 제23조부터 제34조까지, 제34조의2, 제37조 및 제38조를 준용할 수 있다.

② 외국선박에 승무하려는 사람은 선원수첩을 교부받아 출국할 때 지방해양항만관청에게 선원수첩의 공인을 받아야 한다.

[전문개정 2022. 12. 2.]

제62조(규제의 재검토) 해양수산부장관은 다음 각 호의 사항에 대하여 다음 각 호의 기준일을 기준으로 3년마다(매 3년이 되는 해의 기준일과 같은 날 전까지를 말한다) 그 타당성을 검토하여 개선 등의 조치를 해야 한다. 〈개정 2023. 3. 10.〉

1. 삭제 〈2020. 4. 6.〉
2. 삭제 〈2020. 4. 6.〉
3. 삭제 〈2023. 3. 10.〉
4. 삭제 〈2023. 3. 10.〉
5. 삭제 〈2020. 4. 6.〉
6. 삭제 〈2020. 4. 6.〉
7. 삭제 〈2020. 4. 6.〉

8. 삭제 〈2020. 4. 6.〉
9. 삭제 〈2020. 4. 6.〉
10. 삭제 〈2020. 4. 6.〉
11. 제45조에 따른 선원의 자격요건 등에 대한 특례: 2017년 1월 1일
12. 제46조의5에 따른 어선원의 유급휴가 일수: 2017년 1월 1일
13. 삭제 〈2020. 4. 6.〉
14. 삭제 〈2020. 4. 6.〉
[전문개정 2017. 1. 2.]

부칙 〈제830호, 1985. 12. 20.〉

①(시행일) 이 규칙은 공포한 날로부터 시행한다.

②(다른 법령의 폐지) 선원식료품공급규칙은 이를 폐지한다.

부칙 〈제871호, 1987. 12. 7.〉 (선박안전법시행규칙)

제1조 (시행일) 이 규칙은 공포한 날로부터 시행한다.

제2조 (다른법령의 개정) 선원법시행규칙중 다음과 같이 개정한다.

제43조제3항을 다음과 같이 하고, 동조에 제4항 및 제5항을 다음과 같이 신설한다.

③영 제21조제3항의 규정에 의한 선박에는 그 적재하여야 할 구명정·단정 및 구명뗏목(연해구역을 항행구역으로 하는 선박에 있어서는 팽창식구명뗏목을 제외한다. 이하 "구명정등"이라 한다)마다 다음 각호의 인원수(연해구역을 항행구역으로 하는 선박에 있어서는 1인)의 구명정수를 승선시켜야 한다. 다만, 최대탑재인원보다 적은 인원을 탑재하고 항해를 할 경우에는 가까운 해운관청의 허가를 받아 그 인원수를 감할 수 있다.

1. 정원 40인이하의 구명정 : 2인
2. 정원 41인이상 61인이하의 구명정 : 3인
3. 정원 62인이상 85인이하의 구명정 : 4인
4. 정원 86인 이상의 구명정 : 5인
5. 단정 또는 구명뗏목 : 1인

④선장은 미리 구명정등에 그 구명정수를 배치하고 각기 그 지휘자를 정하여 두어야 한다.

⑤구명정수는 다음 각호의 업무에 종사한다.
1. 식료·항해용구·기타·물품의 구명정등에의 적재, 구명정등의 하강과 해원 및 여객의 구명정등에의 승정지휘
2. 구명정등의 운항지휘 또는 보좌
3. 구명줄발사기·구명부환·기타 구명설비의 조작
4. 구명정등과 기타의 구명설비(구명등의를 제외한다)의 정비 및 관리
제3조 내지 제5조 생략

부칙 〈제891호, 1988. 11. 8.〉
이 규칙은 공포한 날로부터 시행한다. 다만, 제13조제2항제5호의 개정규정은 공포후 60일이 경과한 날로부터 시행한다.

부칙 〈제917호, 1990. 1. 3.〉
이 규칙은 공포한 날부터 시행한다.

부칙 〈제946호, 1991. 2. 22.〉
①(시행일) 이 규칙은 공포한 날부터 시행한다. 다만, 별표 2중 신규교육과정에 관한 개정규정은 1991년 3월 1일부터 시행한다.
②(교육과정 이수자에 대한 경과조치) 이 규칙 시행당시 종전의 규정에 의한 교육과정중 이 규칙에 의한 교육과정과 동일하다고 해운항만청장이 인정하는 교육과정을 이수한 자는 이 규칙의 규정에 의한 관련 교육과정을 이수한 것으로 본다.

부칙 〈제1010호, 1993. 7. 31.〉
이 규칙은 공포한 날부터 시행한다.

부칙 〈제64호, 1996. 4. 22.〉 (항만법시행규칙)
제1조 (시행일) 이 규칙은 공포한 날부터 시행한다.
제2조 생략
제3조 ①및 ②생략
③선원법시행규칙중 다음과 같이 개정한다.
제59조제2항을 다음과 같이 한다.

②제1항의 규정에 의한 수수료는 항만법에 의한 항만운영 전산망을 이용하는 경우를 제외하고는 수입인지로 납부하여야 한다. 다만, 제51조제2항의 규정에 의하여 선원교육기관의 장이 위생관리자의 자격증을 교부하는 경우에는 그 수수료를 현금으로 납부하도록 하되 이를 선원교육기관의 수입으로 한다.

④및 ⑤생략

부칙 〈제36호, 1997. 12. 15.〉

①(시행일) 이 규칙은 공포한 날부터 시행한다.

②(교육과정 이수자에 관한 경과조치) 이 규칙 시행당시 종전의 규정에 의한 교육과정중 안전 및 해난방지교육을 이수한 자는 별표 2의 개정규정에 의한 기초안전교육 및 상급안전교육을 이수한 것으로 본다.

③(기초안전교육에 관한 경과조치) 이 규칙 시행당시 연해구역이상을 항행구역으로 하는 200톤미만의 상선에 승무하고 있는 자는 1998년 12월 31일까지 별표 2의 개정규정에 의한 기초안전교육을 이수하여야 한다.

④(서식개정에 따른 경과조치) 이 규칙 시행당시 종전의 규정에 의하여 사용하던 서식은 이 규칙에 의한 서식과 병행하여 사용할 수 있다.

부칙 〈제70호, 1998. 9. 5.〉 (선박안전법시행규칙)

제1조 (시행일) 이 규칙은 공포한 날부터 시행한다.

제2조 내지 제7조 생략

제8조 (다른 법령의 개정) ①및 ②생략

③선원법시행규칙중 다음과 같이 개정한다.

제2조중 "선박안전법시행령 제9조제1호"를 "선박안전법시행령 제2조제2호"로, "동령 제9조제2호"를 "동법시행령 제20조제2호"로, "동령 제9조제3호"를 "동법시행규칙 제26조제4항"으로 한다.

④생략

제9조 (다른 법령과의 관계) 이 규칙 시행당시 다른 법령에서 종전의 규정을 인용한 경우 이 규칙중 그에 해당하는 규정이 있을 때에는 종전의 규정에 갈음하여 이 규칙의 해당조항을 인용한 것으로 본다.

부칙 〈제109호, 1999. 3. 24.〉

①(시행일) 이 규칙은 공포한 날부터 시행한다.

②(서식개정에 따른 경과조치) 이 규칙 시행당시 종전의 규정에 의하여 사용하던 서식은 1999년 6월 30일까지 이 규칙에 의한 서식과 병행하여 사용할 수 있다.

부칙 〈제123호, 1999. 6. 24.〉

①(시행일) 이 규칙은 공포한 날부터 시행한다. 다만, 제59조의2의 개정규정은 1999년 7월 16일부터 시행한다.

②(교육과정 이수자에 대한 경과조치) 이 규칙 시행당시 종전의 규정에 의한 교육과정중 탱커교육 및 위생교육을 이수한 자는 각각 별표 2의 개정규정에 의한 탱커기초교육 및 의료관리자교육을 이수한 것으로 본다.

③(서식개정에 따른 경과조치) 이 규칙 시행당시 종전의 규정에 의하여 사용하던 서식은 1999년 6월 30일까지 이 규칙에 의한 서식과 병행하여 사용할 수 있다.

부칙 〈제133호, 1999. 8. 24.〉 (해양사고의조사및심판에관한법률시행규칙)

제1조 (시행일) 이 규칙은 공포한 날부터 시행한다.

제2조 (다른 법령의 개정) ①내지 ⑧생략

⑨선원법시행규칙중 다음과 같이 개정한다.

제15조제3항 단서중 "해난"을 "해양사고"로 한다.

⑩내지 ⑮생략

부칙 〈제141호, 1999. 9. 16.〉

①(시행일) 이 규칙은 공포한 날부터 시행한다.

②(기초안전교육에 관한 경과조치) 이 규칙 시행당시 로로여객선에 승무하고 있는 부원으로서 종전의 규정에 의한 기초안전교육 및 로로여객선교육의 기초교육을 이수한 자는 별표 2의 개정규정에 의한 기초 안전교육을 이수한 것으로 본다.

③(기타 여객선교육에 관한 경과조치) 이 규칙 시행당시 로로여객선외의 여객선에 선박직원으로 승무하고 있는 자는 이 규칙 시행일

로부터 1년이내에 별표 2의 개정규정에 의한 기타 여객선교육을 이수하여야 한다.

④(서식개정에 따른 경과조치) 이 규칙 시행당시 종전의 규정에 의하여 사용하던 서식은 1999년 9월 30일까지 이 규칙에 의한 서식과 병행하여 사용할 수 있다.

부칙 〈제160호, 2000. 3. 8.〉

①(시행일) 이 규칙은 공포한 날부터 시행한다. 다만, 제34조 및 제35조의 개정규정은2000년 4월 1일부터 시행한다.

②(서식개정에 따른 경과조치) 이 규칙 시행당시 종전의 규정에 의하여 사용하던서식은 2001년 12월 31일까지 이 규칙에 의한 서식과 병행하여 사용할 수 있으며,같은 기간 동안 선원수첩을 재교부받는 경우에는 제59조의 규정에 불구하고선원수첩재교부 수수료를 면제한다.

부칙 〈제197호, 2001. 7. 26.〉

제1조 (시행일) 이 규칙은 공포한 날부터 시행한다.

제2조 (여객선교육에 대한 경과조치) ①이 규칙 시행당시 종전의 규정에 의한 교육과정중 로로여객선교육 또는 기타여객선교육을 이수한 자는 별표 2의 개정규정에 의한 여객선상급교육을 이수한 것으로 본다.

②이 규칙 시행당시 국제항해에 사용하는 여객선에 부원으로 승무하고 있는 자는 2002년 12월 31일까지 별표 2의 개정규정에 의한 여객선교육을 이수하여야 한다.

제3조 (서식개정에 따른 경과조치) 이 규칙 시행당시 종전의 규정에 의하여 사용하던 서식은 2001년 12월 31일까지 이 규칙에 의한 서식과 함께 사용할 수 있다.

부칙 〈제222호, 2002. 6. 11.〉

이 규칙은 공포한 날부터 시행한다.

부칙 〈제277호, 2004. 8. 7.〉 (전자적민원처리를위한개항질서법시행규칙등중개정령)

이 규칙은 공포한 날부터 시행한다.

부칙 〈제312호, 2005. 10. 17.〉

①(시행일) 이 규칙은 공포한 날부터 시행한다. 다만, 제3조·제34조의2·제35조·제37조·제38조 및 제59조의 개정규정중 선원신분증명서에 관한 사항은 공포한 날부터 시행하고, 제17조의 개정규정은 2006년 4월 1일부터 시행하며, 제26조제1항제3호의2 및 제39조 내지 제39조의4의 개정규정중 「수산업법」 제41조의 규정에 따른 근해어업에 종사하는 어선의 선박소유자의 임금채권보장보험 등에의 가입에 관한 사항은 2006년 7월 1일부터 시행한다.

②(기초안전교육 이수대상자의 적용유예) 이 규칙 시행 당시 20톤 이상 25톤 미만의 어선에 승무하고 있는 선박직원은 개정규정에 따른 기술안전교육을 이 규칙 시행일부터 1년이 되는 날까지 이수할 수 있다.

③(서식개정에 따른 경과조치) 이 규칙 시행 당시 종전의 규정에 의하여 사용하던 서식은 2005년 12월 31까지 이 규칙에 의한 서식과 병행하여 사용할 수 있다. 다만, 별지 제16호서식에 의한 선원수첩은 2006년 12월 31일까지 병행하여 사용할 수 있다.

부칙 〈제367호, 2007. 4. 13.〉

이 규칙은 공포한 날부터 시행한다.

부칙 〈제381호, 2007. 8. 17.〉

이 규칙은 공포한 날부터 시행한다.

부칙 〈제390호, 2007. 11. 23.〉 (선박안전법 시행규칙)

제1조 (시행일) 이 규칙은 공포한 날부터 시행한다.

제2조 부터 제22조까지 생략

제23조 (다른 법령의 개정) ① 부터 ⑤ 까지 생략

⑥ 선원법 시행규칙 일부를 다음과 같이 개정한다.

제2조 중 "「선박안전법 시행령」 제2조제2호의 규정에 의한"을 "「선박안전법 시행령」 제2조제1항제3호가목에 따른"으로, "동법 시행령 제2조제3호의 규정에 의한"을 "같은 법 시행령 제2조제1항제3

호나목에 따른"으로, "동법 시행규칙 제26조제4항의 규정에 의한"을 "같은 법 시행규칙 제15조제4항에 따른"으로 한다.

제45조제3항 중 "「선박안전법」 제7조의 규정에 의한 선박검사기술협회, 동법 제8조제1항 단서의 규정에 의한 선급법인"을 "「선박안전법」 제45조에 따른 선박안전기술공단, 같은 법 제60조제2항에 따른 선급법인"으로 한다.

제53조제3항 중 "「선박안전법 시행규칙」 제26조제5항의 규정에 의한"을 "「선박안전법 시행규칙」 제15조제5항에 따른"으로 한다.

⑦ 부터 ⑭ 까지 생략

제24조 생략

부칙 〈제408호, 2008. 2. 4.〉 (원양산업발전법 시행규칙)

제1조 (시행일) 이 규칙은 2008년 2월 4일부터 시행한다.

제2조 생략

제3조 (다른 법령의 개정) ① 선원법 시행규칙 일부를 다음과 같이 개정한다.

제46조의3제1호 중 "「수산업법」 제41조제1항제2호"를 "「원양산업발전법」 제2조제2호"로 한다.

② 부터 ⑦ 까지 생략

부칙 〈제4호, 2008. 3. 14.〉 (정부조직법의 개정에 따른 감정평가에 관한 규칙 등 일부 개정령)

이 규칙은 공포한 날부터 시행한다.

부칙 〈제4호, 2008. 3. 31.〉 (어업의 허가 및 신고 등에 관한 규칙)

제1조 (시행일) 이 규칙은 공포한 날부터 시행한다.

제2조 부터 제12조까지 생략

제13조 (다른 법령의 개정) 선원법 시행규칙 일부를 다음과 같이 개정한다.

제46조의3 제2호 및 제3호 중 "「어업허가 및 신고 등에 관한 규칙」"을 각각 "「어업의 허가 및 신고 등에 관한 규칙」"으로 한다.

부칙 〈제45호, 2008. 8. 28.〉
이 규칙은 공포한 날부터 시행한다.

부칙 〈제80호, 2008. 12. 19.〉
이 규칙은 공포한 날부터 시행한다.

부칙 〈제89호, 2008. 12. 31.〉 (국토해양부와 그 소속기관 직제 시행규칙)
제1조(시행일) 이 규칙은 2009년 1월 1일부터 시행한다.
제2조(다른 법령의 개정) ① 부터 ⑩ 까지 생략
⑪ 선원법 시행규칙 일부를 다음과 같이 개정한다.
제34조 각 호 외의 부분 후단 중 "지방해양수산관청"을 "지방해양항만관청"으로 한다.
제59조제4항 중 "지방해양수산청장"을 "지방해양항만청장"으로 한다.
별지 제16호서식 내지 1쪽 중 "MINISTER OF MARITIME AFFAIRS AND PORT"를 "MINISTER OF LAND, TRANSPORT AND MARITIME AFFAIRS"로 하고, 같은 서식 내지 53쪽 중 "THE MINISTER OF MARITIME AFFAIRS AND PORT"를 "THE MINISTER OF LAND, TRANSPORT AND MARITIME AFFAIRS"로 한다.
별지 제17호의8서식 중 "해양수산부장관"을 "국토해양부장관"으로 한다.
별지 제24호서식 중 "해양수산부장관"을 "국토해양부장관"으로 하고, "THE MINISTER OF MARITIME AFFAIRS AND FISHERIES"를 "THE MINISTER OF LAND, TRANSPORT AND MARITIME AFFAIRS"로 한다.
별지 제25호서식 중 "the Minister of Maritime Affairs and Fisheries"를 "the Minister of Land, Transport and Maritime Affairs"로 한다.
⑫ 부터 ㉒ 까지 생략

부칙 〈제132호, 2009. 5. 25.〉
제1조(시행일) 이 규칙은 2009년 8월 7일부터 시행한다.

제2조(적용례) 제57조의2의 개정규정은 이 규칙 시행 후 최초로 교육을 신청하는 자부터 적용한다.

부칙 〈제147호, 2009. 7. 1.〉 (한시적 행정규제 유예 등을 위한 건축물의 피난·방화구조 등의 기준에 관한 규칙 등 일부개정령)

제1조(시행일) 이 규칙은 2009년 7월 1일부터 시행한다.

제2조(「화물자동차 운수사업법 시행규칙」의 개정에 따른 적용례) 「화물자동차 운수사업법 시행규칙」 별표 1의 비고란 제9호의 개정규정은 이 규칙 시행 후 최초로 용달화물자동차운송사업의 허가를 신청하는 분부터 적용한다.

부칙 〈제345호, 2011. 4. 1.〉

이 규칙은 공포한 날부터 시행한다.

부칙 〈제350호, 2011. 4. 11.〉 (행정정보의 공동이용 및 문서감축을 위한 개발이익 환수에 관한 법률 시행규칙 등 일부개정령)

이 규칙은 공포한 날부터 시행한다.

부칙 〈제465호, 2012. 5. 18.〉

제1조(시행일) 이 규칙은 공포한 날부터 시행한다. 다만, 다음 각 호의 개정규정은 해당 각 호의 구분에 따른 날부터 시행한다.

1. 제20조, 제40조, 제46조의 개정규정 및 부칙 제15조제3항(「선원근로감독관직무규칙」 제5조제1항의 개정규정만 해당한다)의 규정 :「2006 해사노동협약」이 대한민국에서 발효되는 날
2. 제42조의 개정규정: 이 규칙 공포 후 3개월이 경과한 날
3. 제47조제2항의 개정규정: 2015년 2월 6일
4. 제50조제1항제1호의 개정규정: 이 규칙 공포 후 1년이 경과한 날
5. 제53조제1항제2호·제8호, 제54조, 별표 2(선박보안교육에 관한 개정규정만 해당한다) 및 별표 3의 개정규정: 이 규칙 공포 후 3개월이 경과한 날

제2조(시행일에 관한 경과조치) 부칙 제1조제1호 및 제3호에 따른

개정규정이 시행되기 전까지는 그에 해당하는 종전의 규정을 적용하되, 해당 종전 규정에서 인용하고 있는 법 규정은 법률 제11024호 선원법 전부개정법률 부칙 제2조에 따라 적용되는 종전의 「선원법」을 인용한 것으로 본다.

제3조(선원 거주설비의 점검 등에 관한 적용례) 제10조제4호의 개정규정은 이 규칙 시행 후 최초로 출항하는 선박부터 적용한다.

제4조(선원의 송환비용에 관한 적용례) 제19조의 개정규정은 이 규칙 시행 후 최초로 출항하는 선박에 승무하는 선원부터 적용한다.

제5조(선원근로계약서의 작성에 관한 적용례) 제20조의 개정규정은 부칙 제1조제1호에 따른 해당 개정규정의 시행 후 최초로 작성하는 선원근로계약서부터 적용한다.

제6조(의료관리자자격시험의 시험과목 및 합격자 공고에 관한 적용례) ① 제50조제1항제1호의 개정규정은 부칙 제1조제4호에 따른 해당 개정규정의 시행 후 최초로 실시하는 시험부터 적용한다.

② 제50조제4항의 개정규정은 이 규칙 시행 후 최초로 실시하는 시험부터 적용한다.

제7조(건강진단의 실시 및 유효기간에 관한 적용례) 제53조제1항제2호·제8호 및 제54조의 개정규정(색각검사의 유효기간에 관한 개정규정만 해당한다)은 부칙 제1조제5호에 따른 해당 개정규정의 시행 후 최초로 출항하는 선박에 승무하는 선원부터 적용한다.

제8조(선원의 교육기간 및 교육과정에 관한 적용례) ① 별표 2의 개정규정(교육기간에 관한 개정규정만 해당한다)은 이 규칙 시행 후 최초로 교육훈련을 받는 선원부터 적용한다.

② 별표 2의 개정규정(선박보안교육에 관한 개정규정만 해당한다)은 부칙 제1조제5호에 따른 해당 개정규정의 시행 후 최초로 국제항해에 종사하기 위하여 출항하는 선박에 승무하는 선원부터 적용한다.

제9조(선원건강진단의 판정기준에 관한 적용례) ① 별표 3의 개정규정은 부칙 제1조제5호에 따른 해당 개정규정의 시행 후 최초로 건강진단을 받는 선원부터 적용한다.

② 제1항에도 불구하고 이 규칙 시행 당시 다음 각 호의 어느 하나에 해당하는 사람에 대해서는 종전의 별표 3에 따른 판정기준(색각판정기준만 해당한다)을 적용한다. 〈개정 2014. 1. 8.〉

1. 「선박직원법」제4조에 따라 해기사의 면허(통신사와 기관사만 해당한다)를 받은 사람

2.「선박직원법 시행령」 제2조제7호에 따른 지정교육기관에 재학 중인 사람(종전의 별표 3에 따른 판정기준을 적용한 입학전형을 거쳐 2013학년도에 지정교육기관에 입학한 사람을 포함한다) 및 지정교육기관을 졸업한 사람

제10조(위험물적재선박승무 자격증에 관한 경과조치) ① 부칙 제1조제2호에 따른 제42조의 개정규정의 시행 당시 종전의 규정에 따라 증명되거나 발급받은 위험화물적재선박의 승무자격은 다음 각 호의 구분에 따라 이 규칙의 개정규정에 따라 증명되거나 발급받은 것으로 본다.

1. 종전의 제42조제1항제1호 및 제2호에 해당하는 위험화물적재선박의 승무자격: 제42조제1항제1호 및 제3호의 개정규정에 해당하는 위험화물적재선박의 승무자격

2. 종전의 제42조제1항제3호에 해당하는 위험화물적재선박의 승무자격: 제42조제1항제2호 및 제4호에 해당하는 위험화물적재선박의 승무자격

② 제1항에 따라 증명되거나 발급받은 것으로 보는 위험물적재선박의 승무자격은 제42조제3항의 개정규정에도 불구하고 2016년 12월 31일까지 그 효력을 지닌다.

제11조(구명정 조종사 자격 및 고속구조정 조종사 자격에 관한 경과조치) ① 이 규칙 시행 당시 종전의 규정에 따라 증명되거나 발급받은 구명정수자격 및 고속구조정수자격은 제43조 및 제43조의2의 개정규정에 따라 증명되거나 발급받은 구명정 조종사 자격 및 고속구조정 조종사 자격으로 본다.

② 제1항에 따라 증명되거나 발급받은 것으로 보는 구명정 조종사 자격 및 고속구조정 조종사 자격의 유효기간은 이 규칙 시행일부터 기산하여 5년으로 한다.

제12조(상급안전교육의 유효기간에 관한 경과조치) 이 규칙 시행 전에 종전의 별표 2에 따른 상급안전교육을 받은 경우에는 해당 상급안전교육의 유효기간은 이 규칙 시행일부터 기산하여 5년으로 한다.

제13조(상급안전교육의 재교육에 관한 경과조치) 이 규칙 시행 당시 종전의 별표 2 비고 제11호에 해당하는 사람은 해당 개정규정 및 부

칙 제12조의 규정에도 불구하고 다시 상급안전교육을 받아야 한다.
제14조(선박보안교육에 관한 경과조치) 부칙 제1조제2호에 따른 별표 2의 개정규정의 시행 전에 「국제항해선박 및 항만시설의 보안에 관한 법률」 제8조 및 같은 법 시행규칙 별표 2에 따라 같은 법 제40조에 따른 보안교육기관에서 12시간 이상의 보안교육을 받은 사람은 별표 2의 개정규정에 따른 선박보안 상급교육을 받은 것으로 본다.
제15조(다른 법령의 개정) ① 선박안전법 시행규칙 일부를 다음과 같이 개정한다.

별표 6 제4호 표 외의 부분 중 "「선원법」 제3조제5호"를 "「선원법」 제2조제6호"로 하고, 같은 호 비고란 제1호 중 "「선원법」 제3조제5호"를 "「선원법」 제2조제6호"로 하며, 같은 표 제4호의2 중 "「선원법」 제3조제2호 및 제4호"를 "「선원법」 제2조제3호 및 제5호"로 한다.

② 선박에서의 오염방지에 관한 규칙 일부를 다음과 같이 개정한다.

제27조의2제3항 후단 및 제37조의2제3항 후단 중 "「선원법」 제3조제2호 및 제4호"를 각각 "「선원법」 제2조제3호 및 제5호"로 한다.

③ 선원근로감독관직무규칙 일부를 다음과 같이 개정한다.

제2조제1항 중 "선원법(이하 "법"이라 한다) 제116조 및 제117조의 규정에 의한"을 "「선원법」(이하 "법"이라 한다) 제126조 및 제127조에 따른"으로 하고, 같은 조 제2항 중 "법 제117조의 규정에 의하여"를 "법 제127조에 따라"로 한다.

제5조제1항 중 "법 제119조제1항의 규정에 의하여"를 "법 제129조제1항에 따라"로 하고, 같은 조 제3항 중 "법 제116조제1항의 규정에 의하여"를 "법 제126조제1항에 따라"로 한다.

④ 선원의안전및위생에관한규칙 일부를 다음과 같이 개정한다.

제1조 중 "선원법 제76조 및 제81조"를 "「선원법」 제82조 · 제83조 및 제91조"로 한다.

제2조 각 호 외의 부분 중 "「선원법」(이하 "법"이라 한다) 제76조제1항"을 "「선원법」(이하 "법"이라 한다) 제82조제5항"으로 한다.

제3조제1항 각 호 외의 부분 중 "법 제76조제2항에서 "위험한 선내작업"이라 함은"을 "법 제82조제2항에 따른 위험한 선내작업이란"으로 하고, 같은 조 제2항 각 호 외의 부분 중 "법 제76조제2항의

규정에 의하여 다음 각호의 1에"를 "법 제82조제2항에 따라 다음 각 호의 어느 하나에"로 한다.

제4조제1항 본문 중 "법 제76조제2항의 규정에 의하여"를 "법 제82조제2항에 따라"로 한다.

제7조 각 호 외의 부분 중 "법 제76조제4항의 규정에 의하여"를 "법 제83조제1항에 따라"로 한다.

제8조제1항 각 호 외의 부분 중 "법 제81조제2항의 규정에 의하여"를 "법 제91조제3항에 따라"로 하고, 같은 조 제2항 중 "법 제81조제4항"을 "법 제91조제4항"으로 하며, 같은 조 제3항 중 "법 제81조제5항제1호에서 "국토해양부령으로 정하는 범위 안의 항해 "란"을 "법 제91조제5항제1호에서 "국토해양부령으로 정하는 범위의 항해"란"으로 하고, 같은 조 제4항 중 "법 제81조제6항"을 "법 제91조제6항"으로 한다.

부칙 〈제1호, 2013. 3. 24.〉 (해양수산부와 그 소속기관 직제 시행규칙)

제1조(시행일) 이 규칙은 공포한 날부터 시행한다.

제2조 부터 제4조까지 생략

제5조(다른 법령의 개정) ①부터 ㉒까지 생략

㉓ 선원법 시행규칙 일부를 다음과 같이 개정한다.

제1조의2, 제2조, 제5조제1항 각 호 외의 부분, 제6조제1항, 제13조제2항 각 호 외의 부분, 제17조 각 호 외의 부분 본문, 제19조 각 호 외의 부분, 제24조제1항 각 호 외의 부분, 제35조의2제1항 각 호 외의 부분, 같은 조 제2항, 제38조제2항 각 호 외의 부분, 제42조제1항 각 호 외의 부분, 제45조제1항 각 호 외의 부분, 제46조, 제46조의3 각 호 외의 부분, 제46조의4 각 호 외의 부분, 제48조제3항, 제49조제2항, 제52조의2제1항 각 호 외의 부분, 제56조의3 각 호 외의 부분, 제56조의4 각 호 외의 부분, 제57조의2 각 호 외의 부분, 제58조의4제1항, 같은 조 제2항 각 호 외의 부분, 같은 조 제3항 각 호 외의 부분 및 제58조의6제1항 각 호 외의 부분 중 "국토해양부령"을 각각 "해양수산부령"으로 한다.

국토해양부령 제465호 선원법 시행규칙 일부개정령 제20조의 개정규정 각 호 외의 부분 및 제46조의 개정규정 중 "국토해양부령"

을 각각 "해양수산부령"으로 한다.

제26조제3항, 제41조제2항제3호, 같은 조 제3항, 제42조제2항, 제45조제3항, 제47조제2항제3호, 제50조제1항 각 호 외의 부분 단서, 제52조의2제1항제2호, 같은 조 제3항, 제56조의4제3호, 제57조제4항, 제58조의6제2항, 제58조의7제1항 각 호 외의 부분 전단 · 후단, 같은 조 제2항 · 제3항, 제58조의9제1항 · 제2항, 별표 2 비고의 제6호 · 제9호, 별지 제16호서식 내지 35쪽, 별지 제17호의6서식, 별지 제17호의8서식, 별지 제17호의9서식 앞쪽, 별지 제24호서식, 별지 제26호서식 2쪽 · 3쪽 · 4쪽, 별지 제32호서식, 별지 제33호서식 및 별지 제34호서식 서명란 중 "국토해양부장관"을 각각 "해양수산부장관"으로 한다.

제38조의2 중 "국토해양부"를 "해양수산부"로 한다.

별지 제16호서식 내지 1쪽 중 "대한민국 국토해양부장관 MINISTER OF LAND, TRANSPORT AND MARITIME AFFAIRS REPUBLIC OF KOREA"를 "대한민국 해양수산부장관 MINISTER OF OCEANS AND FISHERIES REPUBLIC OF KOREA"로 한다.

별지 제16호서식 내지 35쪽 및 별지 제24호서식 중 "THE MINISTER OF LAND, TRANSPORT AND MARITIME AFFAIRS"를 각각 "THE MINISTER OF OCEANS AND FISHERIES"로 한다.

별지 제16호의2서식 앞쪽 중 "MLTM (For details of authority see over) Phone No. +82-2-2110-8574"를 "MOF (For details of authority see over) Phone No. +82-44-201-4073"로, "sidinfo@mltm.go.kr, WWW.sid.go.kr Jungang-Dong, Gwacheoun-City, Gyeonggi-Do, 427-712"를 "sidinfo@mof.go.kr WWW.sid.go.kr #11, Doum-ro 6, Sejong Special Self-governing City, 339-012"로 하고, 같은 서식 뒤쪽 중 "대한민국 국토해양부장관 KOR MINISTER OF MARITIME AFFAIRS AND PORT"를 "대한민국 해양수산부장관 KOR MINISTER OF OCEANS AND FISHERIES"로 한다.

별지 제25호서식 및 별지 제26호서식 3쪽 · 4쪽 중 "the Minister of Land, Transport and Maritime Affairs"를 각각 "the Minister of Oceans and Fisheries"로 한다.

별지 제26호서식 2쪽 중 “The Minister of Land, Transport and Maritime Affairs”를 “The Minister of Oceans and Fisheries”로 한다.

㉔부터 〈63〉까지 생략

부칙 〈제63호, 2013. 12. 30.〉 (행정규제기본법 개정에 따른 재검토기한 규정을 위한 공유수면 관리 및 매립에 관한 법률 시행규칙 등 일부개정령)

이 규칙은 2014년 1월 1일부터 시행한다.

부칙 〈제65호, 2014. 1. 8.〉

제1조(시행일) 이 규칙은 공포한 날부터 시행한다. 다만, 제9조제2항 및 제52조제1항부터 제3항까지의 개정규정은 공포 후 3개월이 경과한 날부터 시행한다.

제2조(해사노동적합증서의 인증검사에 관한 경과조치) 이 규칙 시행 전에 해사노동적합증서의 인증검사를 신청한 경우는 제58조의3의 개정규정에도 불구하고 종전의 규정에 따른다.

부칙 〈제99호, 2014. 9. 19.〉

제1조(시행일) 이 규칙은 공포한 날부터 시행한다. 다만, 다음 각 호의 개정규정은 그 구분에 따른 날부터 시행한다.

1. 제39조의5, 제39조의6, 제47조의6, 제47조의7, 제57조의4, 별표 5의2 및 부칙 제3조: 「2006 해사노동협약」이 대한민국에서 발효되는 날

2. 제47조의2부터 제47조의5까지, 제50조제2항, 별표 2, 별지 제18호의2서식, 별지 제22호의3서식 및 별지 제23호서식: 2015년 2월 6일

제2조(선박조리사교육 등에 관한 특례) ① 제1조제2호에도 불구하고 「선원법 시행령」 부칙 제2조제1항에 따라 2015년 2월 6일 전에 선박조리사교육 및 선박조리사 자격시험을 실시하는 경우에는 이 규칙 시행 전에 제47조의2부터 제47조의5까지, 별표 2, 별지 제18호의2서식, 별지 제22호의3서식 및 별지 제23호서식의 개정규정을 적용할 수 있다.

② 제1조제2호에도 불구하고 「선원법 시행령」 부칙 제2조제2항에 해당하는 사람은 2015년 2월 6일 전에도 제47조의5, 별지 제18호의2서식 및 별지 제23호서식의 개정규정에 따라 선박조리사 자격증을 발급받을 수 있다.

제3조(다른 법령의 개정) 선원의안전및위생에관한규칙 일부를 다음과 같이 개정한다.

제7조를 삭제한다.

부칙 〈제110호, 2014. 11. 19.〉 (해양수산부와 그 소속기관 직제 시행규칙)

제1조(시행일) 이 규칙은 공포한 날부터 시행한다.

제2조(다른 법령의 개정) ①부터 ⑧까지 생략

⑨ 선원법 시행규칙 일부를 다음과 같이 개정한다.

제5조제2항 및 제6조제2항 중 "해양경찰관서의장"을 각각 "해양경비안전관서의 장"으로 한다.

⑩부터 ⑮까지 생략

부칙 〈제127호, 2014. 12. 31.〉 (규제정비를 위한 개항질서법 시행규칙 등 일부개정령)

이 규칙은 공포한 날부터 시행한다.

부칙 〈제131호, 2015. 1. 6.〉

제1조(시행일) 이 규칙은 공포한 날부터 시행한다.

제2조(기초안전교육에 관한 특례) 이 규칙 시행 전에 종전의 별표 2에 따른 기초안전교육을 받은 사람으로서 연해구역 이상을 항행구역으로 하는 어선(20톤 이상 25톤 미만 어선을 제외한다)의 부원으로 승무하고자 하는 사람(원양어선의 갑판장 또는 조기장으로 승무하고자 하는 사람은 제외한다)은 이 규칙 시행 후 3년 이내에 별표 2의 개정규정에 따른 재교육을 받아야 한다.

제3조(여객선기초교육에 관한 특례) ① 이 규칙 시행 당시 국제항해에 종사하는 여객선 외의 여객선에 부원으로 승무하는 사람은 이 규칙 시행 후 1년 이내에 별표 2의 개정규정에 따른 여객선기초교육을 받아야 한다.

② 이 규칙 시행 전에 별표 2에 따른 여객선기초교육을 받고 국제항해에 종사하는 여객선에 부원으로 승무한 사람은 이 규칙 시행 후 3년 이내에 별표 2의 개정규정에 따른 여객선기초교육의 재교육을 받아야 한다.

제4조(재교육 면제자에 대한 특례) ① 이 규칙 시행 당시 종전의 별표 2의 비고란 제3호에 해당하는 사람으로서 같은 호에 따라 재교육이 면제된 교육의 유효기간이 1년 미만 남은 사람은 그 유효기간 만료일부터 1년 동안 해당 교육의 유효기간이 연장된 것으로 본다.

② 제1항에 따라 교육의 유효기간이 연장된 사람이 연장된 교육의 유효기간 동안 별표 2의 개정규정에 따라 재교육을 받은 경우에는 그 재교육을 마친 때부터 해당 교육의 새로운 유효기간을 기산한다.

부칙 〈제148호, 2015. 7. 7.〉

제1조(시행일) 이 규칙은 공포한 날부터 시행한다.

제2조(여객선선장에 대한 적성심사에 관한 특례) 이 규칙 시행 전에 종전의 제26조제3항에 따라 여객선선장의 승선공인을 받은 사람은 제45조의2의 개정규정에 불구하고 이 규칙 시행 후 3년(승선공인을 받은 여객선선장이 65세 이상인 경우에는 2년)간 적성심사기준을 충족한 것으로 본다.

부칙 〈제183호, 2016. 1. 13.〉

제1조(시행일) 이 규칙은 공포한 날부터 시행한다.

제2조(위험화물적재선박 승무원 자격요건에 관한 경과조치 등) ① 이 규칙 시행 전에 종전의 제42조제1항제2호나목 또는 같은 항 제4호나목에 따른 요건을 갖추고 유조선, 케미칼탱커 또는 액화가스탱커의 승무자격증을 발급받은 사람은 이 규칙 시행 후 5년이 되는 날까지 제42조제1항제2호나목 또는 같은 항 제4호나목의 개정규정에도 불구하고 종전의 규정에 따라 각각 유조선, 케미칼탱커 또는 액화가스탱커에 승무할 수 있다.

② 제1항에 따라 유조선, 케미칼탱커 또는 액화가스탱커에 승무할 수 있는 사람의 승무자격 유효기간(이 규칙 시행 이후 제42조제5항에 따른 요건을 갖추어 승무자격의 유효기간 만료일 이후 승무자격

의 효력을 계속 유지시킨 사람 또는 승무자격의 유효기간이 지나서 승무자격의 효력이 상실된 후 승무자격을 되살린 사람의 경우에는 새로 받은 승무자격의 유효기간을 말한다)은 제42조제4항에도 불구하고 이 규칙 시행 후 5년이 되는 날까지로 한다.

③ 제1항에 따라 유조선, 케미칼탱커 또는 액화가스탱커에 승무할 수 있는 사람이 제2항에 따른 승무자격의 유효기간 만료일 이후에 제42조제5항에 따라 승무자격의 효력을 계속 유지시키거나 승무자격의 효력이 상실된 후 승무자격을 되살리려는 경우에는 별표 2에 따른 탱커기초 교육과정을 이수하거나 해양수산연수원장이 시행하는 해기능력평가에 합격하여야 한다.

제3조(선원건강진단 판정기준에 관한 경과조치) 이 규칙 시행 전에 종전의 별표 3 가목(5)에 따른 색각 검사에서 합격판정을 받은 사람은 개정규정에 따른 색각 검사에서 합격판정을 받은 것으로 본다.

부칙 〈제194호, 2016. 6. 30.〉 (행정규제 개선을 위한 공유수면 관리 및 매립에 관한 법률 시행규칙 등 일부개정령)

제1조(시행일) 이 규칙은 공포한 날부터 시행한다.

제2조 생략

제3조(「선원법 시행규칙」의 개정에 따른 적용례) 「선원법 시행규칙」 제20조의2제1항의 개정규정은 이 규칙 시행 이후 일괄공인을 신청하는 경우부터 적용한다.

제4조 부터 제6조까지 생략

부칙 〈제217호, 2017. 1. 2.〉 (규제 재검토기한 설정 등을 위한 공유수면 관리 및 매립에 관한 법률 시행규칙 등 일부개정령)

제1조(시행일) 이 규칙은 공포한 날부터 시행한다.

제2조 생략

부칙 〈제221호, 2017. 1. 18.〉

이 규칙은 공포한 날부터 시행한다.

부칙 〈제226호, 2017. 3. 15.〉 (개인정보 보호를 위한 공유수면 관리 및 매립에 관한 법률 시행규칙 등 일부개정령)

이 규칙은 공포한 날부터 시행한다. 〈단서 생략〉

부칙 〈제249호, 2017. 7. 19.〉

제1조(시행일) 이 규칙은 2017년 7월 19일부터 시행한다.

제2조(선원수첩 서식 개정에 관한 경과조치) 이 규칙 시행 당시 종전의 별지 제16호서식에 따른 선원수첩은 2018년 3월 31일까지 이 규칙에 따른 서식과 함께 사용할 수 있다.

부칙 〈제251호, 2017. 7. 28.〉 (정부조직법 개정에 따른 부처명칭 변경 등을 위한 국제항해선박 및 항만시설의 보안에 관한 법률 시행규칙 등 일부개정령)

이 규칙은 공포한 날부터 시행한다.

부칙 〈제290호, 2018. 5. 25.〉

이 규칙은 2018년 5월 29일부터 시행한다.

부칙 〈제337호, 2019. 4. 15.〉

이 규칙은 2019년 7월 16일부터 시행한다. 나만 제21조제1항, 별표 3 및 별표 5의2의 개정규정은 공포한 날부터 시행한다.

부칙 〈제366호, 2019. 8. 20.〉 (선박안전법 시행규칙)

제1조(시행일) 이 규칙은 공포한 날부터 시행한다.

제2조(다른 법령의 개정) ①부터 ③까지 생략

④ 선원법 시행규칙 일부를 다음과 같이 개정한다.

제45조제3항 중 "「선박안전법」 제45조에 따른 선박안전기술공단, 같은 법"을 "「한국해양교통안전공단법」에 따라 설립된 한국해양교통안전공단, 「선박안전법」"으로 한다.

제58조의6제1항제4호를 다음과 같이 한다.

4. 「선박안전법」 제76조 및 제77조에 따른 선박검사관 또는 선박검사원으로서 「한국해양교통안전공단법」에 따라 설립된 한국해양교통안전공단 또는 「선박안전법」 제60조제2항에 따른 선급법인에서 5년 이상 근무한 경력[종전의 「선박안전법」(2018년 12월 31일 법률 제16160호로 일부개정되기 전의 것을 말한다) 제45조에 따른

선박안전기술공단에서 근무한 경력을 포함한다]이 있는 경우
⑤부터 ⑦까지 생략

부칙 〈제370호, 2019. 11. 1.〉
제1조(시행일) 이 규칙은 공포한 날부터 시행한다.
제2조(서식에 관한 경과조치) 이 규칙 시행 당시 종전의 규정에 따른 서식은 2020년 3월 31일까지 이 규칙에 따른 개정서식과 함께 사용할 수 있다.

부칙 〈제402호, 2020. 4. 6.〉 (행정규제기본법에 따른 일몰규제 정비를 위한 29개 법령의 일부개정령)
이 규칙은 공포한 날부터 시행한다.

부칙 〈제468호, 2021. 2. 19.〉
이 규칙은 2021년 2월 19일부터 시행한다. 다만, 제52조제2항의 개정규정은 2021년 5월 19일부터 시행한다.

부칙 〈제486호, 2021. 6. 30.〉 (어려운 법령용어 정비를 위한 56개 법령의 일부개정에 관한 해양수산부령)
이 규칙은 공포한 날부터 시행한다.

부칙 〈제568호, 2022. 12. 2.〉
제1조(시행일) 이 규칙은 공포한 날부터 시행한다.
제2조(해외취업 신고에 관한 적용례) 제22조의2 및 별지 제9호의2 서식의 개정규정은 이 규칙 시행 이후 선원근로계약서를 작성한 경우부터 적용한다.

부칙 〈제581호, 2023. 2. 3.〉 (수산업법 시행규칙)
제1조(시행일) 이 규칙은 공포한 날부터 시행한다.
제2조 부터 제13조까지 생략
제14조(다른 법령의 개정) ①부터 ④까지 생략
⑤ 선원법 시행규칙 일부를 다음과 같이 개정한다.
제46조의4제2호 및 제3호를 각각 다음과 같이 한다.

2.「수산업법 시행규칙」 별표 7 제1호에 따른 대형저인망어업에 종사하는 어선

3.「수산업법 시행규칙」 별표 7 제1호에 따른 대형선망어업에 종사하는 어선

⑥부터 ⑱까지 생략

제15조 생략

부칙 〈제592호, 2023. 3. 10.〉 (규제 재검토기한 설정 해제를 위한 12개 법령의 일부개정에 관한 해양수산부령)

이 규칙은 공포한 날부터 시행한다.

부칙 〈제616호, 2023. 7. 14.〉

제1조(시행일) 이 규칙은 공포한 날부터 시행한다.

제2조(선원수첩 서식 개정에 관한 경과조치) 이 규칙 시행 당시 종전의 별지 제16호서식에 따른 선원수첩은 재발급 시까지 이 규칙에 따른 서식과 함께 사용할 수 있다.

부칙 〈제624호, 2023. 9. 27.〉

이 규칙은 2023년 9월 21일부터 시행한다.

부칙 〈제654호, 2024. 3. 8.〉

이 규칙은 공포한 날부터 시행한다.

부칙 〈제684호, 2024. 7. 24.〉

이 규칙은 2024년 7월 24일부터 시행한다.

별표 / 서식

[별표 1] 선장이 통보하여야 할 사항(제6조제2항관련)

[별표 1의2] 유기구제보험등 및 재해보상보험등의 계약 체결 사실 등의 통지(제19조의3 관련)

[별표 2] [별표 5의5]로 이동 〈2022. 12. 2.〉

[별표 3] [별표 5의4]로 이동 〈2022. 12. 2.〉

[별표 4] 선내교육훈련 및 평가계획의 수립기준(제40조의2제1항 관련)

[별표 5] 항해당직 기준의 작성방법(제40조의2제2항 관련)
[별표 5의2] 여객선 선장의 적성심사 기준(제45조의2제1항 관련)
[별표 5의3] 제복 지급 기준 및 복제(제47조의7 관련)
[별표 5의4] 선원건강진단 판정기준표(제53조제4항 관련)
[별표 5의5] 교육과정별 교육대상자·교육내용 및 교육기간(제57조제1항 관련)
[별표 5의6] 선원의 노동권 및 인권 보호에 관한 교육의 내용, 시기 및 절차(제57조제2항 관련)
[별표 5의7] 선원의 신고 사항에 대한 처리 절차(제57조의4 관련)
[별표 6] 인증검사 수수료(제58조의10 관련)
[별지 제1호서식] 선원명부(SEAFARER'S LIST)
[별지 제1호의2서식] 선원명부
[별지 제2호서식] 항해일지
[별지 제3호서식] 삭제 〈1999.3.24〉
[별지 제4호서식] 속구목록[LIST OF FITTING]
[별지 제5호서식] 항행에 관한 보고서
[별지 제6호서식] 유기사실인정 신청서
[별지 제6호의2서식] 유기사실(인정, 불인정) 통지서
[별지 제6호의3서식] 일괄공인신청서
[별지 제6호의4서식] 예비공인신청서
[별지 제7호서식] (승선, 하선, 승선취소)공인신청서
[별지 제8호서식] 삭제 〈2005.10.17〉
[별지 제8호의2서식] 승선 · 하선변경공인신청서
[별지 제8호의3서식] [별지 제6호의3서식]으로 이동 〈2022. 12. 2.〉
[별지 제8호의4서식] [별지 제6호의4서식]으로 이동 〈2022. 12. 2.〉
[별지 제8호의5서식] 신원보증서
[별지 제9호서식] 선원명부(훼손, 멸실)에 따른 공인(공인확인)신청서
[별지 제9호의2서식] 해외취업 신고서
[별지 제10호서식] 선원수첩(신원보증서) 제출 불능사유서
[별지 제11호서식] 삭제 〈1999.3.24〉
[별지 제12호서식] 삭제 〈1999.12.15〉
[별지 제13호서식] 삭제 〈2005.10.17〉
[별지 제13호의2서식] 삭제 〈2005.10.17〉

[별지 제14호서식] 삭제 〈1999.3.24〉
[별지 제15호서식] 선원수첩 발급신청서
[별지 제15호의2서식] 선원신분증명서 발급신청서
[별지 제16호서식] 대한민국선원수첩
[별지 제16호의2서식] 대한민국선원신분증명서
[별지 제17호서식] [(선원수첩, 선원신분증명서)재발급, 기재사항 정정]신청서
[별지 제17호의2서식] 삭제 〈2005.10.17〉
[별지 제17호의3서식] 삭제 〈2005.10.17〉
[별지 제17호의4서식] 삭제 〈2023. 7. 14.〉
[별지 제17호의5서식] 도산등사실인정신청서
[별지 제17호의6서식] 도산등사실(인정, 불인정) 통지서
[별지 제17호의7서식] 체불임금 지급사유 확인신청서
[별지 제17호의8서식] 체불임금 지급사유 확인통지서
[별지 제17호의9서식] 체불임금 지급사유 확인불가통지서
[별지 제18호서식] 선원의 1일 근로시간, 휴식시간 및 시간외근로 기록 서류
[별지 제18호의2서식] ((갑판 · 기관 · 운항) 당직부원 자격증, (갑판 · 기관 · 운항) 유능부원 자격증, 위험물적재선박 승무자격증 (기초 유조선 및 케미컬탱커 · 상급 유조선 · 상급 케미컬탱커 · 기초 액화가스탱커 · 상급 액화가스탱커), (기초 · 상급) 가스연료추진선박 승무자격증, 구명정 조종사 · 고속구조정 조종사 자격증, 선박조리사 자격증, 의료관리자 자격증)발급신청서
[별지 제19호서식] 삭제 〈2005.10.17〉
[별지 제20호서식] 고속구조정 조종사 자격증
[별지 제20호의2서식] 고속구조정 조종사 자격증
[별지 제21호서식] 승무정원 인정신청서
[별지 제22호서식] 승무정원증서
[별지 제22호의2서식] 승무정원완화허가신청서
[별지 제22호의3서식] 응시원서
[별지 제23호서식] 선박조리사 자격증
[별지 제23호의2서식] 건강진단서
[별지 제24호서식] 의료관리자자격증

[별지 제25호서식] 표준의료보고서
[별지 제25호의2서식] 양육책임 이행 관련 심의 청구서
[별지 제25호의3서식] 교육훈련이수증(CERTIFICATE)
[별지 제25호의4서식] 교육이수증(CERTIFICATE)
[별지 제26호서식]「2006 해사노동협약」해사노동적합선언서- 제1부
[별지 제27호서식]「2006 해사노동협약」해사노동적합선언서- 제2부
[별지 제28호서식] 해사노동적합증서
[별지 제29호서식] 임시해사노동적합증서
[별지 제30호서식] 인증검사 신청서
[별지 제31호서식] (해사노동적합증서, 해사노동적합선언서 제1부, 해사노동적합선언서 제2부)재발급신청서
[별지 제31호의2서식] MLC INSPECTOR
[별지 제32호서식] 인증검사 대행기관 지정신청서
[별지 제33호서식] 인증검사 대행기관 지정서
[별지 제34호서식] 이의신청서

대한민국 법령 시리즈 1

선원법

법령 / 시행령 / 시행규칙

2025년 12월 9일 인쇄 정가 24,000원
2025년 12월 19일 발행

편 저 편집부
디 자 인 송영미
발 행 인 조준형
발 행 처 해광출판사

http://www.hgbookpub.com
E-mail : munbookcokr@naver.com
주 소 부산광역시 중구 해관로 41-1 (중앙동2가)
전화번호 (051) 253-0001 팩스 (051) 245-1187

등 록 제 2012-000005호

해광출판사에서는 여러분의 소중한 원고와 함께 할 기회를 기다리고 있습니다. 책으로 엮을 원고나 아이디어가 있으신 분들은 이메일 munbookcokr@naver.com 로 책에 대한 간단한 개요와 원고 전체 또는 일부를 연락처와 함께 보내주십시오.

ISBN 979-11-6881-925-2

※ 법령 출처 : 법제처 국가법령정보센터
※ 본 도서는 〈공공데이터 제공 및 이용 활성화에 관한 법률〉을 근거로 출판되었습니다.

해광출판사 대한민국 법령 시리즈

001. 선원법
002. 어선법
003. 선박직원법
004. 해사안전기본법
005. 해양환경관리법
006. 선박의 입항 및 출항등에 관한 법률
007. 학교안전사고예방 및 보상에 관한 법률
008. 종합부동산세법
009. 방위사업법
010. 행정규제기본법
011. 식품산업진흥법
012. 위험물안전관리법
013. 화재의 예방 및 안전관리에 관한 법률
014. 도시가스사업법
015. 실내공기질관리법
016. 지방세법
017. 소득세법
018. 법인세법
019. 도선법
020. 선박안전법
021. 선박법
022. 수산업법
023. 고압가스안전관리법
024. 국민연금법
025. 공동주택관리법
026. 화학물질관리법
027. 어선원 및 어선 재해보상보험법
028. 장기등 이식에 관한 법률
029. 자연재해대책법
030. 공유재산 및 물품 관리법
031. 산업입지 및 개발에 관한 법률
032. 부정경쟁방지 및 영업비밀보호에 관한 법률
033. 금융지주회사법
034. 온실가스 배출권의 할당 및 거래에 관한 법률
035. 건축사법
036. 산림문화휴양에 관한 법률
037. 전기사업법
038. 사립학교법
039. 고등교육법
040. 액화석유가스의 안전관리 및 사업법
041. 선박투자회사법
042. 수산자원관리법
043. 위험물선박운송및저장규칙
044. 선박평형수관리법
045. 주택임대차보호법
046. 상가건물임대차보호법
047. 지방공기업법
048. 승강기안전관리법
049. 수목원·정원의 조성 및 진흥에 관한 법률
050. 민법
051. 치료감호 등에 관한 법률
052. 대부업 등의 등록 및 금융이용자 보호에 관한 법률
053. 사료관리법
054. 무형문화재 보전 및 진흥에 관한 법률
055. 총포·도검·화약류 등의 안전관리에 관한 법률
056. 경찰관직무집행법
057. 시설물의 안전 및 유지관리에 관한 특별법
058. 수산생물질병 관리법
059. 소비자기본법
060. 국제선박등록법
061. 정보통신망 이용촉진 및 정보보호 등에 관한 법률
062. 해운법
063. 농수산물 품질관리법
064. 수산업협동조합법
065. 해외건설촉진법
066. 수상레저안전법
067. 공무원재해보상법
068. 수상에서의 수색·구조 등에 관한 법률
069. 어촌어항법
070. 항만법
071. 항만운송사업법
072. 해양경비법
073. 해양사고의 조사 및 심판에 관한 법률
074. 외국인근로자의 고용 등에 관한 법률
075. 중소기업기본법
076. 자유무역지역의 지정 및 운영에 관한 법률
077. 대기환경보전법
078. 소음진동관리법
079. 폐기물관리법
080. 하수도법
081. 물환경보전법
082. 토양환경보전법
083. 환경정책기본법
084. 산업재해보상보험법
085. 관세법
086. 노동조합 및 노동관계조정법
087. 근로기준법
088. 군인연금법
089. 먹는물관리법
090. 기술보증기금법
091. 관광진흥법
092. 감염병의 예방 및 관리에 관한 법률
093. 사법경찰관리의 직무를 수행할 자와 그 직무범위에 관한 법률
094. 수의사법
095. 가정폭력방지 및 피해자보호 등에 관한 법률
096. 환경영향평가법
097. 체육시설의 설치 · 이용에 관한 법률
098. 장사 등에 관한 법률
099. 상호저축은행법
100. 은행법
101. 보호관찰 등에 관한 법률
102. 형법
103. 자동차관리법
104. 형사소송법
105. 전자금융거래법
106. 마약류 불법거래 방지에 관한 특례법
107. 도로법
108. 주세법
109. 변리사법
110. 하천법
111. 중소기업진흥에 관한 법률
112. 발달장애인 권리보장 및 지원에 관한 법률
113. 주택법
114. 장애인복지법
115. 농어업경영체 육성 및 지원에 관한 법률
116. 공인중개사법
117. 건강기능식품에 관한 법률
118. 예비군법
119. 개발제한구역의 지정 및 관리에 관한 특별조치법
120. 국유재산법
121. 주차장법
122. 환경기술 및 환경산업 지원법
123. 대기관리권역의 대기환경개선에 관한 특별법
124. 악취방지법
125. 미세먼지 저감 및 관리에 관한 특별법
126. 가축분뇨의 관리 및 이용에 관한 법률
127. 물의 재이용 촉진 및 지원에 관한 법률
128. 물관리기본법
129. 물관리기술 발전 및 물산업 진흥에 관한 법률
130. 자원의 절약과 재활용촉진에 관한 법률
131. 전기 · 전자제품 및 자동차의 자원순환에 관한 법률
132. 건설폐기물의 재활용촉진에 관한 법률
133. 수도권매립지관리공사의 설립 및 운영 등에 관한 법률
134. 폐기물의 국가 간 이동 및 그 처리에 관한 법률
135. 폐기물처리시설 설치촉진 및 주변지역지원 등에 관한 법률
136. 자원순환기본법
137. 잔류성오염물질 관리법
138. 환경분쟁 조정법

해광출판사 대한민국 법령 시리즈

139. 화학물질의 등록 및 평가 등에 관한 법률
140. 환경오염시설의 통합관리에 관한 법률
141. 환경오염피해 배상책임 및 구제에 관한 법률
142. 중소기업제품 구매촉진 및 판로지원에 관한 법률
143. 환경개선비용 부담법
144. 환경분야 시험·검사 등에 관한 법률
145. 환경친화적 산업구조로의 전환촉진에 관한 법률
146. 환경친화적 자동차의 개발 및 보급 촉진에 관한 법률
147. 환경범죄 등의 단속 및 가중처벌에 관한 법률
148. 생명윤리 및 안전에 관한 법률
149. 장애인차별금지 및 권리구제 등에 관한 법률
150. 부동산투자회사법
151. 정치자금법
152. 과학기술기본법
153. 대리점거래의 공정화에 관한 법률
154. 상속세 및 증여세법
155. 학원의 설립 · 운영 및 과외교습에 관한 법률
156. 해양심층수의 개발 및 관리에 관한 법률
157. 전기용품 및 생활용품 안전관리법
158. 사회기반시설에 대한 민간투자법
159. 공직선거법
160. 정당법
161. 유류오염손해배상 보장법
162. 부정청탁 및 금품등 수수의 금지에 관한 법률
163. 항로표지법
164. 어장관리법
165. 민방위기본법
166. 공직자윤리법
167. 선거관리위원회법
168. 유선 및 도선 사업법
169. 전기공사업법
170. 사회복지사업법
171. 택지개발촉진법
172. 국가공무원법
173. 민간임대주택에 관한 특별법
174. 어음법·수표법
175. 민사집행법
176. 상법
177. 문화예술진흥법
178. 중소기업협동조합법
179. 농업협동조합법
180. 도로교통법
181. 의료사고 피해구제 및 의료분쟁 조정 등에 관한 법률
182. 산림보호법
183. 소년법
184. 동물보호법
185. 건축물관리법
186. 도시개발법
187. 화물자동차 운수사업법
188. 도시 및 주거환경정비법
189. 의료법
190. 국회법
191. 응급의료에 관한 법률
192. 출입국관리법
193. 노인복지법
194. 산림자원의 조성 및 관리에 관한 법률
195. 청소년 보호법
196. 초 · 중등교육법
197. 혁신도시 조성 및 발전에 관한 특별법
198. 경제자유구역의 지정 및 운영에 관한 특별법
199. 공공기관의 운영에 관한 법률
200. 대한민국헌법
201. 국민기초생활 보장법
202. 저작권법
203. 가사소송법
204. 국가유공자 등 예우 및 지원에 관한 법률
205. 국민체육진흥법
206. 전통주 등의 산업진흥에 관한 법률
207. 재난 및 안전관리 기본법
208. 정보통신공사업법
209. 주식회사 등의 외부감사에 관한 법률
210. 공익사업을 위한 토지 등의 취득 및 보상에 관한 법률
211. 개인정보 보호법
212. 국세기본법
213. 에너지이용 합리화법
214. 감정평가 및 감정평가사에 관한 법률
215. 국가인권위원회법
216. 가맹사업거래의 공정화에 관한 법률
217. 보건의료기본법
218. 산업안전보건법
219. 법무사법
220. 교육공무원법
221. 특허법
222. 민사소송법
223. 아동복지법
224. 전파법
225. 하도급거래 공정화에 관한 법률
226. 기초연금법
227. 사립학교교직원 연금법
228. 직업안정법
229. 장애아동 복지지원법
230. 부동산등기법
231. 자동차손해배상 보장법
232. 철도안전법
233. 항공안전법
234. 전자상거래 등에서의 소비자보호에 관한 법률
235. 독점규제 및 공정거래에 관한 법률
236. 상표법
237. 채무자 회생 및 파산에 관한 법률
238. 공무원연금법
239. 축산법
240. 근로복지기본법
241. 민원 처리에 관한 법률
242. 약사법
243. 방문판매 등에 관한 법률
244. 건축기본법
245. 지방세기본법
246. 지방세징수법
247. 지방자치법
248. 도시교통정비 촉진법
249. 공공주택 특별법
250. 국세징수법
251. 공인노무사법
252. 중대재해 처벌 등에 관한 법률
253. 외무공무원법
254. 소방시설공사업법
255. 검역법
256. 공중위생관리법
257. 할부거래에 관한 법률
258. 인터넷 멀티미디어 방송사업법
259. 전기통신사업법
260. 제품안전기본법
261. 철도사업법
262. 어린이제품 안전 특별법
263. 영유아보육법
264. 원자력안전법
265. 보험업법
266. 경비업법
267. 교통안전법
268. 세무사법
269. 관세사법
270. 공인회계사법
271. 지방공무원법
272. 고용정책 기본법
273. 국가경찰과 자치경찰의 조직 및 운영에 관한 법률
274. 협동조합 기본법
275. 재해구호법
276. 환경보건법

해광출판사 대한민국 법령 시리즈

277. 자살예방 및 생명존중문화 조성을 위한 법률
278. 소방산업의 진흥에 관한 법률
279. 소방기본법
280. 비송사건절차법
281. 자연환경보전법
282. 변호사법
283. 기업구조조정투자회사법
284. 전기통신기본법
285. 에너지법
286. 해양생태계의 보전 및 관리에 관한 법률
287. 사회보장기본법
288. 통신비밀보호법
289. 공증인법
290. 물류시설의 개발 및 운영에 관한 법률
291. 청소년활동 진흥법
292. 형의 집행 및 수용자의 처우에 관한 법률
293. 도시공원 및 녹지 등에 관한 법률
294. 태권도 진흥 및 태권도공원 조성 등에 관한 법률
295. 녹색건축물 조성 지원법
296. 우편법
297. 예금자보호법
298. 건설산업기본법
299. 금융회사의 지배구조에 관한 법률
300. 장애인활동 지원에 관한 법률
301. 언론중재 및 피해구제 등에 관한 법률
302. 국가재정법
303. 농지법
304. 게임산업진흥에 관한 법률
305. 정신건강증진 및 정신질환자 복지서비스 지원에 관한 법률
306. 디자인보호법
307. 의료기사 등에 관한 법률
308. 스마트도시 조성 및 산업진흥 등에 관한 법률
309. 내수면어업법
310. 한국주택금융공사법
311. 의료기기법
312. 유통산업발전법
313. 전통시장 및 상점가 육성을 위한 특별법
314. 여신전문금융업법
315. 해외자원개발 사업법
316. 산업교육진흥 및 산학연협력촉진에 관한 법률
317. 빈집 및 소규모주택 정비에 관한 특례법
318. 기업도시개발 특별법
319. 전력기술관리법
320. 국토기본법
321. 지하수법
322. 식품위생법
323. 광업법
324. 호스피스·완화의료 및 임종과정에 있는 환자의 연명의료결정에 관한 법률
325. 주식·사채 등의 전자등록에 관한 법률
326. 표시·광고의 공정화에 관한 법률
327. 골재채취법
328. 국민건강증진법
329. 새마을금고법
330. 여객자동차 운수사업법
331. 마리나항만의 조성 및 관리 등에 관한 법률
332. 한부모가족지원법
333. 국가를 당사자로 하는 계약에 관한 법률
334. 지방자치단체를 당사자로 하는 계약에 관한 법률
335. 축산물 위생관리법
336. 병역법
337. 음악산업진흥에 관한 법률
338. 국가균형발전 특별법
339. 첨단재생의료 및 첨단바이오의약품 안전 및 지원에 관한 법률
340. 공간정보의 구축 및 관리 등에 관한 법률
341. 공유수면 관리 및 매립에 관한 법률
342. 농수산물 유통 및 가격안정에 관한 법률
343. 아시아문화중심도시 조성에 관한 특별법
344. 신탁법
345. 자연공원법
346. 생활화학제품 및 살생물제의 안전관리에 관한 법률
347. 군인사법
348. 국제조세조정에 관한 법률
349. 낙동강수계 물관리 및 주민지원 등에 관한 법률
350. 주민등록법
351. 집합건물의 소유 및 관리에 관한 법률
352. 집단에너지사업법
353. 산림조합법
354. 반도체집적회로의 배치설계에 관한 법률
355. 자본시장과 금융투자업에 관한 법률
356. 담보부사채신탁법
357. 근로자퇴직급여 보장법
358. 국제과학비즈니스벨트 조성 및 지원에 관한 특별법
359. 수도법
360. 식품 등의 표시·광고에 관한 법률
361. 약관의 규제에 관한 법률
362. 인삼산업법
363. 종자산업법
364. 항공사업법
365. 건설기계관리법
366. 군형법
367. 궤도운송법
368. 기술의 이전 및 사업화 촉진에 관한 법률
369. 농수산물의 원산지 표시 등에 관한 법률
370. 담배사업법
371. 석유 및 석유대체연료 사업법
372. 가축전염병 예방법
373. 농어촌정비법
374. 식물신품종 보호법
375. 항공보안법
376. 중소기업창업 지원법
377. 군사법원법
378. 우주개발 진흥법
379. 해저광물자원 개발법
380. 산림복지 진흥에 관한 법률
381. 지능형 로봇 개발 및 보급 촉진법
382. 헌법재판소법
383. 옥외광고물 등의 관리와 옥외광고산업 진흥에 관한 법률
384. 혈액관리법
385. 국제항해선박 등에 대한 해적행위 피해예방에 관한 법률
386. 유료도로법
387. 독립유공자예우에 관한 법률
388. 신에너지 및 재생에너지 개발·이용·보급 촉진법
389. 신용정보의 이용 및 보호에 관한 법률
390. 출판문화산업 진흥법
391. 공항시설법
392. 국민 평생 직업능력 개발법
393. 아동·청소년의 성보호에 관한 법률
394. 방송법쉬
395. 신용보증기금법
396. 화장품법
397. 청소년 기본법
398. 인터넷주소자원에 관한 법률
399. 양곡관리법
400. 도로명주소법
401. 전자문서 및 전자거래 기본법
402. 산업기술의 유출방지 및 보호에 관한 법률
403. 국가기술자격법
404. 양식산업발전법
405. 산업기술혁신 촉진법
406. 새만금사업 추진 및 지원에 관한 특별법
407. 전자정부법
408. 지역 개발 및 지원에 관한 법률
409. 한국농어촌공사 및 농지관리기금법
410. 계량에 관한 법률
411. 기업활동 규제완화에 관한 특별조치법
412. 군에서의 형의 집행 및 군수용자의 처우에 관한 법률

해광출판사 대한민국 법령 시리즈

413. 규제자유특구 및 지역특화발전특구에 관한 규제특례법
414. 금융위원회의 설치 등에 관한 법률
415. 남녀고용평등과 일·가정 양립 지원에 관한 법률
416. 농어업인 삶의 질 향상 및 농어촌지역 개발촉진에 관한 특별법
417. 댐건설·관리 및 주변지역지원 등에 관한 법률
418. 국가유산수리 등에 관한 법률
419. 법원조직법
420. 보훈보상대상자 지원에 관한 법률
421. 부패방지 및 국민권익위원회의 설치와 운영에 관한 법률
422. 과학기술분야 정부출연연구기관 등의 설립·운영 및 육성에 관한 법률
423. 연구개발특구의 육성에 관한 특별법
424. 친환경농어업 육성 및 유기식품 등의 관리·지원에 관한 법률
425. 연안관리법
426. 영화 및 비디오물의 진흥에 관한 법률
427. 신용협동조합법
428. 방송통신발전 기본법
429. 범죄피해자 보호법
430. 가축 및 축산물 이력관리에 관한 법률
431. 국가표준기본법
432. 국가통합교통체계효율화법
433. 범죄인 인도법
434. 국가과학기술 경쟁력 강화를 위한 이공계지원 특별법
435. 국제경기대회 지원법
436. 금융혁신지원 특별법
437. 수자원의 조사·계획 및 관리에 관한 법률
438. 축산자조금의 조성 및 운용에 관한 법률
439. 소방시설 설치 및 관리에 관한 법률
440. 양성평등기본법
441. 축산계열화사업에 관한 법률
442. 수입식품안전관리 특별법
443. 대외무역법
444. 국가연구개발사업 등의 성과평가 및 성과관리에 관한 법률
445. 무역보험법
446. 기술사법
447. 광산안전법
448. 농약관리법
449. 농업·농촌 및 식품산업 기본법
450. 문화산업진흥 기본법
451. 부담금관리 기본법
452. 야생생물 보호 및 관리에 관한 법률
453. 한국은행법
454. 별정우체국법
455. 원양산업발전법
456. 콘텐츠산업 진흥법
457. 한국수출입은행법
458. 외국인투자 촉진법
459. 물류정책기본법
460. 전자서명법
461. 산업발전법
462. 산업표준화법
463. 소프트웨어 진흥법
464. 토지이용규제 기본법
465. 해수욕장의 이용 및 관리에 관한 법률
466. 정보통신 진흥 및 융합 활성화 등에 관한 특별법
467. 정보통신산업 진흥법
468. 지진·화산재해대책법
469. 소금산업진흥법
470. 위치정보의 보호 및 이용 등에 관한 법률
471. 외국법자문사법
472. 이러닝(전자학습)산업 발전 및 이러닝 활용 촉진에 관한 법률
473. 암관리법
474. 실용신안법
475. 가족관계의 등록 등에 관한 법률
476. 무인도서의 보전 및 관리에 관한 법률
477. 감사원법
478. 정보보호산업의 진흥에 관한 법률
479. 결혼중개업의 관리에 관한 법률
480. 공익신고자 보호법
481. 박물관 및 미술관 진흥법
482. 낚시 관리 및 육성법
483. 동산·채권 등의 담보에 관한 법률
484. 임금채권보장법
485. 국민투표법
486. 농림수산업자 신용보증법
487. 국가채권 관리법
488. 중소기업은행법
489. 식품안전기본법
490. 외국환거래법
491. 발명진흥법
492. 건설기술 진흥법
493. 기후위기 대응을 위한 탄소중립·녹색성장 기본법
494. 인체조직안전 및 관리 등에 관한 법률
495. 엔지니어링산업 진흥법
496. 신문 등의 진흥에 관한 법률
497. 식물방역법
498. 석탄산업법
499. 산업융합 촉진법
500. 비료관리법
501. 임업 및 산촌 진흥촉진에 관한 법률
502. 복권 및 복권기금법
503. 대규모유통업에서의 거래 공정화에 관한 법률
504. 뉴스통신 진흥에 관한 법률
505. 지능정보화 기본법
506. 자격기본법
507. 중소기업 기술혁신 촉진법
508. 국가공간정보 기본법
509. 농어업재해대책법
510. 방송광고판매대행 등에 관한 법률
511. 지식재산 기본법
512. 초고층 및 지하연계 복합건축물 재난관리에 관한 특별법
513. 해양 조사와 해양정보 활용에 관한 법률
514. 공간정보산업 진흥법
515. 공공기관의 정보공개에 관한 법률
516. 행정기본법
517. 해상교통안전법
518. 농어업재해보험법
519. 문화유산의 보존 및 활용에 관한 법률
520. 자연유산의 보존 및 활용에 관한 법률
521. 국토의 계획 및 이용에 관한 법률
522. 건축법
523. 국민건강보험법
524. 계엄법
525. 환경친화적 선박의 개발 및 보급 촉진에 관한 법률
526. 해양폐기물 및 해양오염퇴적물 관리법
527. 연안사고 예방에 관한 법률
528. 전기안전관리법
529. 의약품 등의 안전에 관한 규칙
530. 공공보건의료에 관한 법률
531. 군보건의료에 관한 법률
532. 농어촌 등 보건의료를 위한 특별조치법
533. 보호소년 등의 처우에 관한 법률
534. 국가를 당사자로 하는 소송에 관한 법률
535. 간호법
536. 국립묘지의 설치 및 운영에 관한 법률
537. 주류 면허 등에 관한 법률
538. 부가가치세법
539. 자율운항선박 개발 및 상용화 촉진에 관한 법률

*** 해광출판사의 법령 시리즈는 계속 발행 됩니다.**
**** 각 도서의 개정판은 인쇄일을 기준으로 제작 되었습니다.**